Petre M. Andreevski
SKAKAVCI

REČ I MISAO
NOVA SERIJA
400—401

Preveo s makedonskog
RISTO VASILEVSKI

Urednik
DRAGAN LAKIĆEVIĆ

PETRE M. ANDREEVSKI

SKAKAVCI

IZDAVAČKA RADNA ORGANIZACIJA „RAD"
BEOGRAD, 1987.

KOSIDBA. VREME VELIKIH PROMENA

— Zdravo!
— Vala, i tebi zdravo!
— Šta ima novo?
— To, to i to...
— Nije valjda?!
— I to, i to, i to...
— Ma šta kažeš!
— To što čuješ...
— Uh, bre, nesreća, daleko bilo!...
Znam, tad se još uvek govorilo „Solun je naš" i za to se išlo u ćorku.

Beše vruć letnji dan, vreme kosidbe. Prva muška brigada već je kosila podno puta. Otkosi mirisahu na tek okrečenu sobu: oštar miris opijao je kao blažena smrt. Kose su sekle, njištale kroz travu. Vrhovi bi im se pokatkad pojavili, zapalacali na suncu kao jezičac narogušene zmije. Debeli otkosi padahu ispred koščevih nogu; trava je dobijala samrtno lice.

Kosci bi oborili otkos-dva, uspravili kose preda se, i zaboli kosišta u zemlju. Potom bi uzeli rukovet trave, obrisali sečivo i brusevima, koje su nosili za pojasom, vešto bi ih nabrusili. I to sa obe strane. Neki bi pljuvačkom nakvasili bruseve, ne bi li što bolje prionuli, ne bi li što dublje zagrebali. Čeketali bi tako kamenjem, tarući ih od vrha do zaglavka i natrag, a potom bi prešli palcem povrh oštrice da znaju kakva je i kolika je. Kad ne bi pomogli brusevi, latili bi se nakovnja i čekića. Zaboli bi nakovnje između nogu, tik uz krilo, i lupali bi, kose otkivali. Njihova lupnjava stapala se s trepetom otežale omorine.

Sve su senke odjednom padale na livade. Ispod koščevih stopala zavlačile su se raštrkane vlati trave i uzrujane bubice. I muve podletarke koje nisu znale kamo da se denu, gde da se smire. Iznad njih nebo je postajalo još više. I vazda je ganjalo nekakvo povesmo od oblačića koje je hitalo i usput se linjalo. A kosci su terali svoje, zamahujući uvek ulevo i nogama, i rukama, i kukovima.

— Nek je hairli, kazali bi valjari, koji su tuda prolazili.

— Amin, odgovarali bi kosci.

— Kako ide, upitali bi valjari, klimajući glavama okruglim kao detinja guzica.

— Kao što je bog rekao, odvraćali bi kosci.

— Blago vama kad znate šta je bog rekao, rekli bi valjari. — Pa zar nije da boga nema, dodavali bi.

— Eno ga u hladu, rekli bi kosci, raducka i čeprka, tek da ogladni, dodali bi i ponovo zavitlali kosama. Frpa, frpa, frp... Zamahivali su glavama, zamahivali zdesna nalevo, zamahivali su i rukama, i ramenima, i kukovima. Trava je poskakivala, posrtala i padala ničice. Ispod otkosa, u talasima, poskakivali su i bežali skakavci.

Brigadir Dejan Šmajser sedeo je ispod jedne vrbe i beležio učinak kosaca. Prebrojavao je otkose i svakome beležio broj. Pisao, brisao, dodavao zapete i procente. Zarađene dnevnice, razumeš. Stalno je vukao jednu ubrljanu svesku i u njoj pisao, brisao, dopisivao. I gladio kosu. Dok su kosci otkivali, on je crtao bubice. I kao što je pomerao olovku, tako je premeštao i cigaretu u ustima. Gurkao je jezikom. Brkovi su mu bili nagoreli i žuti od dima, pa se uvek činilo kao da je jeo kuvani dulek. Da je jeo i da se nije obrisao. U karakteristici sa poslednjeg kursa za brigadire, pisalo je: „naročito se ističe u fiskulturi". To je za seljake značilo da on može mnogo da trči ili da beži. A to je bilo isto. Ali Dejan Šmajser niti je trčao, niti je bežao. Samo se prevrtao u hladu. I odande je sav posao držao u svojim rukama. Seli bi kosci da se odmore, a on, tek što bi seli, povikao bi:

— Hajde, dosta je bilo izležavanja, trava se ljuti!

— Kako za koga, odgovarali bi mu kosci, za nekog da, za nekog ne.
— Ja ću još malo, rekao je jednom Korun Bikovski, jer mi se jedan zalogaj hleba još od sinoć valja po stomaku. I nikako da stane, vodu da potraži, dodao je.
— Rakiju traži, odbrusio mu je Dejan Šmajser, zato neće da stane.
— Pišam ja na vas, ljutio se Korun Bikovski, svi vi, motikama, vučete na svoju stranu... Ali ako dočekam, ah, ako dođe vreme, govorio je, da bar jednog od vas sčepam! Vala ću bar jednog oboriti na obe plećke, pretio je.
— Ne pričaj viceve gluvima, prsio se Dejan Šmajser. Ti i ne znaš kakvoj budućnosti stremimo. Ti ništa ne znaš, rekao je.
— A da ti znaš kao što ne znaš, odvratio mu je Korun Bikovski, ko zna gde bi ti bio kraj.

Pauna Despotovska Žar, zavlačila je noge u otkose i, razbacujući ih, žurila ka reci.
— Kuda, bre, ženo tako, upitao je Stojko Vampir, ja ga dižem, a ti gaziš po njemu!...
— Bolest te zgazila, rekla je Pauna Žar, dabogda te zgazila i ne dala ti mira. I da te ne pusti dok dušu ne ispustiš.

Stojko Vampir se mrštio i nabirao lice. Kao žvakanu prošlogodišnju jabuku i, tako nedožvakanu, ispljunutu. Žmirkao je očima, nagrizenim znojem i skupljenim od sunca. Uglovi usana razvlačili su mu se u duge klobuke, kao svitke na zeljanici. ,,Je l' istina, striče, da se, ako jedeš orahe i lešnike, kita više diže?" Tako ga je Pauna Žar izazivala i sablažnjavala. Njihala je kukovima, zanosnim polutkama. Činilo se da joj se vezani telići ritaju ispod haljine. ,,Na onim tvrdim kukovima možeš i orahe da lomiš, buve da gnječiš, sekiru da oštriš. I ruke da izgoriš", mislio je Stojko Vampir.

Pauna Despotovska Žar tražila je druga Dejana Šmajsera. Tražila ga je očima, njušila ga je po tragu, vabila ga dahom pored reke. Ispod vrba i jova. Oni su se vazda tražili. Ljubav verna: voda usuta u negašeni kreč, u žednu njivu. Kod zaljubljenih najveća je upornost. Ne postoji mesto gde neće stići, gde se neće naći. Jadan Dejan Šmajser: upisao je Paunu Žar, smotao ju je i čekao. Posvuda ju je čekao, a jednog dana čak i kod seoskog groblja. Tada je ona delila za pokoj vojničke duše svoga muža, Miladina Despotovskog. Izišla je poslednja sa groblja, sama.

Dejan Šmajser joj je video uplakane oči koje su igrale kao masline na belom licu, zabrađenom crnom maramom. Zaustavio ju je.

— Udeli i meni za Miladinovu dušu, rekao je Dejan Šmajser, da mu se vidi na onom svetu, tamo.

— Šta da ti dam, krezavko jedan!

— Ono što si davala Miladinu, rekao je Dejan Šmajser, znaš šta žena daje muškarcu.

— Dabogda ti oči ispale, kao, ljutila se Pauna Žar. A gde ćeš me čekati, dodala je tiho.

— Kod Žežen-hrasta, u dolji, rekao je Dejan Šmajser, kad se budeš vraćala sa muže.

I tako: gurnuo joj je opasnu buvu pod haljinu. A možda je to bila i neka muva, od onih konjskih. Da skače od radosti i besnila. Pauna Despotovska, zvana Žar.

Stojko Vampir je još dugo, oslonjen o vile, gledao za njom bludno i čežnjivo. Posmatrao joj je velike, skrivene obraze koji su joj doticali haljinu, a u hodu se čak, preklapali. Posmatrao joj je listove na nogama koji su se belasali u travi. Činilo mu se da se trava saginje, da uzmiče pred njom. Dotakla bi joj gležnjeve, a potom, pomalo uvela, oprljena i uplašena, sklanjala se. Pauna Žar je odlazila, ali trava se još uvek talasala i, na mestima gde je zgazila, uspravljala. Kao da se zmija provlačila, tako je trava neprestano treperila i trnula. Nije mogla da se umiri. ,,Blago travi", mislio je Stojko Vampir, ,,a blago i Dejanu Šmajseru. Ogulio je kolena od tucanja!"

Iz grada je dolazio pokretni bioskop i na belom zidu u školi prikazivao borbu hrabre Crvene armije. Seljaci su ležali po travi i u prašini i gledali, iznenađeno posmatrali kako njihovi šareni leptiri sleću na rane mrtvih vojnika.

Potom su momci pevali: „Uhvatio sam nešto meko, iz njega mi curi mleko."
To je bilo na početku velike izgradnje.
Najpre su sazidali ludnicu, nazvanu „Poljoprivredna škola", a potom su udarili temelje i Zadružnom domu. I sve je to počelo jednog divnog proleća, kad su počele ponestajati suve paprike, kad su se čistile kace od ustajalog rasola.
Porušiše kuću Đeneskih, porušiše plevnju Petreskih, posekoše voćnjak Švrgoskih i počeše da kopaju temelje.
Umalo da zaboravim mehanu Koruna Bikovskog.
I nju porušiše. Mehanu Koruna Bikovskog. I ljudi počeše da zidaju. Udarnički. Ispuniše temelje, izidoše iz zemlje. I počeše da postavljaju skelu. Zatezali su kanape, spuštali viskove, uz uglove pružali vinklu.
Korun Bikovski bi stavio ruke na zadnjicu i samo se vrzmao oko novog zdanja koje je stalno raslo. Okretao se, zaustavljao, lupkao nogama i ponovo polazio u obilazak. I vazda je pevao: „A, bre, Makedonče, beš ta muda, beš ta muda luda, što stvoriše te, što doneše te, džigericu da mi jedeš." Pevao je Korun Bikovski kao koledar, kao da je u zavadi sa svojim umom. Nabrekle žile su mu šarale lice i ono se mrštilo, mrežilo. Dobijalo je neku razvučenu vatrenu boju i crvenu mrežicu. Njegova žena, koja je prestrašena stajala na prozoru, samo je podvikivala:

— O, Korune, mužiću moj, hajde dušice, deder dođi kući. I mi, ovde u kući, imamo dom, vikala je.

Nije znala šta govori.

— Mnogo si digla glavu, govorio je Korun Bikovski, mnogo si izdužila vrat. Treba malo da ti ga skratim, vikao je.

— Izvini što sam te zadržala, pravdala se njegova žena, mnogo sam ti vremena oduzela. Upropastila sam ti dan, govorila je.

Poznavala je ona svoga muža. Znala je kakav je namćor. Koliko je nastran. Vazda je bio nekako nakrivo nasađen, vazda je nešto lupetao. Kud god pođe, zapodene kavgu.

Jedino da ne polazi, pa da prođe bez toga.

Prošle godine, umalo da upali plevnju. Kad su klali svinju. Ošuriše je, povadiše creva i škembe i načiniše joj krst na grudima. Na isturenoj grudnoj kosti. Korunova žena je usula so u posekotinu. Usula je i uzduž i popreko, i u sam krst. I uzela je jednu zapaljenu glavnju da baje. Ona govori, a jedan od njih je zapitkuje iznad svinje položene na plećke, s nogama podignutim uvis.
— Bajem, bajem...
— Čemu baješ?
— Ospama bajem!...
— Opeci ih, izgori...
Korun Bikovski joj je oteo glavnju iz ruke i — pravo onamo. Ali tamo je bila plevnja i glavnja je pala u plevnju. Na slamu. Tad su se svi sjurili da je gase. Svinju su ostavili mačkama i kučićima, da joj oni loču krv.

Korun Bikovski se i dalje vrzmao oko Zadružnog doma. Kružio je kao kakav palir, premeravao očima i pevušio. Ali pevušio je nekako ljutito, unjkavo, kroz zube. I nije se bojao da će ga neki kamen lupiti po glavi, da će mu malter pasti za vrat. Ništa ga nije moglo odvratiti.

Sišao bi neko od majstora, od zidara, da piša dole u sali za igranke, a Korun Bikovski bi pozvao:
— O, Riste!
— Jees!
Beš onog, kazao bi Korun Bikovski — beš onog ko kaže da su Amerikanci bogatiji od nas.
— Zašto, čika-Korune?!
— Pa oni nemaju ovolike nužnike, odgovorio bi Korun Bikovski, života mi ako imaju: nemaju, pa to ti je, govorio je, pa da ih ubiješ!
— Ubila te rakija, presekao si me u pišanju.
Ostalim majstorima bi poispadale mistrije od smeha. Skele su se ljuljale, a njihovi viskovi klatili.

Korunovica Bikovska bi ponovo pomolila glavu kroz prozor i očas bi je povukla. Bojala se. Malecka je bila ta ženica i omršavela, izlizana kao stara parica. Ukratko, ta Korunovica Bikovska je rasla u suši, na velikoj jari. Kad bi hteo nešto da joj šapneš, trebalo je ili da čučneš ili da se nagneš da se izravnaš s njom.

— Em pidžava, em jalova, jadao se Korun Bikovski. A neke, ko nosilje, samo istresaju decu, samo se kote. Gde god čučnu dete rode, porod ostave, žalostio se.

Bilo je to vreme velikih promena. Ljudi počeše da prepokrivaju i svoje kuće. Bacali su ražanu slamu i postavljali crep. Sa prozora su poskidali gvozdene rešetke; više nije bilo lopova, svuda je vladala sloboda. I svi su se otvarali prema nebu, prema čistom vazduhu što je dolazio iz šume. „Bem ti šumu bez drvara, bez kozara, bez komita", rekao je Filister Sukleski i namah ga je pojela pomrčina. Popila ga je kao jaje mlade nosilje. Bušili su zidove i od starih, uzanih, gotovo zatvorskih prozorčića, počeše da prave velike, trokrilne, čak četvorokrilne prozore. Široke, otvorene prema svetu, prema svetlosti. Kroz njih kolima da prođeš! Počeše da menjaju i jastuke, pobacaše stare jutane, napunjene slamom i paprati, na kojima je spavalo i po desetoro. Na svakom jastuku po desetoro njih. A glave su im poskakivale, kotrljale se, kao po kakvom podmetnutom kolenu, po ohlađenom čunku. I nisu hteli više da jedu, da srču iz jedne zdele. „Jelo iz iste zdele je svinjsko jelo", govorili su napredni omladinci, „balavljenje u istu kopanju." Svakog dana raščišćavali su sa teškom prošlošću i dugim koracima išli ka svetlijoj budućnosti. Šta da rade, sedenjem se nikud ne stiže. Rušili su ognjišta, zaziđivali dolape, sve nešto ravnali. Nisu hteli da se greju na goloj vatri i na goloj zemlji. „Blago vama, kupili ste šporet", čulo se, „time ste stigli grad, došli ste mu iza leđa."

— Tako, bogme, nego šta!

Devojke su sekle pletenice i sakrivale ih u škrinjama, za uspomenu. Ali uspomena je kratko trajala. Iz gradova su pohrlili trgovci i pootkupljivali kose. Neki su govorili da ih otkupljuju za četke, a drugi — za ćelave žene. Sadiće ih odozgo ćelavim ženama, govorilo se. I to se može, pričalo se, a naklapalo se i to da se od njih prave kape za ćelave i bogate žene.

— Uh, bem im stopalo!

I devojke počeše da vade pletenice iz škrinja, odmo-

tavale su ih kao zmije, kao smukove, kao klupka otkinuta sa njihovih glava, sa njihovih tankih vratova. I nije se imalo kuda: prodavale su ih. Majke su ih grdile, ali su im one odsečno odvraćale: „Šta to tebe tangira." Tako se pojaviše i nove reči koje nazadne majke nisu razumele.
— Hoćeš li doći na korzo?
— I to me tangira.
— Upali lampu da znam šta misliš.
— Šta te to tangira.

I tako: tandara, mandara, ljudi naučiše i neke druge reči: te klasni neprijatelj, te kontrarevolucionar, te kulak, te raz'meš ti mene, kočničar, radne dnevnice i tako dalje i tome slično, i mac i šic i nikad dosta... A u ratu, zbog ravnopravnosti muževa i žena, bila je izbačena i nova parola: „Dole pantalone, gore haljine!"

I muževi počeše da im se obraćaju sa „drugarice". Čak su i svoje žene oslovljavali sa „drugarice". Žene se više nisu odazivale ako bi im se neko obratio, recimo, sa: Stojanovice, ili nevesto, ili snaho, ili hej, mori!
— E, to neće moći, govorio je Korun Bikovski, da ja ženi kažem „drugarice"! E, to neće moći, ponavljao je.

Neki su svoje žene zvali AFEŽE.
— Kako ti je AFEŽE?
— Pozdravi AFEŽE.
— Bem ti AFEŽE,
to jest: Antifašistički front žena, kako bi rekao Joakim Doksimov.
— Probaj čorbu je li slana, treba li još soli.
— I treba i ne treba.
— Hajd', mani dosta je pića.
— Mani ti. Hoće mi se pa makar sve sa zemlje nestalo: i bumbar i bubica...
— Ma bem ti taj zakon!
— Nema natrag, ja ne znam put za natrag.

I nije se moglo natrag. Već su se približavale zadružne sreske smotre i devojke su učile parole i neka već zaboravljena kola. Vežbale su na bini Zadružnog doma. A ispod bine zavlačili su se dečaci i zavirivali ispod haljina naprednih zadrugarki.

— Vidiš?
— Vidim, ali prašina mi pada u oči.
— Ja posmatram kad stanu, dok igraju — ne. Prosto preleću preko rupa.
— A sada, vidi se nešto?
— Da, vidi se. One što nose gaće su interesantnije za posmatranje. Zamišljaš šta imaju ispod gaća, dalje od gaća. Kod drugih nema šta da razmišljaš, sve se vidi.
— Hajde sada, posmatraj i ti malo.
— Ja neću da gledam.
— Zašto?
— Jer i moja sestra igra na bini.
— Dobro, onda ćemo mi.

U salu je ulazio predsednik Sereze „Uspravan pogled" drug Damjan Mraveski i jurio decu. Nije im dozvoljavao da pune oči da bi kasnije njihove ruke imale šta da rade. I oni su izlazili postiđeni i porumenelih obraza i ušiju. Posle su se zavlačili po ćoškovima i zavijali cigarete. Nisu se bojali da će im porasti repovi, da će im iždikljati rogovi i kopita. I da će ostati pidžavi kao kepeci. Samo ih je kašalj uzimao pod svoje.

Drug Damjan Mraveski se najviše pročuo zbog rasturanja povorki i crkvenih litija. I onih koji su skakali za krstom u sleđenu reku, izlazeći iz vode sa ledenicama na gaćama. A isticao se, dabome, i u rasturanju koledarskih vatri.

— Zar ćemo božjim vatrama graditi socijalizam, besneo je i nogama razbacivao vatre. Šutirao ih je. A žestio se i zbog toga što su deca pevala bestidne pesme: „Igla pamet ne krpi, kurac brigu ne trpi, oblak gaće ne suši, stid pizdu ne buši, kolede lede, ove reči vrede, dođi usred srede, obećavam, mora, neće biti ćorak."

Damjan Mraveski se proslavio i pisanjem karakteristika. Za to skini mu kapu i poljubi mu ruku. Jer u to vreme nigde nisi mogao ući bez dobre karakteristike. Morao si da potičeš iz mnogobrojne i siromašne radničke porodice. Da budeš svestan i organizovan. Čak je bilo preporučljivo da budeš i nepismen, ali sa velikom željom da

učiš, da sve savladaš. Da imaš izgrađenu klasnu svest, da ne veruješ u boga, da se ističeš u fiskulturi. I smrt fašizmu: ko je posle kao ti!
— A šta si ti mislio?
— Ništa, apsolutno ništa!
Drug Damjan Mraveski prvi nije krstio dete u crkvi. Za primer ljudima i u inat gospodi. Ali dete nije moglo da progovori. Da li je bog tako hteo da mu se javi i da mu uzme podatke? A možda je dete bilo kažnjeno i od nečeg drugog. Od prirode, na primer. Već tri godine su zavaravali dete bombonama, kolačima, jabukama; podmićivali ga, pevali mu, zagovarali ga, iskušavali, a ono je samo ćutalo. Piljilo je pravo u njihove oči i ćutalo. Ništa ga nije moglo nagovoriti da izusti reč. Kao da ga je neka osa ujela za jezik, kao da su mu se bumbari zavukli u uši.

Polje je poskakivalo, i to iz mesta, bez zaleta. Da li je i ono bilo čulo za dolazak skakavaca? Žabe su izlazile iz žabokrečina i ukočeno buljile u polje. Samo ponekad bi trepnule svojim krastavim očima. Lenjo i uplašeno. Jedan dečak, pecajući ribe u rečnim virovima, izvukao je jednu vodenu zmiju. Zmija mu se uvila oko ruke i on, od straha, hteo je da ostavi sve, čak bez ruku da pobegne. Bez svojih ruku da pobegne... Po čelu mu se slivala rosa. Da li zbog sunca ili zbog nečeg drugog, odozgo? Ili možda odozdo, iz peta? Reka je jurila po nizbrdici i belasala se kao zmijski trbuh. I beličasto i žućkasto.

Reka je sa obe strane bila opasana: stezali su je vrbaci, pavetina, koprive, krpiguz i povijuše divljeg grahora. Nije se znalo ni šta je dokle ni šta je odakle. Samo na mestima gde su bili virovi reka je postajala ustajala, skoro mirna, kao da ne teče. Naborala bi se tek pošto u nju uđe neka kaluđerica da se okupa u pličaku, ili pošto sleti neka bubica i napravi jednolične kružiće po površini.

— Okrenuću i ja list, govorio je Strezo Despotovski, stojeći sa zavrnutim nogavicama u reci. Okrenuće list kad mu bude prekipelo. Ako neće sam, ja ću ga okrenuti, govorio je i gacao po vodi, tarući svoje pete prstima i prste petama. Strezo Despotovski, samo Strezo Despotovski nije bio ušao u zadrugu. A nije ni kanio da uđe. Reka je bar nekud tekla, a ovaj nikako da krene, da se pomeri. Stajao je po strani, drugujući samo sa rekom, usred polja.

A polje se prolamalo. Da li zbog njegovog glasa ili zbog uspaničene stoke usled ujeda obada? Jurila je ona podignutih repova, a za njom su leteli rojevi muva i komaraca. I čitavo je polje zujalo, kidalo se i svađalo s njim.

— Bože, govorili su kosci — zar su i muve pomahnitale?

— Počeše da ujedaju i kroz odeću, ljutili se.

Stoka se zavlačila u vrbake, ulazila pod jove i njuškama zamahivala unazad, prema slabinama. Češala se i branila.

— Uzmi krčag i sipaj mi vodu! U glavi mi užasno vrvi. Kao da je crvljiva rana, tako mi vrvi.

— Kad sam čuo da dolaze skakavci, zalogaj mi je ispao iz usta.

— Nije valjda?

— Jes', vala.

Biće da je tako!

CENTRALA. SAMOSTALNI MISLILAC
JOAKIM DOKSIMOV

— Zašto, Petrevice, kradeš?
— Petre mi je rekao da naberem, kaže.
— Zašto, Petre, tako?
— Boli me nepce od ljutih paprika, veli on, a vaše su slađe. Nismo ukrali, kaže, samo smo ubrali. Samo jednu skutaču, dodaje.
— Liči vam, kažem, mnogo vam priliči. Na časnu zadružnu reč, kažem.
— Ako dođu skakavci neće biti šta da se ukrade.
— Ima ko da misli o tome.
— Nek misli onaj Joakim Doksimov.

Joakim Doksimov je bio najveći samostalni mislilac u zadruzi „Uspravan pogled", u Ištici. Najpre je dobošaru Siljanu Joševskom dao novi radni zadatak. Imenovao ga je za živi časovnik koji će otkucavati za ručak i užinu: za početak jela, za kraj odmora, za kraj radnog dana. I Siljan Joševski poče da udara u doboš. Ali najčešće je udarao kad sam ogladni. A on je uvek bio gladan. Mogao je povazdan da žvaće i da preživa, kao goveče. Ali Joakim Doksimov, budući veliki mislilac, i tome je doskočio. Naredio mu je da meri svoju senku i samo na određenu meru da udara u doboš. I Siljan Joševski, svakog jutra, popeo bi se na brdo, oglasio početak radnog dana i seo na doboš. Ustajao je samo da izmeri senku ispred sebe. Svoju senku. Čim bi se senka smanjila na tri ravne stope, merena petom od prstiju, podigao bi doboš i počeo da lupa. Lupnjava je sa brda silazila u polje do svake radne brigade i ljudi su znali da je vreme ručka. Ostavljali su posao i ručavali.

Ručavao je i Siljan Joševski. Jeo je polako kako bi što duže bio zauzet jelom. I kako bi verovao da nije mnogo hrane pojeo. A kako je ješan bio taj Siljan Joševski! Da te ne zatekne pri ručku i da ti ne kaže „prijatno", jer odmah sedne za sto. Zato, u takvim prilikama, svi koji su jeli pretvarali su se da ga ne čuju. On bi im rekao: „prijatno", a oni njemu: „i tebi prijatno. Gde si naumio, gde si se tako zaputio?" Kao, nisu ga shvatili!

Ali Siljan Joševski je bio najbolji dobošar. Udarao je u doboš, a kao da je udarao u svoje obdareno srce. Čim bi ga zadrugari čuli, uhvatila bi ih velika radost, kao da su prebacili normu. Govorahu:

— Kako lepo lupa, mladost nam oživljava.

Samo Dilba Smrt bi rekla:

— Meni se više jede, nego što se igra.

— Ako je o jelu reč, govorio je Korun Bikovski, njemu se najviše jede. Siljanu Joševskom, naravno.

Drugi izum Joakima Doksimova bilo je navodnjavanje. Hteo je i na brda da popne vodu.

— Zašto rodne njive da čekaju božju milost, govorio je, pardon, milost prirode, kiše. Voda se tanji i smanjuje, govorio je, ali nikada se ne kida, ne presahnjuje. I zašto da je ne dovedemo do svakog vinograda, do svakog drveta, do svega što budemo zasadili. Gde god staneš da ručaš, tamo da ti dođe reka. Da je ne prenosimo mi rukama, govorio je, nego da ona sama teče svuda gde je potrebno. Ama baš svuda, govorio je.

Ali za ovaj izum nedostajalo mu je vreme da nađe rešenje: kako voda da se popne, kako da se natera da teče i ide nagore, uzbrdo.

Imao je u vidu i neke druge izume. Na primer: kako stoku naučiti da jede slamu kao seno. I to zimi, kad nema paše. Govorio je:

— Kad bi stoci nabavili zelene naočare, sigurno bi im slama izgledala kao seno. I kao seno bi je jela, govorio je.

Ali najveći izum Joakima Doksimova bila je centrala. U sveopšti napredak Sereze „Uspravan pogled" trebalo je da se uključi i osvetljenje.

— Kolektivizacija i elektrifikacija, naređuje drug Staljin, rekao je Joakim Doksimov i rekao još da od svake vodenice može da dovede struju. Elektriku. Od sada, voda će nam držati kandilo, rekao je, i kroz jednu nit, kroz jednu žicu slaće nam svetlost. Pravo u kuću. Škljocneš iza vrata, rekao je, i svetlost će ti ući u dom. Kao buljuk belih ovaca. Ni žarom da potpaljuješ, rekao je, ni ustima da duvaš da ga ugasiš. Samo škljoc! škljoc! uradiš, rekao je, i sunce će ti ugrejati u ponoć, u samo gluvo doba. Sve na gotovo. I radio ti svira bez para, rekao je, ne plaćaš svirača i ne moliš ga da ti svira.

I Joakim Doksimov je obilazio gradove, kupovao materijal, savetovao se, skupljao ono što treba. Doneo je mašinu, dovukao dinamo, žice, remenice. I sve drugo. I čitavo selo je radilo na izumu Joakima Doksimova. Centralu su smestili u vodenicu Popovskih. Obnovili su je, napravili novi žleb i podigli nivo i udar vode.

I došao je svečani trenutak — puštanje u pogon. Skupiše se svi zadrugari, obučeni u najnovija odela. Momcima su pantalone još bile vruće od peglanja. Vazda su ih podizali, povlačili za gajke, posmatrajući šavove na nogavicama. Kao britva! Muve su se bojale da stanu na njihova kolena. Devojke su pevale revolucionarne pesme i nežno popravljale nakudravljene kose. Kose su kudravile žaračem. Gurni žarač u ognjište, u suprašicu, sačekaj malo, užari ga i pravo u kosu. I odvajaj pramenje, uvijaj, pravi grmotrn na glavi. Žene su držale ruke u krilu i čekale. Čekali su i muževi, paleći cigaretu za cigaretom. Čekali su struju, elektriku. Neko reče da je naš čovek pronašao elektriku. Postaviše i svetiljku. I to napolju, iznad vodeničkih vrata.

Joakim Doksimov je izišao pred narod i počeo da se podiže na prste, da isteže vrat. Kao petlić koji se muči da zakukuriče.

— Drugovi i drugarice, rekao je Joakim Doksimov, od danas sunce više nije na nebu, sunce će biti u našim domovima. Umrla je nazadna noć, rekao je, umreće i svi nazadni elementi...

Kako je čarobno govorio Joakim Doksimov! Govorio je o novom suncu i sunce mu je sijalo u očima. Pravo sunce.

Iako je vreme bilo kišno: vazda je rominjalo, vazda daždilo. Jednog trena kiša je počela čak i da se pojačava, reka da se muti. Ali oko Joakima Doksimova sve je bilo svetlo, kao onda kad te sunce prvi put ogreje. Svi su ga posmatrali užarenih obraza i čudili se njegovim rečima. „Kako mu samo padaju na um, odakle mu naviru", pitali su se ljudi i posmatrali ga kao apostola. Njegove reči kao da nisu tekle iz njegovih usta, nego bogzna odakle. I kao da su se kretale i kao da se nisu kretale. Pođu, stanu, kao i ona vest o skakavcima. Izdaleka su ih slušali, izbliza ih ponavljali. Tad se neko zakašljao, a ljudi rekoše: „Crkao dabogda, umalo da ne čujemo ono najlepše."

— Naše sunce nikada neće zalaziti, rekao je Joakim Doksimov, okrećući se ka zapadnim planinama gde je sunce upravo zalazilo. — Gorepomenuto sunce, rekao je, neće imati istok i zapad, jer ćemo ga potčiniti sebi. I grejaće gde budemo mi hteli, i koliko mi budemo želeli. Pustite vodu, zapovedio je.

Voda poče da tutnji. Narod se uskomešao i počeo je da se gura uz svetiljku, obešenu iznad vodeničkih vrata.

— Je l' počelo da se okreće, upitao je Joakim Doksimov.

— Jeste, odgovorio je Bogoja Čavkarovski odozdo.

I svetiljka poče da čkilji. Ljudi počeše da pilje u nju, zaboravljajući usta da zatvore. Stajali su kao ukopani, ćutke, začuđeni, kao da se pojavilo sveto priviđenje. Potom počeše da aplaudiraju. Aplaudirali su još zabezeknutije. Ali usred aplauza svetiljka poče da smanjuje izlučenu svetlost. Poče da trne, kao kad oni utule pretrolejke i kandila. Ubrzo se predomislila: povratila joj se, povećala i nadošla svetlost. Ali i to je trajalo veoma kratko: ponovo je počela da se gubi, da treperi, da žmirka, da se gasi. Čas popusti, čas se povrati. Trepnula je tako nekoliko puta, otkinula se i otišla unepovrat.

— Uhhh, uzdahnuše ljudi i tek tada zatvoriše usta.

Tada su se setili da već odavno pada kiša i da su skroz-naskroz pokisli.

— Znao sam da će pasti kiša, rekao je Stojko Vampir, čim sam video da izlaze rakovi. Čim oni izlaze iz reke, zna se da će pasti kiša, rekao je.

— Vidi da li okreće mašina, doviknuo je Joakim Doksimov.

— Okreće, okreće, čulo se odozdo. Radi, javio se Bogoja Čavkarovski:

— Onda ne valja žica, rekao je Joakim Doksimov, a možda je i sijalica neispravna.

— Pretpostavimo da je neko dunuo, rekao je Pejko Golavoda, da je neko dunuo i ugasio je. A možda ju je i bog ugasio, rekao je i nije dorekao.

— Kakav bog, boga ti jebem, rekao je Joakim Doksimov. S njim smo odavno raskrstili. I dadosmo i uzesmo, reče.

— Dok si mlad, pretpostavimo, možeš i bez boga, rekao je Pejko Golavoda, ali šta ćeš kad ostariš? Sad ti je bog u gaćama, dodade.

Joakim Doksimov je psovao i kinjio boga, devojke su pokrivale oči i nakudravljene kose, a žene su saginjale glave. Sakrivale su lica od onog što su slušale. Od reči.

— Da nije odnekud banuo Najdenko Jordankin, rekao je Stojko Vampir, da nije ispreturao žice i šrafove. Da nije nešto pokidao, reče.

— Možda je stvar u vodi, dodao je Korun Bikovski, možda neće da svetli jer je voda mutna. A možda neće i zbog tame.

— Tebi je uvek mutno i tamno, rekao je Joakim Doksimov. Ti si uvek zamućen od rakije.

— Dakle, bog je izgubio ljude, šaputao je Pejko Golavoda, pretpostavimo da nam je i bog pobegao, da nas je ostavio.

— Sad se ništa ne okreće, rekao je Bogoja Čavkarovski, izlazeći iz vodenice. I voda je stala, reče.

— Bem joj koren, psovao je Dejan Šmajser, i voda je neki nazadni element. I ona nešto smera čim je počela da se muti, reče.

— Kočničar, rekao je Bogoja Čavkarovski, i ona sabotira.

Dejan Šmajser se vrzmao oko Joakima Doksimova, hteo je nešto da preduzme, da mu pomogne. Da šutne reku, da preziđuje, da se potuče, da nekom nešto učini. Ali nije bilo šta da se učini. Muvao se tako i samo psovao vodu, reku. Opsovao joj je majku. On joj je psovao majku, a Korun Bikovski ga je pitao zna li on ko je njena majka.

— Zaista, ko je njena majka, pitao se Korun Bikovski, do sada se nisam setio da je pitam, govorio je.

Ali Dejan Šmajser nije ga čuo. Čuo je samo samog sebe i nastavljao da psuje. Usta nakrivo nasađena: samo da psuje, samo da grdi. Joakimu Doksimovu ništa nije polazilo za rukom da osposobi centralu. Stajao je postiđen, kao da je go, kao da je ispljunuta koščica džanarike. Stajao je i otirao kišu sa lica.

— Gde si bio dok je padala kiša?

— Ispod kape, ispod okapnice. Zamisli, sanjam ti ja neki čudan, nedoživljeni san. Sadimo ti neku sadnicu, a ne znamo šta je, ni kakva je. Mladica. A čitavo se selo skupilo i postrojilo ispred mladice koju drži predsednik Sereze „Uspravan pogled", drug Damjan Mraveski. Bogoja Čavkarovski kopa rupu, a Joakim Doksimov mu daje uputstva: koliko treba da bude duboka, šta da se stavi na dno. Koren da bude umočen u kašu od balege i konjskog izmeta. Posle ti sadimo mladicu. Posadili smo je. Zatrpali smo je zemljom do prve grančice, do prvog okca. Gazimo zemlju i zalivamo je prskalicom. I svi sedamo oko drveta. Čekamo da vidimo hoće li se primiti, hoće li poterati. I ne prođe dan, a mladica poče da raste. Ne stigosmo ni po dve cigare da uvijemo. Zemlja oko nje podrhtava, brani se, ali prihvata je. Uzima joj korenčiće u svoje krilo, greje je, daje joj dušu. I okca se otvaraju, pokazuju se mladari, ovako, pred očima, kao kad puž pušta rogove. I drvo poče da se grana, da nas nadvisuje. Grane se šire, jedno lišće opada, drugo ga sustiže. Vrh već počinje da probada nebo, ne možeš ga pogledom dosegnuti. Traži sunce, hoće da mu stane na put. Mi sedimo, zaboravili već da ustanemo, da se uspravimo. Samo gledamo gore. Iskriviše nam se vratovi od posmatranja.

Jednog trena, na vrhu drveta pokazuje se petokraka. Jedna velika petokraka, kao najveća zvezda, kao najveći mesec. Svetli petokraka, sija na sve strane sveta, čini ti se da nebo gori. Ništa se drugo jasnije ne vidi od nje. Njena nas svetlost zaslepljuje, i mi, pobelelih zenica, samo žmurimo.

— Pretpostavimo da je to neki anđeo, kaže Pejko Golavoda, koji hoće da nas stavi pod svoje. Pretpostavimo da hoće da nas upiše u svoje knjige, dodaje.

Joakim Doksimov se prvi uspravlja. Njemu i ne treba mnogo vremena da se uspravi, kratak je, onisko skrojen. Ustaje i počinje da skače, da kruži oko drveta. Konj ne može stići Joakima Doksimova, pile ga ne može prestići.

— Ona svetlost, kaže Joakim Doksimov, samo nas ona svetlost čini jednakim.

— Kako jednaki, kaže Korun Bikovski, odakle jednaki? Bogoja Čavkarovski i sedeći je viši od tebe, kaže.

Dejan Šmajser uvija cigaretu, muva duvan palčevima, mota ga i kaže:

— Popeću se na drvo i na njegovoj vatri zapaliću cigaretu. Na petokraki, na vrhu drveta zapaliću je, kaže.

— Velika vatra, nema šta, kaže Stojko Vampir, bogu su se sve plevnje upalile.

— Ne dirajte boga, kaže Dilba Smrt, možda zaista on svetli. Možda se bog greje na vatri, kaže, a možda je i nešto drugo.

Sve je jasno, a san... Jasna su lica ljudima, a jasne su im i reči. I stojimo ti mi, tako, ispred drveta, ispod drveta, i čudimo se. I dok stojimo, odozdo, iz polja, pojavljuju se drvoseče. Čitavo se polje crni od drvoseča. Glave svima jednake, taru se ramenima. Najpre pomislimo da je to neka vojska, neko vražje vreme. Ali čim su počele da im sevaju sekire na ramenima, znali smo da su drvoseče. Oni prilaze, lica im se već ocrtavaju na sekirama, a mi počinjemo da uzmičemo. Povlačimo se i piljimo u njih. Ne znamo šta smeraju. Dolaze do drveta i zaustavljaju se. I mi se zaustavljamo. Posmatramo šta će uraditi.

Drvoseče opkoljavaju drvo, pljuju u šake da bolje prionu uz držalje i počinju da seku. Drvo sa najvećom i najvišom petokrakom. Udaraju sekirama sa svih strana i sva brda oko polja odzvanjaju. Leti iverje povrh njihovih glava, da im oči iskopa. Kad se jedni umore, pomere se, drugi počinju da seku. Ali drvo se ne da, neće da se preda. Samo malo zaljulja stablo, malo zatrese grane, kao da ga podilaze žmarci, kao da ga hvata jeza. I neće, neće da ispusti vatru, da ispusti petokraku sa vrha.

Izređaju se sve drvoseče i opet ne uspevaju da ga obore. Manu se posla, da odmore. ,,Da malo odmorimo", kažu i, isplaženih jezika, poležu na zemlju. I tek što su je dotakli glavama, uhvati ih san. Kao da im je san čučao u očima. Tad je utrnulo drvo ostavilo petokraku da svetli na nebu i počelo da se saginje vrhom. Sagnulo se, zajedno s granama, do bolesnog mesta, do posekotine. Kao jelen sa širokim rogovima. I poče da liže posečeno mesto. Kao da stavlja neke lekove, kao da rađa obloge od pljuvačke, kao da previja stablo. Olizalo je svud okolo izdeljano, posečeno mesto, i ono poče da zarašćuje, da hvata koru. Ponovo je ispunilo prazninu. Kao da nije bilo ni taknuto. I vrh se ponovo vratio gore, na nebo. Podupro je opet petokraku koja nije prestajala da sija, da blešti iznad zemlje.

— Kako to da se ne upali od petokrake, pitao se Stojko Vampir, od vatre koju je podiglo na nebo. Od vatre koju drži na vrhu, koju podupire.

— Ovo drvo ne može nikakva sekira poseći, kazao je Joakim Doksimov, i nikakva vatra ga ne može izgoreti. Jer vatra je njegova, kazao je.

— I nikakva ga munja ne može poseći, dodao je Dejan Šmajser, niti ga grad može oboriti i ubiti.

— Pretpostavimo da može samo da se osuši, mudrovao je Pejko Golavoda.

— Osušio se tebi jezik, dreknula je Dilba Smrt.

— Ćutite, da se ne probude drvoseče, rekao je Joakim Doksimov, za njega nema suše. Njegov koren je u svim svetskim morima, rekao je, a mora nikad ne presahnjuju. Njegov koren pije od svih voda, dodao je.

Odnekud je dogegala Pauna Despotovska Žar i poterala svoga muža, Miladina Despotovskog. Izgrdila ga je i, kao ždrepca, poterala ispred sebe.

— A drvo, branio se Miladin Despotovski, a drvo...

— Ako te vidi otac, pretila je Pauna Žar, videće te drveni bog. I pred njim ćeš igrati, rekla je.

— Nemoj da vičeš, kumio je Miladin Despotovski, probudićeš drvoseče...

— Ma, probudio si ti mene. Presekao si me u snu, sve si mi pokvario, poremetio...

I probudio sam se, probudila me je Pauna Žar. Ko zna na šta će ispasti ovaj moj san?

— Ja sam tek juče čuo za skakavce. Evo, onde srkao sam mučenicu. Upravo kad sam dosipao vodu u mučenicu da je bude više. Da bih pojeo hleb, da bih ga dokusurio. Ja sam bio tamo, a kuče u iviku. Ne boj se kučeta koje ne misli kao njegov gazda. Kad piša, njemu jedna noga ne treba. Treba mu kamičak, trnčić, kočić. Slobodna veroispovest.

— U koju veru da verujem, u koju da ne verujem. Gde je vera jedna, ljudi su različiti. Ili su ljudi isti, a vera im je različita. Ništa nije sigurno. Nemoj verovati onima koji te hvale. Niko te ne hvali, ako mu ne trebaš. Čak ni neprijatelj.

I Strezo Despotovski je bio prijatelj sa Bogojem Čavkarovskim. Bili su kao petak i subota. Razdvojila ih je Zadruga. Bogoja Čavkarovski se prvi upisao u Zadrugu, a Strezo Despotovski nije hteo da se upiše. Hoćeš, neću, i nije se upisao. Odupro se nogama i nije ušao u Zadrugu. Pokušali su sve, čak su mu i braću uhapsili. Ali njih su uhapsili da bi narodna vlast imala šta da tuče. I tek pošto su pobegli u šumu.

Potom počeše klevete. Bogoja Čavkarovski je klevetao Streza Despotovskog. Za širenje nazadnih ideja, za privatno vlasništvo, za kontrarevoluciju.

Najpre su mu nacrtali jednu veliku petokraku usred njive, u Vučjoj jami, odmah pored puta. I čekali su da vide hoće li poorati njivu, hoće li poorati petokraku. Ali

Strezo Despotovski se dosetio. Gde taj da se ne seti. I — petokraku nije poorao. Zaobišao je svih pet krakova pri oranju. I njivu je zasejao pšenicom šutorkom. Vrag je odneo — zrno ko dukat! A usred njive, u nepooranom delu, nikoše bulke. Čitava petokraka ispunila se bulkama. Talasahu se usred petokrake, duž svih pet krakova. Bulke crvene kao krv. Kao da je ona zvezda s neba pala usred njive Streza Despotovskog. Usred žita. Oči ne mogaše da sakupe svu tu lepotu. Videla se odasvud. Ljudi su zastajkivali, posmatrali petokraku i grejali svoja lica. Ona je sijala na njihovim obrazima. I svi su se pitali: ,,Kome je palo na um da napravi ovakvu ikonu, čija je, od koga je? Je li privatno ili zadružno vlasništvo", pitali su. A Bogoja Čavkarovski je govorio: ,,Ničija, nečija, ko zna čija." Nije nikako išlo da kaže istinu. A posle je počeo da ga proganja i za časovnik. Strezu Despotovskog.

Strezo Despotovski je imao jedan veliki časovnik i držao ga je u prozorčiću, vazda okrenut ka centru sela, Da mogu svi da ga vide. A to je uradio još davno, da ga seljani ne bude noću, da ga vazda ne zapitkuju: te koliko je sati, te je li vreme da se pođe ili može li još malo da se odspava, te je li mnogo rano, te nije li već kasno da pođu kamo su naumili. Uveče bi Strezo Despotovski zapalio ispred časovnika kandioce i više ga niko nije pitao koliko je sati. Svako je mogao da dotrči, da vidi. Znali su ljudi kad polaze u planinu ili na pijacu, više niko nije dosađivao Strezi Despotovskom. Dosađivao mu je samo Bogoja Čavkarovski. Optužio ga je za širenje religiozne propagande. Časovnik mu se učinio kao nekakav svetac kome Strezo Despotovski pali kandilo. Pozvao je neke sreske ljude i oni prebiše Strezu Despotovskog. Oduzeše mu časovnik a njega namrtvo prebiše. U prisustvu Bogoja Čavkarovskog. Tukli su ga i stalno zapitkivali:

—Hoćeš li da se upišeš u Zadrugu?

— Neću da se upišem silom, govorio je Strezo Despotovski.

— Hoćeš bogami, i silom i milom...

— Ne želim da budem s vama, govorio je Strezo Despotovski, a reč mu je zaustavila jedna pesnica iznad uha. Udario ga je jedan sa kosmatim nozdrvama. Lupio ga je po slepoočnicama.

— Hteo sam da kažem...

— Nema ko da te sluša, čuo je i dobio drugi udarac pesnicom koja mu je rasekla uho. Bio je to udarac od kojeg bi popucala i pucad na odeći. I Strezo Despotovski pade na zemlju raširenih ruku. Ali pre nego pade, učini mu se da mu je jedno uho proletelo kroz drugo. U glavi mu je šuštalo kao kad se voda prosipa, kao kad se presipa. Kad je došao sebi, podigao je malo ruke. Kao da je hteo da proveri na koju mu je stranu pobegla glava. Začkiljio je očima i neprimetno, kroz kapke, ugledao Bogoju Čavkarovskog. Učinilo mu se da je negde daleko, čak izvan sobe, izvan sela. A bio je sasvim blizu, u istoj sobi.

— Šta si hteo da kažeš?

— Zaboravio sam, rekao je Strezo Despotovski.

A u sebi je mislio da ustane i da počne da davi ljude. I da im kaže: „Nemojte se gurati, sve ću vas podaviti. Jednog po jednog", da im kaže. Mislio je da im iščupa jabučice, da im pokida vratne žlezde nabrekle kao žirevi. Ili bar da ih ugrize za nogu, za petu. I da im odgrize petu zajedno sa đonom, sa potpeticom. Da učini nešto da počnu da hramlju, da šepaju.

Posmatrao je. Bogoja Čavkarovski je počeo da se raspoznaje, da mu prilazi sve bliže. Kao da je upravo tada ulazio unutra, dolazeći izdaleka. Kad ga je ugledao sasvim jasno, obrisao je krv sa usana i pokušao da mu kaže da će mu jednog dana sve vratiti. Da će skidati parčiće kože sa njega i da će njima krpiti vreće za ćumur. Parčićima kože Bogoja Čavkarovskog. Tako je hteo da mu kaže. Ali rekao je nešto sasvim drugo:

— Zar ja nemam najlepšu petokraku u polju? Ko ima veću petokraku u našem srezu, rekao je.

I tom se petokrakom izvukao, spasao, a da uopšte nije shvatio je li to bio san koji mu se ukazao na javi, kao sâm život.

— Bem ti život, pa oni skakavci brste i duvan...

— Ćuti, bre!
— Jedu čak i goveđe balege po livadama. A ravničari ih skupljaju, lepe po zidovima svojih kuća i suše na suncu za ogrev, za zimu, za ne daj bože. A i hlepčiće peku njima.
Prilepljani su došli čak do Bakarnog Guvna i tamo lupaju glave. Zbog duvana. Povazdan brane njive, ali bez ikakvog uspeha. Napujdali su čak i pse, ali su se oni gubili među skakavcima. Zalaju malo njih i podviju repove. I eto ti ih, uz skičanje, natrag. Skakavci jure za njima kao crna vatra. Kažu da ta vatra sve lomi i suši. Niko ne može da je zaustavi, da joj skrene maticu, da joj promeni pravac. Da sačuva brazde u njivama.
Neki govore da napadaju i ljude. Saleću ih kao kišni oblak, kao boginje. Grizu im čarape, nogavice, kožu na nogama. Puštaju im i krv. Nekom detetu izgrizli su trbuščić. Probušili ga. I čeprkali su, kopali, tražili mu srce. Jedni iziđu, drugi uđu.
— Laži nad lažima.
— Tako sam čuo.
— Mnogo ćeš čuti, malo videti.
— Hoćeš li saviti jedan duvan?
— Za tu dobrotu neka ti vrati onaj odozgo.
— Ne žvalavi kao koza.
Eh, koliko se suza prolilo zbog koza. Čitave reke. Jedne jeseni dođoše sreski ljudi i rekoše:
— Smrt svim štetnim životinjama!
— Smrt, rekoše ljudi, ne znajući na koje se životinje ta smrt odnosi.
I brigadiri počeše da obilaze kuće, da pretresaju staje i torove. Rano, izjutra, pre izvođenja na pašu, na brstenje. Počeše da ih izvode, da ih broje, da ih upisuju. Deca su ih milovala po vratovima, ljubila ih u čela, između rogova. I plakala. Deca su plakala, a koze meketale, vrpoljeći se čas tamo, čas ovamo. Možda su i one mekećući plakale. Možda je takav bio njihov plač. Jer su i njima oči bile vlažne i svetlucave. Naročito kad bi se okrenule deci.
— Pusti me da ih bar još jednom pomuzem, rekla je

Blagorodna Čavkarovska, da još jednom udrobim poparu deci. Za poslednji put, rekla je.

— Nemoj da kočiš našu veliku akciju, rekao je Bogoja Čavkarovski i šutnuo joj kablić iz ruke. Bar ti nemoj da nam staješ na put, rekao je.

Blagorodna Čavkarovska je ostala zabezeknuta i praznih ruku. I tek pošto je njen muž otišao, goneći koze pred sobom, tek tada je skupila ruke. Naslonila ih je na svoj veliki trbuh, jer je bila trudna, ne znajući šta da radi. Samo joj je pogled lutao za meketanjem koza koje su se udaljavale. Gajta i Srmena su je vukle za haljinu, čupale su joj kecelju. Grlile su je tankim ručicama, gurale su glavice uz nju, sve slinave od plača. Vratika je podigla kablić, obrisala suze i rekla:

— Valjda je tako trebalo, majko. Možda su koze zaista štetne, rekla je.

— Ovo država uzima, govorili su organi, mi ništa ne uzimamo. I uzimali su žito, vunu, meso. Da jaja nisi predao, tvoja bi odsekli.

Od tada, od tog tužnog dana, u selo se uselila tuga. Više se nije znalo ni kad je dan za rad, ni kad je dan za praznovanje, ni kad je leto, ni kad je zima. A ranije, o velikim praznicima klali su se jarići i ljudi su igrali do svanuća. Igrali su i usred zime, kad je sneg dostizao do iznad kolena. Vratili bi se iz crkve, omrsili brke posle dugog posta i izišli usred sela. Gajdaši bi naduli gajde i obraze, a momci i oženjeni bi razgazili sneg. Uhvatili bi se u kolo, kao plot oko bašte i uz radosne uzvike počeli bi da podižu noge. I uvek bi podvikivali, čim bi savili noge u kolenu, da bi napravili skok na snegu, iznad zemlje. Da se odlepe od zemlje i da joj se sa novom lakoćom vrate. Ponovo da je nagaze. I tada bi čas napred, čas nazad, zamahivali glavama, izbacujući pred sebe svoja čvrsta ramena i kukove. Odvajajući noge od zemlje, nisu ih izvlačili samo iz snega, nego iz nečeg mnogo dubljeg. Činili su to veoma odsečno, uz grlate uzvike. Sekunde za taj napor, za tu silnu energiju, uvek su bile tačno izbrojane. I ne samo oni porumeneli od hladnoće i radosti nego i oni kojima se posle prvog okreta i čučnja rumenilo stidljivo pojavljivalo iza ušiju, a lice belasalo kao sneg. Najuzbuđeniji igrači, čim bi postali kolovođe, izuvali su i cipele. Činilo se kao da vezu po belom platnu razgaženog snega. A žene i devojke, ruku pod ruku, oborena pogleda, odmeravale su njihove korake. Izdisale su povesma pare i njihov hod osećale kao bat po svojim srcima.

Potom bi se i one uhvatile u žensko kolo. A ono dugo, kao da se lesa na toru okreće. I odvojeno. Tada, samo bog je znao šta ko radi, ko šta misli, ko gde ide. I znalo se šta je novo, a šta staro: znalo se kad je praznik, a kad nije. O prazniku se udesiš da te bog vidi, da te svi vide i zavide. I gde se smelo da se muško i žensko golim prstima drže za ruke. A sada, koja su ovo vremena: pomešalo se muško i žensko, grle jedno drugo, kao da se rvu. Kao da će se svakog časa svaliti i...

Okreću se žmureći, načuljenih ušiju: ruka za ruku, ruka pod rukom. Jedan, dva, tri, tri, dva, tri, napred, napred, napred! Ne na pete, ni bicikl se ne tera petama! Molim? Moli se ti svom bogu!

O bože, ko je doneo ta okretna kola, ko je izmislio te valcere?

Buketi ruku podignuti uvis: leva muška ruka, desna ženska ruka i okreći se, obrći. Hoćeš li da se upoznamo? Ne interesuju me poznanstva!

I više niko ne želi da čuje za gajde. One ih vređaju, one im dođu kao neko poniženje...

Dugo isprepletani prsti ispred zajapurenih lica, ispred otvorenih usta koja se muče nešto da kažu, da daju i da uzmu poneku reč, da ih vežu na dobrovoljnoj bazi.

Sada vole harmonike, violine, klarinete, bubnjeve, trube. Dabogda trube postali, proklinjale su ih majke. Sad im sladostrašće buja između spojenih srdaca, pod nogama i među nogama. Ozbiljno misliš ili samo želiš da ubiješ vreme sa mnom? Ne okreći me toliko, vrti mi se u glavi.

A što jeste — jeste, ni svirka im se ne čuje daleko.

Okreću im se kuće, topole, brda. Dva koraka napred, jedan nazad. Ko je rekao nazad? Nema više nazad! Sto

koraka napred, a ni jedan nazad, široko, široko! Ne pali ti to kod mene, pogrešio si adresu, zauzeta sam.
Bubanj trešti.
Okrećú se skominjavih zuba, utrnulih nepaca. Pomeri ruku, ne dotiči mi divlje meso. I smiri tog petla u pantalonama, isključaće ti nogavice. Mani se priča!
Svirač ili ne zna da svira ili tad uči da svira.
Okrećú se, nadmeću, vode kao slepci, dvoje po dvoje, put ne mogu da vide, da ga potrefe. Dišu jedno drugom u usta. Nađi drugu za mrak, mene to ne tangira, skupi nogu da ti je ja ne skupim! Neka, neka budem zaostala.
I svirač šapne bubnjaru da udari što jače. Koliko se može i ne može. Da se ne čuje njegova svirka, da se ne primeti njegovo neznanje.
Okrećú se devojke, jedva ih noge drže, a ljuti vetar, kao ljuti šećer struji im kroz nozdrve. Napred, napred, napred, ko se to vraća nazad? Okreće se mladost i radost oko velike svetlosti dana.
I bubnjar lupa li lupa, pokriva svirčevo sviranje, nadjačava svirku i reči. I devojke i dalje obaraju kapke, čule uši i gaze se, pomešanih nogu i kolena.
— Nemoj mi odbiti pardon.
— Crko dabogda...
— Kako se ono zoveš?
— Kao što me je krstio kum.
— Jako lepo ime: kao stvoreno za novine, za radio.
Potom su se drpali iza međa, u mračnim uzanim prolazima, pod tremovima, valjali se, šaputali i tim rečima grejali uši. Kad su rode na Zadružnom domu svile gnezdo, svi rekoše da je to sreća.
— Rode sreću donose, rekoše.
I niko ih nije jurio, niti ubijao. Ali kasnije počeše i njih da ubijaju. Za lek protiv tuberkuloze.
Tako je bilo nekako.
— Ali to je bilo kasnije.
— Pre toga mladi počeše da pohađaju raznorazne škole. Sa torbicama punim suvog hleba, sa ćilimima preko ramena, počeše da se upisuju u škole. Najviše njih je otiš-

lo za uče. Zato što je svet bio slep, trebalo je da progleda, da vidi put koji prevaljuje. Upisivali su se i za molere, bravare i palire. Jer predstojala je velika izgradnja besklasnog društva, predstojao je veliki preobražaj sveta. Zar nije bilo tako?
— Bilo je i tako, bilo je i drukčije.

POROĐAJ. NESTANAK RAKIDE ŽELČEVE I BOGOJA ČAVKAROVSKOG

Dobro, a ti kako si! I ona je dobro. Danas mi kuva postan pasulj s kiseljakom i štavljem.
— Ne govori o jelu jer mi se usta odmah napune vodom. Kao Siljanu Joševskom.
— Nabrala je skutaču trave za kravu.
— Steona je?... Ako ne znaš je li steona, uhvati je za sisu i štrcni malo iz vimena na dlan. Nešto mora da pusti, da kane. Posle uradi ovako dlanovima. Ako se kap podigne uvis, ako se razvuče kao slinac, sigurno je steona. Steona je da sigurnije ne može biti. Ako je, pak, kap vodnjikava, prozirna i posna, onda ne čekaj od nje tele. Krava je prazna, kao što je prazna kap iz njenog vimena.
— Ko ti je to rekao?
— Bogoja Čavkarovski.
— Šta je bilo, bogati, sa Bogojem Čavkarovskim? Gde je otišao?
— Gde je otišao bog?

Otkad je bog ostao sam, ljudi su preuzeli i njegov posao. Što je pravo, pravo je: bog je oduvek živeo sam, ali sada, bez ljudi, bio je još usamljeniji. Nego, bez njega je bila osamljena i Blagorodna Čavkarovska, jer nije znala kome da se pomoli. Njen muž se još uvek nije bio vratio iz Zadruge, a devojčice je već bila uspavala. „Al' su se izvalili moji lončići", prošaptala je dok ih je pokrivala, a zatim otišla da se previja kod ognjišta. Vatra u ognjištu je pucketala. Kao da je i ona imala porođajne muke Blagorodne Čavkarovske.

Blagorodna Čavkarovska je neprestano obujmljivala trbuh svojim rukama, sklapala kapke, stiskala vilice i škrgutala zubima. Podilazili su je neki vreli talasi odozdo, sa gležnjeva. Zaustavili bi se malo kod prepona, ispod pupka, i nastavili bi gore, kroz lice. I lice joj se dimilo kao tek uzorana njiva na toplom suncu. Pipala je Blagorodna Čavkarovska gušu i pazuhe, osluškivala je srce. Iz svih žila javljalo joj se srce: džilitalo se u grudima, lupalo joj je u vratu, u rukama, ispod noktiju. Mučila se Blagorodna Čavkarovska i maukala kao mačka. Ali kad bi ućutala, možda se ipak molila bogu. Osamljeni u bolu uvek traže pomoć osamljenih u životu. Ko je znao, ko je mogao da kaže, kad niko nije mogao da je čuje. Ona glasno nije smela da se moli, ali je smela tiho, u sebi? Ko je mogao da joj prodre u misao, da joj gvirne u muku? Ali ako se molila, Blagorodna Čavkarovska sigurno se nije molila da joj bog olakša porođaj, nego da ispuni želju druga Bogoja Čavkarovskog. Ona je znala da joj Seoska radna zadruga, odnosno SeReZe „Uspravan pogled" ne može pomoći da rodi muško. SeReZe je mogla da je nagradi zadružnim pelenama, ali ne i muškim detetom. Takve tablete još nisu bile pronađene i zato se nisu mogle kupiti. Preostajalo joj je da se pomoli samo njemu, bogu. Blagorodna Čavkarovska je znala kako je njemu bez ljudi, kao što je znala kako je njoj bez njega. A i svi ljudi, da li iz navike ili iz drugih razloga, za svaku muku obraćali su se njemu. Bogu. Zaista potajno, ali obraćali su mu se. Oni su verovali da je bog nevidljiva sila, a nevidljive sile ništa ne prepričavaju. One, i kad ti ne pomognu, neće te odati da si se molio. U to je verovala i Blagorodna Čavkarovska i zato, čim je stegne, čim jauknu, počela bi da šapuće. Onako, tiho, samo bi podigla usne, pomerila ih malo, kao uvelo lišće. Zatim bi skinula maramu sa glave, odvezala podbradaču i keceljnu. Ponekad joj je dolazilo da se sva raskopča, da se svuče, da se razglobi. Ali nešto joj nije dozvoljavalo, nije mogla to da učini. Tada bi počela da zuri u ognjište od čijeg odbleska lice joj je postajalo ravno i razvučeno, piljila bi u verige koje su držale kotao sa vrućom vodom, u vatralj, sadžak i vršnik koji su se oslanjali o zid ognjišta. Tako, šćućurena, nastavljala je da drži trbuh i da čeprka nogama.

Kriknula je Blagorodna Čavkarovska, a uto su se vrata na sobi otvorila. U sobu je ušao Bogoja Čavkarovski i počeo da topće nogama, da udara stopala jedno o drugo, da otresa sneg sa opanaka. Sneg je prštao ka nogama Blagorodne Čavkarovske i ka rasplamsalom ognjištu. Cvrčalo je kao da se peku paprike. Blagorodna Čavkarovska je osetila da joj je zahladilo među nogama, ali nije znala je li to od snega ili joj je potekla porođajna voda.

— Došao mu je čas, rekao je Bogoja Čavkarovski, ne prestajući da topoće nogama, kao kakav nestašni skakavac.

— Jeste, rekla je Blagorodna Čavkarovska s mukom, došao mu je. Evo već kuca na vrata, a tebe nema, rekla je.

— Prepričavao sam san u Zadruzi, rekao je Bogoja Čavkarovski, to da sam sanjao Staljina.

— Ti se i u snu šetaš sa Staljinom, rekla je Blagorodna Čavkarovska. Kad bi mogao, jeo bi s njim i iz istog tanjira.

— Svi su mi rekli da sam lepo sanjao, rekao je Bogoja Čavkarovski, da je lepo kad se sanjaju kraljevi ili sveci. Sigurno će na dobro ispasti, rekao je.

— Možda će ispasti, rekla je Blagorodna Čavkarovska, videćemo šta će biti. Meni se tako ne čini, rekla je.

— Kako je potrefio ovo gluvo i blesavo vreme, rekao je Bogoja Čavkarovski, zar nije mogao malo da sačeka? Da je bilo danju doveo bih babicu, rekao je.

— Šta će ti babica, rekla je Blagorodna Čavkarovska, kad sam toliko sama izrodila, rodiću i njega...

— Od sada nema nestručnog porađanja, rekao je Bogoja Čavkarovski, jer se ne zna na šta će izići...

— Samo ono što nije unutra ne izlazi, rekla je Blagorodna Čavkarovska, ono što si ostavio mora da iziđe.

— A šta sam ostavio, upitao je Bogoja Čavkarovski.

— Reci mi da ti kažem, rekla je Blagorodna Čavkarovska. Valjda ti treba više da znaš, rekla je i jauknula, skupljajući kolena prema trbuhu.

— Da je u meni ja bih znao, rekao je Bogoja Čavkarovski, prema načinu nošenja, prema koprcanju. Je l' se isto javlja kao i ostali, upitao je.

— Ne javlja se tako, rekla je Blagorodna Čavkarovska, ovo se malo više rita i više me boli kad se rita. Bog zna, otelo joj se.

— Bog ništa ne zna, rekao je Bogoja Čavkarovski, jer njega više nema. I njega je svevišnji odneo, rekao je.

— E ne mogu da kažem „Staljin zna", rekla je Blagorodna Čavkarovska, ne mogu pa da me ubiješ. A znam da i on ne zna, rekla je.

— Ne govori o onome što ne znaš, rekao je Bogoja Čavkarovski, jer ću te pred čitavim selom kritikovati. Staljin može sve da zna i sve da dozna, rekao je.

— Onda izvini, rekla je Blagorodna Čavkarovska, izvini me i u Zadruzi, rekla je i nastavila da steže trbuh i da se prevrće u postelji ispred ognjišta.

— Otići ću po babicu, rekao je Bogoja Čavkarovski, dosta nam je tih šutih zadrugarki. Ovo će sigurno biti budući zadrugar, rekao je.

— Ali selo je daleko, rekla je Blagorodna Čavkarovska, babica je takođe daleko, čoveče! Kako ćeš je dovesti po ovom kijametu, rekla je.

— Kao prvo: sneg je prestao, rekao je Bogoja Čavkarovski, a kao drugo: iz zadružne štale uzeću najboljeg konja, uzeću i sekiru, rekao je, i ako treba presecaću sneg da napravim babici put.

Tako je rekao Bogoja Čavkarovski, izišao je i zaputio se u noć, u dugu zimsku noć.

*
* *

Bogoja Čavkarovski je zaustavio konja ispred kuće babice Rakide Želčeve i počeo zadihano da je doziva. Čas pokucaj, čas pozovi je, čas duni u šake da ih ogreje. Rakida Želčeva, zevajući, javila se iza vrata. Najpre je upitala: Ko je i kuda treba da idu, a zatim je otvorila vrata. Bogoja Čavkarovski joj je ispričao sve i, za svaki slučaj, pružio joj je napismeno iz Zadruge. Rakida Želčeva je uzela napismeno iz Zadruge i nije htela više da se buni. Samo se malo zadržala da se obuče.

Bogoja Čavkarovski poveo je konja do jednog zidića i stao. Rakida Želčeva se najpre popela na podzidak a potom skočila, zabacujući zadnjicu preko samara. Tad je i konj malo poskočio, ali Bogoja Čavkarovski ga je zadržao za ular, razgrćući sneg nogama. I krenuše iz sela i počeše da laju kučići.

— Što nisi sačekao da svane, rekla je babica Rakida Želčeva, kako ćemo izići nakraj sa ovim nevremenom?

— Ja bih sačekao, rekao je Bogoja Čavkarovski, ali dete neće da čeka. Već mu je tesno i kuca da iziđe, rekao je.

— Je l' vam prvo, upitala je babica Rakida Želčeva.

— Nije prvo, rekao je Bogoja Čavkarovski, imam već troje živih. Drugi su nam pomrli, rekao je, sve nam je muško pomrlo. Čim pusti glas da zaplače, rekao je, odmah se zagrcne i pomodri. Sigurno zbog nestručnih porođaja, rekao je.

— Nije zbog toga, rekla je babica Rakida Želčeva, ali ženi koja je izrodila toliko dece na treba babica. Ona je već navikla da ih snese kao jaja, rekla je.

— Izrodila je svašta i ništa, rekao je Bogoja Čavkarovski — samo je trbuh praznila, rekao je.

— Kod takvih žena, rekla je Rakida Želčeva, deca izlaze i bez pitanja i bez muke.

— A ne, rekao je Bogoja Čavkarovski, u mom selu svi su se izjasnili za stručno porađanje žena. Svet ide napred, kao što je rekao predsednik SRZ, drug Damjan Mraveski. Nećemo više, drugarice Želčeva, da se rađamo kao telad, da se kotimo kao miševi. Dosta nam je rađanja po štalama i ostavama, po brazdama i iza međa... A znate li kako izgleda to porađanje, drugarice Želčeva?... Žena radi u njivi i kad je pritisne pođe kući da se sakrije u os-

tavu ili u staju pored stoke. Ili, samo se pomeri malo iz njive, da se sakrije od ljudi i legne u neku brazdu, kao keruša. Raščepi noge na goloj zemlji i malo zatim začuje se neki novi glas što plače usred polja. Otrče žene i preseku pupčanu vrpcu novom čoveku. Nekim nožićem, perorezom ili srpom prerežu vrpcu i zavežu je... Umrlo je to vreme, drugarice Želčeva, sad je vek revolucija...
  Govorio je tako drug Bogoja Čavkarovski i vodio konja za ular. Odmicali su veoma sporo, jer je sneg bio dubok i noge Bogoji Čavkarovskom propadale su do kolena. Zato ih je s mukom podizao, s mukom koračao. Kadikad je pomišljao da ga neko hvata za pete, želeći da mu izuje opanke. A i konj je često zastajkivao, propadajući u sneg. I Bogoja Čavkarovski je morao da ga vuče za ular, da stalno podvikuje „Đi, mrcino!", da ga moli i psuje.
  — Što ga ne vodiš putem, upitala je Rakida Želčeva, i što ga ne pustiš da ide napred i da razgazuje sneg? On će to mnogo lakše učiniti, rekla je.
  — Ići ćemo prečicom, rekao je Bogoja Čavkarovski, jer zimi ne postoji carski put, drugarice Želčeva. Sneg je svuda isti, rekao je.
  Rakida Želčeva nije mogla da sasluša Bogoju Čavkarovskog, jer se upravo tada konj sapleo i ona se zaljuljala, naginjući se čas napred čas nazad. I jedva se održala držeći se za vrengiju, omotanu oko obluka. U tom trenutku počeo je da duva i neki pogani vetar, goneći pred sobom iglice i mrmoljke preko planine. A ljude, kao da ih je vrbov prut šibao preko lica, štipao je kroz odeću, a konju je pravio mosure u nozdrvama.
  — Kako može da duva niotkuda i da bode ničim, rekla je Rakida Želčeva, kako može iz vedra neba?
  — Pa samo kad je vedro sve je otvoreno, rekao je Bogoja Čavkarovski, samo tada se priroda može odasvud oslobađati. Ali čim nema zvezda nije sasvim vedro, rekao je.
  — Pasji vetar, rekla je Rakida Želčeva, čitavog puta će ići za nama. Zavlačiće nam se i u pete i ispod peta, rekla je.

— Nešto si rekla, upitao je Bogoja Čavkarovski, okrećući glavu, ali ne zaustavljajući se.
— Rekla sam da mi je hladno, rekla je Rakida Želčeva, i da nam se pasji vetar uvukao u trag.
— Ako ti je hladno, rekao je Bogoja Čavkarovski, siđi s konja i razmrdaj noge. Na časnu reč, rekao je.
— Sići ću, rekla je Rakida Želčeva, ali hoću li moći da idem kroz sneg? Da sam jahala bez samara bar bi me konj grejao — rekla je.
Bogoja Čavkarovski je zaustavio konja i pružio ruku Rakidi Želčevoj. A ona, silazeći, obesila mu se rukama oko vrata. I svojim toplim dahom zapahnula mu je lice. Bogoja Čavkarovski je osetio kako mu se ugrejaše obrazi, naslutio je nešto grešno i okrenuo glavu u stranu. Uplašio se čovek. Njeni prsti, kao vrapčija krila odmakoše se od vrata i tada je osetio kao da mu je nešto pobeglo i kao da je trčao za onim što mu je pobeglo. I od toga poče ubrzano da diše i da svoje disanje čuje i dalje od sebe: u drveću, u doljama, u nanosima i u vetru koji ga je štipao za uši, za nos i posvuda.
— Vrat ti je jako širok, rekla je Rakida Želčeva, širok i topao kao u nekog bika, rekla je gegajući se čas na jednu čas na drugu nogu.
— Zbog toga što sam hodao, branio se Bogoja Čavkarovski, zbog prtine, rekao je i počeo da odmotava vrengiju. Odmotao ju je i vezao za samar, a drugi kraj dodao babici Rakidi Želčevoj.
— Evo, uhvati se za vrengiju, rekao je Bogoja Čavkarovski, nemoj da zaostaješ, da te ne izgubim...
I Bogoja Čavkarovski je ponovo poveo konja. On je vodio konja, a konj je vodio Rakidu Želčevu. I išli su tako, uzbrdo, peli su se na brdo koje je odvajalo dva sela. Nebo se bilo očistilo i podiglo, i udaljilo od ljudi. I na njemu se pojavila i prva hladna svetlost koja se mukom cedila iz zvezda, kao oči lisice. Bogoja Čavkarovski i ne želeći zurio je u zvezde, jer su ga podsećale na ljude kojima se vide samo oči. Kao da je čitavo selo, kao da su se svi zadrugari bili popeli na nebo da njega posmatraju. I još je

pomislio da je i vetar, možda, studeni uzdah tih istih ljudi koijma su se videle samo oči. Kad se toga setio, „Bravo, bre, Bogoja Čavkarovski, rekao je samom sebi, u sebi. Da si verovao u boga, mogao bi i za sveca da se predložiš. Kad si ovo izdržao, onda možeš sve", pomislio je.

Vreme se pretvaralo u pravu ciču i vetar se poigravao s drvećem, otresajući labaviji sneg. I tad je drveće trnulo, kao onemoćale životinjice, ostavljene ovde da crknu. Jer je sve imalo koren u zemlji, sve je bilo nagaženo i svezano. Sve je imalo pogašeni fitilj, sve se bilo nagnulo i nadnelo od snega. A i on je počinjao da se steže, da hvata koru, da pucketa i da se lomi. Odozgo, iznad gaja, pojavila se i ohlađena mesečina, a dole u gaju počeo je da zavija vuk. Pustio je neki plačljivi glas koji se izjednačio sa vetrom i izgubio u njemu. Rakida Želčeva poče da se osvrće, ali pošto nije videla ništa, pomislila je da to možda konju krče creva. Ili da možda neki potočić udara u led koji ga je okovao.

— Ideš li, drugarice Želčeva, okrenuo se da upita Bogoja Čavkarovski.

— Idem, idem, odazvala se Rakida Želčeva iza konja, ja neprestano idem, ja vazda nekud idem. Tako sam stigla i u ove planine, rekla je.

— Idi i ne boj se, rekao je Bogoja Čavkarovski, planina kao svaka druga.

— Uvek sam sebi govorila, rekla je Rakida Želčeva, da na svetu postoji samo jedno mesto koje je samo tvoje, i koje treba da pronađeš. Kad su me ovde doveli, pomislila sam da je ovo to mesto, rekla je.

— Zar ti nisi htela da imaš decu, upitao je Bogoja Čavkarovski, zar se nikada nisi udavala, drugarice Želčeva?

— Drugovi su mi rekli: „U ovom teškom vremenu ima ko da rađa, ali nema ko da porađa", rekla je Rakida Želčeva, i ja sam to znala... Zadaci, rekla je.

— Ne boj se zavijanja vukova, rekao je Bogoja Čavkarovski, zimi je uvek tako.

— Koji vuci, upitala je Rakida Želčeva, ispuštajući

vrengiju, zar su i vuci krenuli za nama? Gde to mi idemo, bože, prošaputala je i sela u sneg.

— Zašto se ne držiš za vrengiju, rekao je Bogoja Čavkarovski i vratio se da pomogne Rakidi Želčevoj.

— Zato što ne mogu više da se držim, rekla je Rakida Želčeva, zato što mi prsti hvataju podnokticu. A i noge me više ne drže, rekla je.

— Izdrži još malo, rekao je Bogoja Čavkarovski, još malo pa ćemo se prebaciti preko brda.

— Kako da izdržim, rekla je Rakida Želčeva, kad su vuci iza mene i kad ja ne mogu da hodam, a treba da trčim, da bežim... Već ih osećam u blizini, rekla je, možda nas vrebaju sakriveni iza drveća. A i dah mi se ohladio, pa me više ne greje, rekla je, duvajući u prste.

— Ako ne možeš da hodaš, rekao je Bogoja Čavkarovski, popni se ponovo na konja. A vuci ne napadaju dok nisu sasvim sigurni, rekao je.

— Podigni me, rekla je Rakida Želčeva, približavajući se Bogoji Čavkarovskom, jer mi ni jedna žila ne radi. A i ovo brdo, čini mi se da stalno raste, da se udaljava, rekla je.

— Zimi svakako raste, rekao je Bogoja Čavkarovski, zimi brdo je više, rekao je i zgrabio je Rakidu Želčevu pod miške. I kao da ju je otkačio, kao da ju je iščupao iz snega, tako ju je smestio u samar. I u tom kratkom trenutku dok je podizao Rakidu Želčevu, njen obraz se kao pahuljica dotakao obraza Bogoja Čavkarovskog. Bio je to dodir koji je trajao kraće od treptaja mušice. Ali kroz Bogoja Čavkarovskog prostrujao je i uzduž i popreko. Nešto se brzo i toplo otkinulo od njega i kroz njega prošetalo kao iglica osja, kao ljuta rakija. Osetio je da dašće, i to u trenu kad je čuo da dašću i Rakida Želčeva i konj ispod nje. Kao nenadano dolaženje toplog vremena koje će otopiti sneg čuo je svoje dahtanje Bogoja Čavkarovski i nije znao šta da učini. Kao da je nešto zaboravio, drug Bogoja Čavkarovski, tako je stajao, oslonjen o vrat konja, gurajući prste u grivu.

— Hajde, druže Bogoja, viknula je Rakida Želčeva s

konja, vuci će pomisliti da smo potpuno nemoćni.

— Pa i jeste tako, rekao je Bogoja Čavkarovski i setio se šta treba da uradi i ponovo je poveo konja.

I ponovo se čulo škripanje snega ispod konjskih kopita i ispod stopala Bogoja Čavkarovskog. Uzbrdica ih je gonila da idu usiljeno i da paze na sneg koji ih je zanosio. A i vetar kao da ih je gurao u stranu u hodu. Vitlao ih je kao i konjski rep.

— Jako bih voleo da znam da li će mi se ispuniti san, rekao je Bogoja Čavkarovski, da li će biti muško... I da li će ostati u životu, rekao je.

— Kakav san, zar ovo nije san, upitala je Rakida Želčeva, ako je ovo san, druže Bogoja, učini nešto da se razbudimo... Ne volim ovakve snove, rekla je.

— Sanjao sam Staljina, rekao je Bogoja Čavkarovski, i svi su mi rekli da ako sanjaš dobrog čoveka sve će ispasti na dobro.

— Jao, druže Bogoja, viknula je Rakida Želčeva zar još nisi raščistio sa religijom? Zar još uvek veruješ u boga, rekla je.

— Ne verujem u boga, rekao je Bogoja Čavkarovski, ali verujem u onog kojeg sam sanjao. U nešto moraš da veruješ, rekao je.

— Sanjaš ono na šta misliš, rekla je Rakida Želčeva, a muška deca se ne rađaju u snu.

— Ali način nošenja, rekao je Bogoja Čavkarovski, ovoga puta je takav. Ovo se više rita, rekao je.

— Ako joj je trbuh viši, rekla je Rakida Želčeva, možda će zaista biti muško.

— Još kako, kliknuo je Bogoja Čavkarovski, skoro do ispod guše. Jako je visok. A i lice joj je čisto, rekao je.

— Za lice ne znam, rekla je Rakida Želčeva, lice ne mora da nešto znači i ne mora da pokazuje sve. Samo trbuh govori, rekla je.

— Čovek sa ženskom decom je kao drvo sa tuđim lišćem, rekao je Bogoja Čavkarovski, jer ne može da napravi senku. A drvo koje ne može da napravi senku je suvo drvo, rekao je.

Peli su se uzbrdo, vrludali, nagnuti kao da nešto iz snega podižu, kao da dube. Kao da ga njuše, kao da dišu jedno u drugo. Vetar im se zavlačio kroz rukave i nadimao im odeću, pa bi se ona čas podigla, čas ispraznila i spustila. I sve oko njih kao da se podizalo, i išlo sa njima ili iza njih. Naročito pošto se ponovo oglasilo zavijanje vukova. Najpre se javio jedan, a potom drugi, treći... Jedan bi se javio, a drugi bi mu se odazvao. Odazivali su se tako u šumi, nešto su se dogovarali, a konj je samo strigao ušima i njištao nozdrvama.

— Za nama ide čitav čopor, rekla je Rakida Želčeva, i sve se bliže javlja. Sad smo samo mi i oni budni, rekla je.

— Svako gleda svoj posao, rekao je Bogoja Čavkarovski, i svako tera svoju muku. Svako ide svojim putem, rekao je.

— Ali oni idu našim putem, rekla je Rakida Želčeva, i oni mogu da nam stanu na put. I da nas pojedu, rekla je.

— Da su tako jeli, rekao je Bogoja Čavkarovski, više ne bi bilo ljudi. Ostali bi samo oni. I oni se boje, drugarice Želčeva, kao što se i ti bojiš, rekao je.

— Vukovi se ničega ne boje, rekla je Rakida Želčeva, jer je i sneg na njihovoj strani. A i više ih ima od nas, rekla je.

— Jeste, kad bi znali da broje, rekao je Bogoja Čavkarovski. Otkud bi znali da ih ima više od nas.

— Glad će ih naterati da saznaju, rekla je Rakida Želčeva, nisu tako blesavi kao što misliš...

— Koliko su pametni, toliko su i blesavi, rekao je Bogoja Čavkarovski, a jako pametni i jako blesavi skoro su jednaki. Bar su jednako interesantni, rekao je.

— Zavijaju kao da nas oplakuju, rekla je Rakida Želčeva, i već se bojim da se osvrnem. U njihovim čeljustima kao da vidim svoj vrat, rekla je.

— Ako se toliko bojiš, dodaj mi sekiru, rekao je Bogoja Čavkarovski, skini je sa samara. Neka ide pred nama

da nas bude više, rekao je.
I Rakida Želčeva je skinula sekiru i pružila je Bogoji Čavkarovskom. Ali upravo kad je Bogoja pružio ruku, Rakida Želčeva je jauknula i počela da zavija kao vuk.
— Šta ti je, upitao je Bogoja Čavkarovski, šta je bilo, drugarice Želčeva?
— Zalepio mi se dlan za gvožđe, rekla je Rakida Želčeva, i dalje bogoradeći. Mislim da mi je koža ostala na sekiri, rekla je.
— Eto, vidiš, zaboravio sam da ti kažem, rekao je Bogoja Čavkarovski, da se hladni čelik lepi za golu kožu. Trebalo je da je uhvatiš za držalju, kod ušiju, rekao je.
— A ja sam mislila da me je vuk ujeo, rekla je Rakida Želčeva, duvajući u dlan, mislila sam da me je odrao.
— Dlan kao dlan, proći će, rekao je Bogoja Čavkarovski, a vuk ne dere, nego grize, rekao je i počeo da se smeje.
— Tebi je do smeha, naljutila se Rakida Želčeva. Meni se smeješ?
— Ne tebi, nego sebi, rekao je Bogoja Čavkarovski, jer jednom jedan osamljeni vuk umalo da mi ukrade sekiru... Udario sam ga, udario sam ga svom silinom u leđa, rekao je, ali vidim da mi se držalja otima. I odjednom sam ostao praznih ruku. A vuk beži li beži zajedno sa sekirom, zabodenom u njega kao u panj za sečenje drva. Zaboga, rekao sam sebi, pa on će pobeći sa sekirom, odneće mi sekiru, rekao sam i počeo da ga jurim, da ga sustižem. Ali nije otišao daleko, rekao je Bogoja Čavkarovski, malo dalje, skljokao se i pao.
Ljudi su se približavali vrhu, ali i zavijanje vukova je postajalo bliže.
— Ponovo idu za nama, rekla je Rakida Želčeva, samo oni i mesečina idu za nama. Ničeg drugog nema, rekla je.
— Imam u džepu šibicu, rekao je Bogoja Čavkarovski, preturajući po džepovima, uzmi šibicu i kreši. Oni se najviše boje vatre, rekao je.
I Rakida Želčeva je počela da pali palidrvca, da ih

zaštićuje dlanovima, da očuva plamičke, da ih odbrani, ali nije joj uspevalo. Palidrvca su se brzo gasila.

— Ne može na vetru, rekla je Rakida Želčeva, na ovoj hladnoći nikakva vatra ne može da izdrži. Ne znam kako i mesečinu ne ugasi, rekla je.

— Ti samo kreši, rekao joj je Bogoja Čavkarovski, neka malo svetluca.

I Rakida Želčeva nastavljala je da kreše šibicom, a vetar joj je duvao u ruke i palidrvca bi čas sinula, čas bi se ugasila. Zaneta time nije mogla da stigne da vidi pocrvenelu kožu na dlanu koji joj se zalepio za sekiru.

— Uzalud trošimo šibicu, rekla je Rakida Želčeva, kad bi i trajao, plamičak manje svetli od snega... A ako se vukovi plaše vatre, treba da se plaše i mesečine, rekla je.

— Oni se plaše samo od vatre na zemlji, rekao je Bogoja Čavkarovski, samo od vatre koju pale ljudi.

— Nisam verovala da ću biti i zimski svitac, rekla je Rakida Želčeva, ovim, ovako, postala sam i svitac... Kresni-ugasi, rekla je.

Već su se ispeli navrh brda i odozgo se lepo videlo selo Bogoja Čavkarovskog. Ličilo je na istrgnutu stranicu umrljanog bukvara.

— Sad je već lakše, rekao je Bogoja Čavkarovski, zaustavljajući se zadihano, sad počinje nizbrdica, a po nizbrdici i kamenu je lakše da se kreće.

Silazili su povrh duboke dolje koju su izdubile olujne kiše. Silazili su i posrtali. Za njima je silazilo i zavijanje vukova i vetra. Unosilo im je strah i hladnoću i neku čudnu jezu. A ispod noseva, na obrvama, po kosi, čak i po trepavicama lepilo im se inje. Oni su uvlačili vratove, gurali glave među ramena, zavlačili ih u okovratnike. Konj se klizao po nizbrdici i, rijući kroz sneg nogama, često bi spojio prednja i zadnja kopita. Ali jednom se tako okliznuo, ispružio je prednje noge ispred glave i, zaustavivši se, odjednom je ustao, kao da je poželeo da ritne brdo iza sebe. Podigao se i, iz samara, zbacio babicu Rakidu Želčevu. Kao da ju je lastišem ili nekim federom izbacio. Bogoja Čavkarovski je najpre čuo njen krik, a kad se osvrnuo, video ju je kako se kotrlja prema dolji, povlačeći za sobom grudve snega koje su je kasnije preskakale. Dole, u dolji, Rakida Želčeva je napravila veliku rupu u snegu.

— Majko, majčice, pisnula je Rakida Želčeva iz dolje, siđi druže Bogoja, pre nego što siđu vukovi!

— Ako siđem i ja, rekao je Bogoja Čavkarovski, neće odozdo niko izići. Čekaj, baciću ti vrengiju, reče.

Rakida Želčeva je čeprkala u dolji, koprcala se, istezala vrat i vadila sneg iz njega, iz ušiju je, takođe, sneg bljuvala. Bogoja Čavkarovski je odmotao vrengiju sa samara i jedan kraj dobacio Rakidi Želčevoj u dolji.

— Uhvati se za vrengiju, zapovedio je Bogoja Čavkarovski, uhvati se da te izvučem.

— Za koju vrengiju, upitala je Rakida Želčeva, nigde ne vidim vrengiju.

— Tamo je, dole, viknuo je Bogoja Čavkarovski, pored tebe je pala.

I Rakida Želčeva ponovo je počela da se koprca u snegu. Grebla je noktima, čeprkala prstima, pretraživala.

— Jesi li našla, drugarice Želčeva, upitao je Bogoja Čavkarovski, jesi li našla vrengiju?

— Čekaj, odazvala se Rakida Želčeva iz dolje, čekaj malo da predahnem. Izgleda da sam je našla, rekla je.

— Trebalo je da se držiš za rašlje samara, rekao je Bogoja Čavkarovski, i trebalo je nogama da se odupreš o stremene. Ili o poprug, rekao je.

Sa druge strane dolje pojavio se jedan vuk. Podigao je glavu prema zastakljenom nebu i, zavijajući, ponovo se vratio natrag, iza brda.

— Sad se uhvati za vrengiju, viknuo je Bogoja Čavkarovski, i počeo je da je izvlači gore. Čas potegni, povuci, čas namotaj vrengiju oko lakta. Rakida Želčeva je klizila po uzbrdici i piljila u Bogoja Čavkarovskog. Ali da li zbog straha ili zbog inja na trepavicama, njoj je Bogoja Čavkarovski bio nejasan. Činilo joj se da joj beži, da se udaljava od nje.

— Kamo to ideš druže Bogoja, povikala je Rakida

Želčeva, zar ćeš me ostaviti vukovima...
— Ne idem nikamo, odazvao se Bogoja Čavkarovski, samo se ti pomaži nogama. Pomaži sebi da bi pomogla i meni, rekao je.
— Boli me dlan, a i prsti su mi utrnuli, rekla je Rakida Želčeva, više ih ne osećam. Kao da nisu moji, rekla je.
— Izdrži još malo, rekao je Bogoja Čavkarovski, i guraj se nogama. Onako kao što čine gušteri, rekao je.
I Bogoja Čavkarovski je zapeo da vuče vrengiju i sve brže da izvlači babicu Rakidu Želčevu. S druge strane brda ponovo se oglasilo zavijanje vukova. Ali Rakida Želčeva nije to mogla jasno da čuje zbog snega koji je škripao pod njom, kao krupno samleveno brašno, kao prekrupa. Na zavijanje vukova samo je konj neprestano ćulio uši i stalno njištao. Zbog toga su mu dlake na gubici postajale bele kao strnjika, kao pletaće igle.
Bogoja Čavkarovski je izvukao Rakidu Želčevu iz dolje, uzeo je njenje prste u svoje i počeo da ih trlja, da ih zagreva.
— Izvini što mi se učinilo da hoćeš da mi pobegneš — rekla je Rakida Želčeva i naslonila svoju glavu na njegovo rame. Potom je počela da mu se zavlači i pod sam vrat i počela da ga zapahnjuje svojim dahom sve šire i sve dublje. Njeno disanje je doprlo čak do njegovog srca. I ono je počelo da kuca zajedno s njenim. Kao da su bila smeštena u istoj kutiji, kao da su bila upregnuta u isti jaram. I tad kao da je stalo i zavijanje vukova i zavijanje vetra. Kao da se sve zaustavilo. Čulo se samo kucanje njihovih srca. Kao dva časovnika navijena i uspravljena iznad dolje. I dolja je ponavljala otkucaje, odazivala se odozdo. Slušao je to Bogoja Čavkarovski i, slušajući, ne samo da je zaboravio da ispusti bukete prstiju Rakide Želčeve, nego je sve tako, zaneto, nastavljao da ih trlja svojim debelim prstima. Približavao ih je ustima, duvao u njih i ponovo trljao. I svu njenu krv je oživeo i pokrenuo drug Bogoja Čavkarovski. Koliko je mnogo krvi, bože, uzburkao pod kožom Rakide Želčeve! Od tog silnog trljanja, poče

da se otapa inje sa njegovih veđa i trepavica i da se sliva niz lice. Činilo se da čovek plače zbog nečega. A možda je i plakao. Posebno onda kad je osetio da i pod njegovom kožom nadolazi i buja ista takva krv i da kulja kao brazda koja se preliva i traži rupu, trap. Tad su njegovi prsti poželeli da idu i dalje od njenih prstiju. Tako, sami, skoro bez njega poželeše da krenu, da obiđu i neka druga mesta na njenom telu koje se prosto guralo u njega. I kad je mislio da će staviti greh na dušu, ponovo je pogledao u zvezde koje su ga podsećale na ljude kojima se vide samo oči. I odjednom je ispustio ruke Rakide Želčeve i svoje ruke zavukao u sneg. Gasio je ruke Bogoja Čavkarovski, kao da gasi usijano gvožđe. I verovao je da se zaista nešto topi, da cvrči oko njegovih ruku, zavučenih u sneg do lakata. Držao ih je tako malo, a potom ih je izvukao. Došlo mu je da jednu ruku drugom prebije. Hteo je svojom rukom svoje ruke da prebije. Ali nije uradio ništa. Samo se okrenuo prema konju i ljutito cimnuo vrengiju koju je bila nagazila Rakida Želčeva. Rakida Želčeva je posrnula, ali nije pala. Zaustavila se u snegu koji se bio nakupio do iznad kolena. Bogoja Čavkarovski to nije primetio, jer je tada motao vrengiju oko obluka.

— Trljaj sad sama, rekao je Bogoja Čavkarovski, jer smo mnogo zakasnili. Ne želim da se Blagorodna i ovoga puta okoti, rekao je.

I Bogoja Čavkarovski je poveo konja, a Rakida Želčeva je išla za njim i plakala. U njoj je nešto bilo povređeno i zato je plakala. Ali nije plakala glasno, nego je nečujno gutala suze. Bilo je to unutrašnje grcanje.

Silazili su nizbrdo i jedno vreme kao da nisu osećali potrebu za razgovorom. Ali, iza njih, na brdu, ponovo su se pojavili vukovi i počeli da zavijaju. Rakida Želčeva se osvrnula i primetila kako se vuku po snegu. Ličili su na plastove sena koji zure u nju i u nebo. Od toga se ponovo uplašila i potrčala za Bogojem Čavkarovskim, da bi bila što bliže njemu.

— Još im škljocaju zubi, rekla je Rakida Želčeva, još idu za nama. Prate nas kao mesečina, rekla je.

— Možda nas mesečina još prati, rekao je Bogoja Čavkarovski, ali oni ne. Završili su putovanje, kao i mi, rekao je.

Čim su ušli u selo, već su pevali treći petlovi i kučići lajali. Od svih kuća svetlela je samo kuća Bogoja Čavkarovskog.

Bogoja Čavkarovski je otvorio vrata i na vratima ga sačekaše nekoliko starijih žena. Jedna je držala kandilo, a druge su stajale oko slabašnog plamička kandila koje im je pravilo nepoznate senke u očima.

— Žive bile, rekla je žena sa kandilom, ti si Bogoja srećan čovek...

— Je li sin, upitao je Bogoja Čavkarovski, šireći osmeh kao voda oko bačenog kamena. Je l' mi se rodio sin, rekao je, je l' mi se rodio temelj kuće?

— Nije sin, rekoše žene, nego dve zlatne kćeri, dva lepa anđelčića.

Bogoja Čavkarovski se i dalje smešio, ali njegov osmeh kao da se nije držao na njegovom licu, kao da nije bio na njemu.

— Govorio sam ja da ćemo zakasniti, rekao je Bogoja Čavkarovski, obraćajući se babici Rakidi Želčevoj. Jebem ti san i onog kojeg sam sanjao: niko ništa ne zna, niko ništa ne predskazuje. Čak i snovi lažu, rekao je Bogoja Čavkarovski i polako počeo da zatvara osmeh. I poče od toga da se gasi plamičak kandila, i počeše da tamne lica žena. Kao da je počinjala nova noć u noći.

— Idem ja da odvedem konja u štalu, rekao je Bogoja Čavkarovski, a anđelčićima, eno, nebo. Neka odlete na nebo, rekao je Bogoja Čavkarovski i vratio se nazad, nestao u noći. Malo kasnije otišla je i Rakida Želčeva. A u selu su ponovo pevali petlovi i ponovo su lajali kučići.

Od tada više niko nije video ni Rakidu Želčevu, ni Bogoja Čavkarovskog. Zaista, posle dva dana, čitavo selo, svi zadrugari, počeše da se raspituju, da im traže trag. I nalazili su tragove od vúkova i zečeva, od lisica i lasica, ali ljudske tragove nisu našli. Tad je neko rekao ili da je pao novi sneg ili da su ih pojeli vukovi. A možda su pošli

nekim drugim putevima. Ali, gde? Možda Rakida Želčeva nastavlja da traži ono mesto koje je trebalo da bude samo njeno. Ali gde je otišao Bogoja Čavkarovski!?...
 Te zime pojaviše se mnogi vukovi i napraviše mnogo štete.

PRVE BOLESTI. TUČA IZMEĐU STREZA DESPOTOVSKOG I BOGOJA ČAVKAROVSKOG

Mjau! — Mac! Ja grebem tavu, a mačka podiže glavu, moli me pogledom. Mjau! — Šic! Pruža nogu, grebe mi noktima pantalone. Mjau! — Šic! Kostreši se, svaka joj dlaka na koži treperi. Traži da jede. — Šic! Diže rep, maše njime oko sebe, udara me. Kao da me nepotkresanim prutom udara. Uvija mi rep oko nogu, grebe me i gleda pravo u oči. Hoće da je pogledam, da joj pročitam želju. Mjau! — Evo ti! Najede se, a zatim iziđe napolje, čeprka po zemlji, prazni se i zatrpava izmet. Zemlja sve prima.
— Primila je čak i Streza Despotovskog.
Godinu dana posle tog slučaja, Strezo Despotovski je sreo Bogoja Čavkarovskog. Sreo ga je u Strugarici, sa ove strane reke. Ispod divljake Đuleskih.
Nebo je bilo visoko, zvezde upaljene. Sneg je škripao ispod njegovih stopala. Prelivao mu se u očima, kao uskipelo mleko.
Te noći Strezo Despotovski je izišao da lovi zečeve. Po takvom vremenu oni uvek silaze da pasu u usevima. Raščeprkaju sneg i pasu žito. Strezo Despotovski je osluškivao ne bi li čuo kakav šum odnekud, ne bi li primetio nešto na snegu. Okretao se tako i skupljao vrat, duvao u ruke, preda se. Sam, kao zver. Pošto se odvojio od sela on je uvek išao sam. Sam po drva, sam na pijacu, sam i u lov.
— Ni u grobu da nisi do njega, govorili su ljudi, i grob da ti nije do njegovog.

Strezo Despotovski je šetao sam, a kao da i nije bio sam.
— Nije sam, rekao bi neko, ali nije ni sa svima. Da nisi u njegovoj nesreći, rekao bi i branio bi ga.
Ali Strezo Despotovski i sam nije mogao da se odbrani. Nije mogao da shvati kako je izišao po ovako lošem vremenu, kad i drvo puca, kad je i disanje usporeno. Izdisaj mu se sudarao sa hladnoćom i pucketao kao staklo. A i drveće je pucketalo, lomilo se od hladnoće. Nekad ranije, dok nije bilo Zadruge i dok je još imao prijatelje, po ovakvoj čiči teško bi se rešio da iziđe u lov. Teško se budio i dugo se nije odazivao drugovima koji su ga zvali. Sakrivao je glavu pod jastuk, gurao se uz ženu, jedva čekao da ga ostave, da ga zaborave. I uvek je sebe kudio, uvek je sebe u svesti grdio: „Ja sam pogrešio, govorio je sebi, nije trebalo da obećam da ću i ja ići, govorio je sebi, ko da iziđe sada, ko da pođe, govorio je sebi, napolje ni prst da pomoliš, a kamoli sav da iziđeš, govorio je. Sada svi spavaju, sada se i zverinje skriva i ćuti, sad i voda spava, govorio je. Sada samo stud ne spava, samo ona postavlja zasede i udara zumbom po koži, govorio je, samo se ona uvlači u odeću i probija kroz kožu: zaustavlja krv, zaustavlja disanje, zatvara oči i tera u plač, govorio je, ali se i suze smrzavaju, govorio je, a inje se lepi za nos, za trepavice, govorio je. Ovde postelja ugrejana, govorio je, a tamo ljudi galame i lupaju, jao, jadan ja, govorio je, mora se ustati i mora se ići, nema kako i nema gde", govorio je sebi i ljutio se, svađao se sam sa sobom. Ali sada mu niko nije pokucao i niko ga nije pozvao da iziđe, a on je ipak izišao. Da ga nije možda pozvao đavo, da mu nije pokucao nečastivi? Ko zna, to nije znao ni sam Strezo Despotovski.

Strezo Despotovski je otvarao uši, brisao oči, vrzmao se i vrebao. Čekao je da se nešto pomeri, da se pojavi, da zašumi. I dok je tako zverao, nenadano, pred njim banu Bogoja Čavkarovski. Kao da je s neba pao. Posmatrao ga je: i kao da je on, i kao da nije. Usukao se nekako čovek, smršavio, prosto se prepolovio. A nekada nisi mogao s njim da se mimoiđeš. Sada, strah te je da pogledaš u lice

Bogoja Čavkarovskog. Kosa mu se proredila i raščupala kao strnjika: dlaka s dlakom ne može da se dodirne, da se jedna drugoj primakne. Obrazi mu se osuli nekim bradavicama, kao proklijali krompiri u rano proleće. Strezo Despotovski ga je posmatrao i nije mogao da poveruje.

— Jesi li ti, zaboga, upitao ga je Strezo Despotovski.

— Ja sam, rekao je Bogoja Čavkarovski, kad si to stigao da me zaboraviš?

— Nego, dolaziš ili odlaziš, rekao je Strezo Despotovski.

— Čekam nešto za jelo, rekao je Bogoja Čavkarovski, srce mi plače za jelom. Za jelom i snom, rekao je.

— Pa što ne odeš kući, rekao je Strezo Despotovski, po ovoj čiči ništa ne izlazi. Po ovakvoj hladnoći ni voda ne radi, rekao je.

I zaista, tamo ispod njih reka se jedva pomerala, jedva se provlačila, stešnjena između leda i mosura.

— Još nije vreme da se vratim, rekao je Bogoja Čavkarovski, čekaću da me pozovu.

— Kad si stigao toliko da smršaviš i gde, rekao je Strezo Despotovski, umalo da te ne poznam.

— Čim kažeš istinu — odmah beži, kazao je Bogoja Čavkarovski, jer je istina najopasnija za onoga koji je kaže. Laž je mnogo srećnija istina, kazao je. U praznini niko nije našao potporu, kazao je, a onaj što je našao nije se mnogo ovajdio...

A sve je počelo sa ona dva kilograma masti koja su nestala iz Zadruge, rekao je. Ta dva kilograma masti dovela su me do ovoga, rekao je, jer sam morao ja da ih vratim. Da ih skinem sa svog tela i da ih vratim, rekao je.

Jedne noći poteraše me puškama, nastavio je. „Za tvoje dobro, rekoše mi. Treba samo nešto da kažeš i nešto da vratiš, rekoše. Samo toliko, rekoše, za sada samo toliko nam treba." I odvedoše me, pričao je dalje Bogoja Čavkarovski. „Za koga si, upitaše me, za naše, rekao sam, vaši sada nisu naši", odvratiše, i izvedoše me na jednu ograđenu čistinu. Zapališe vatru i obesiše me da visim nad njom. Zapališe vatru, kaže, okupaše me i još svašta drugo, kaže, a posle me vezaše iznad vatre. Potpirivali su vatru, ređali glavnje, kaže, a plamen mi liže slabine i trbuh. Kao tanka vlaga koja se skuplja na blatnom kamenu, kaže. Oni uzeše kotlić, kaže, i počeše da sačekuju mast koja se topila od mene i slivala naniže. Dva kilograma masti si ukrao, kažu oni, dva kilograma mi je nestalo, kažem ja, e, toliko ćemo istopiti sa tvog tela, kažu, opet, oni. Molim ih, kumim, a oni samo podstiču vatru. Jedni ubacuju slamu, drugi potpiruju vatru, kaže Bogoja Čavkarovski, a koža se skuplja, cvrči, širi zadah, a mast se sliva u njihov kotlić, kaže, kaplje, cedi se. Da nije ovako hladno, pokazao bih ti, kaže, pokazao bih ti na šta ličim, kako su me ispekli, kako su me izranjavali. Čitav su mi trbuh izgoreli, kaže, za srce su me ujeli. A nije to bilo dan-dva, kaže, to je trajalo danima, čitavim noćima. Ne mogu da ti pokažem trbuh, kaže Bogoja Čavkarovski, kružeći rukama oko pasa. Kružio je i pridržavao trbuh kod pupka. Pokazivao je opekotine. I samo je gunđao i pljuckao. I pljuvačka mu se odmah ledila na hladnoći. Kao da je bljuvao nedokuvana pririnčana zrna. Tako su se izlivale i reči Bogoja Čavkarovskog.

— E, Bogoja, Bogoja, rekao je Strezo Despotovski, najbolji rvač, najbolji zadrugar i moj najveći dušmanin... Šta je ostalo od onog Bogoje koga znam, rekao je.

— Tog sam Bogoju sjebao, rekao je Bogoja Čavkarovski, toga Bogoje više nema. Posvađao sam se s njim, rekao je, davno sam se s njim rastao.

— Niti je neko um našao, rekao je Strezo Despotovski, niti je zdravlje sačuvao.

— A otkud tebi toliko zdravlja, rekao je Bogoja Čavkarovski.

— Ja idem u crkvu, isprsio se Strezo Despotovski, a ti ni u boga ne veruješ.

— Ne verujem, rekao je Bogoja Čavkarovski, kad sam ja verovao u njega, on je počeo da ne veruje u mene. Ili samo da sumnja, rekao je. Čim čovek raščisti s bogom, ostaje s đavolom. Ma koliko želeo da ideš u crkvu, rekao je, opet se družiš samo s đavolom. Jer samo je on dole na zemlji, i samo te on tera da ti zemlje nikada nije dovoljno. Uvek tražiš još malo i uvek ti se čini da ti je i to malo. Koja se koka najela prosa, rekao je, i koji se medved zasitio meda i mrava?

Potom je Bogoja Čavkarovski pričao o momku i smrti:

— Neki je momak mogao da se glavi kod boga i kod njega da radi, ali nije hteo jer je bog nepravedan: jednima daje sve, drugima ne daje ništa, a trećima uzima sve što im dâ. Zato se kasnije glavio kod smrti, jer ona nema ni za koga milost, kod nje vazda gore neke sveće — jedne dogorevaju, a druge se pale, a sveće, kažu, da su u stvari ljudi, iliti njihovi životi; i radio je momak kod smrti, radio je dugo vremena i kad je došlo vreme za isplatu, momak je rekao: neću pare, već onaj lončić koji kad se puni vodom, voda se pretvara u zlato; daću ti lončić, rekla je smrt, ali ti dušu neću ostaviti, tvoja je duša samo moja i ma gde bila i ma kako bilo, moram da ti je uzmem; ostavi mi je bar još tri dana, rekao je momak; e nek bude, kad tako želiš, rekla je smrt, poraduj se malo lončetu koje vodu pretvara u zlato i zato zlato klizi kao voda. I momak se dao u rad: počeo je da crpi vodu i da puni džepove zlatom, da ga gura u nedra i svuda gde stigne. „Smrt treba sto pari opanaka da pocepa, pomislio je momak, ako želi da me pronađe, ako hoće da mi ukrade dušu." Smatrao je da će s tolikim zlatom moći da pobegne i da joj se sakrije. I počeo je da se krije po tavanima i ambarima, u stogovima i krstinama, po žbunovima i kupinjacima, po tamnim i zaraslim doljama gde sunce i mesec nikad ne silaze. Ali smrt ga je svuda nalazila, čak i skrivenog u deset riba ga nalazila, u deset riba progutanih jedna od druge i jedna u drugoj, a on u poslednjoj, najmanjoj. I u dubinama od deset godina hoda. Smrt ga je svuda nalazila i uvek ga je lepo zvala: hajde, govorila mu je, od mene ne možeš pobeći, a momak je tražio još malo vremena; sačekaj da još jednom vidim konja, govorio je, sačekaj da se oprostim sa majkom i ocem, govorio je, pričekaj da utolim žeđ vodom, kumio je, a smrt ga je čekala, ali više nije mogla da čeka. I dok se momak saginjao nad izvorom, dok se oslanjao da pije vodu, smrt mu je ćutke uzela dušu. I krenuše potom smrt i momkova duša i jednog trena duša reče: hajdemo opet malo do izvora, zaboravila sam tamo onaj lončić. I kad su se vratile natrag, tamo su zatekle samo momkov leš i na njemu more gamadi i raznog zverinja. Tad je duša upitala: čija je ovo lešina što vrvi od muva i crva, a smrt je rekla: tvoja, to je tvoje telo, rekla je; pa zbog čega sam toliko htela da pobegnem, zbog čega sam se mučila da sakrijem ono što je toliko smrdljivo i podložno truljenju, rekla je duša; pa zato, da se zgadiš sama sebe, rekla je smrt.

I ako je za pravo, a jeste za pravo rekao je Bogoja Čavkarovski, tako je to sa dušom i smrću. Nikad ne znaš koliko ti treba, rekao je, i ako uvek znaš šta ti ne treba. I opet ništa ne ostavljaš, rekao je, nikome ništa ne daješ. Uzalud zemlju gazimo, uzalud je opterećujemo, i uzalud nas ona drži, rekao je.

— Mene drži moja zemlja, rekao je Strezo Despotovski, a ti nemaš zemlje ni trn da zabodeš, trnom rupicu da napraviš. Ti i ovde gaziš po tuđoj zemlji, rekao je.

— Šta ti je zemlja toliko donela, rekao je Bogoja Čavkarovski, šta ti je učinila?

— Učinila mi je da ne gazim po trulim daskama, rekao je Strezo Despotovski, i donela mi je za jelo. Mogu i samog boga da pozovem na večeru, rekao je.

— Ti ništa nisi razumeo iz priče, rekao je Bogoja Čavkarovski, ti si samo za kamen da izvlačiš iz reke. Da ga izvlačiš na golom trbuhu i na golom trbuhu da ti ga lome, rekao je.

— Onako kao što su tebi topili mast, rekao je Strezo Despotovski. A ja bih od tvog trbuha gajde napravio.

— Hteo bi nešto da mi vratiš, rekao je Bogoja Čavkarovski, kao da hoćeš nešto da povratiš. Ja jesam slab, ali još uvek sam jak, rekao je.

— Tukao si me, rekao je Strezo Despotovski, u stvari nisi me tukao, drugima si rekao da me tuku, da me pred tobom tuku... Špijunirao si me, rekao je, išao si mi za senkom i njušio. I ja ne mogu poželeti bolje vreme, rekao je, i zgodnije mesto da ti za to vratim. Nisam mogao ni da sanjam, rekao je i počeo da mu prilazi.

— Ali ti ipak sanjaš, rekao je Bogoja Čavkarovski, pucaj u mene ako ne veruješ.

— Neću da te ubijem kao zeca, rekao je Strezo Despotovski, bacajući pušku u sneg. Hoću da te mučim, kao što si ti mene mučio, rekao je.

I Strezo Despotovski se bacio na Bogoja Čavkarovskog. Ščepao ga je rukama oko pasa. Bogoja Čavkarovski je koraknuo, izmaknuo se unazad i tako zadržao, ostao na nogama. Sav svoj teret prebacio je na Bogoja Čavkarovskog ne bi li se zadržao i održao. A svoje ruke, svoje slabašne ruke, pribio je uz gušu Streza Despotovskog. Počeo je da ga steže, da ga davi, da mu podiže vilicu i da je izvrće. Prsti su mu se preplitali, uvijali i pucketali, kao da su suva pavitina. Čuo je to Strezo Despotovski, ali nije bio siguran šta to pucketa: da li prsti Bogoja Čavkarovskog ili njegovi vratni pršljenovi. Ili su mu samo vilice cvokotale? A one su škripale kao vodeničko kamenje, cvokotale su i škljocale na hladnoći, prosto tandrkale. I odjednom ga je to zabolelo. Ko zna da li ga je strah, gnev ili neizvesnost zabolela, tek je on jauknuo, izvukao glavu, istrgao vilicu, čučnuo malo i povukao k sebi Bogoja Čavkarovskog. Skoro ga je podigao, stavio mu nogu pred kolena i oborio na kuk. Krk, učinio je Bogoja Čavkarovski pod težinom Streza Despotovskog. Ali Bogoja Čavkarovski se brzo oslobodio i, pretajući rukama i nogama po snegu, okrenuo se i istrgnuo. Okrenuo se na trbuh i iščupao. I ponovo ga je ščepao za noge. Počeo je da se koprca u snegu, da ga otapa svojim dahom, da skuplja novu snagu. Odjednom se sav skupio i skočio kao poskok. Strezo Despotovski se ne malo iznenadio: čudio se odakle je tako naglo skupio toliku snagu. Kao da mu je neko iz snega koji je zagrizao dok se valjao po njemu udahnuo. Sad je i lice Bogoje Čavkarovskog čitavo bilo izlepljeno snegom. I nos, i usta, i oči, i uši, i kosa. A i čitavo telo mu je bilo posuto snegom. Bogoja Čavkarovski je bio sav okrečen. Sav od belog paspava i paučine. Da se nije držao za Streza Despotovskog, ovaj ne bi mogao da ga vidi gde je. Ne bi mogao da ga primeti, da ga prepozna. Mislio bi da se bori sa snegom. A on je bio posvuda, nije mogla da se sažme niti njegova daljina, niti njegova težina.

Strezo Despotovski je provukao glavu kroz ruke Bogoje Čavkarovskog i, čučnuvši, prebacio ga preko ramena. Bogoja Čavkarovski je jauknuo i prosuo se kao pihtija po snegu. Potom se Strezo Despotovski uspravio. Ali uspravio se i Bogoja Čavkarovski. Obrisao je dlanom lice i ponovo mu se bacio dole, u noge, zgrabio je Streza Despotovskog za nogu i počeo da ga podiže, da ga okreće oko sebe. Strezo Despotovski je samo skakutao na jednoj nozi, ritao se u snegu i jedva održavao, oslanjajući se na leđa Bogoje Čavkarovskog. Bio ih je obgrlio odozgo, ispod pazuha. „Samo bog može da mi otpetlja ruke", mislio je Strezo Despotovski, licem naslonjenim na leđa Bogoje Čavkarovskog, i stalno je dahtao, kao junac je dahtao i otapao sneg sa njegove odeće. A i on se topio, obliven znojem ispod pazuha i među nogama. I na onom mestu gde ga je stezao Bogoja Čavkarovski. I zanosio se, cupkao po snegu, dok ga je nešto u preponama peklo.

— Jao, nemoj me štipati tamo, kriknuo je Strezo Despotovski, nemoj mi kidati život.

— E, vala, uštrojiću te, odbrusio mu je Bogoja Čavkarovski odozdo, ispod njegovih prepona. Pomušću ti svu silu.

Strezo Despotovski je otpetljao ruke i, jakim udarcem palcem, lupio ga je u slabinu. Bogoja Čavkarovski je ispustio njegovu nogu i šćepao ga je za rame. Rame preko ramena, ruka preko ruke. I ponovo počeše da im pucketaju vratovi, da im se lome laktovi, da im pucaju mišići. Pribili su se kao pijavice.

Strezo Despotovski bacio je na trbuh Bogoja Čavkarovskog, nekoliko puta ga je bacio na trbuh. Ali i on, onako, padao je ničice. Niko nikog nije uspevao da obrne, da mu nasedne na srce, da mu okrene glavu prema nebu.

Strezo Despotovski je hteo da kaže Bogoji Čavkarovskom da okrene svoju glavu: „Okreni glavu na stranu, hteo je da mu kaže, jer ti duša smrdi na smrdljivu ribu i smrt." „Kad se ne bih gadio, ujeo bih ga za uvo, mislio je Bogoja Čavkarovski, odgrizao bih mu ga i ispljunuo."

I prevrtali su se tako, povlačili jedan drugog, mešali se, gazeći i tabajući sneg.

I čime se sve nisu sapleli, gde se nisu dohvatili, gde se nisu izgrebli, gde sve nisu zarili zube i nokte: u slabine, u rebra, ispod pazuha, u butine, u cevanice, u listove, u gležnjeve. Pa i gore: ispod njuški, oko vrata, iza leđa, iza ušiju. Padni — ustani. Pomešali su glave i noge, s dupetima između lakata, među kolenima. Preskakali su se, gazili, i više nisu znali čija se ruka ispod čije noge nalazi, čija se glava ispod čijeg dupeta isteže. Kao kad kornjača isteže vrat iz oklopa. Prevrnulo im se čak i nebo: nebo je padalo dole, zemlja se dizala gore. Uskomešala su im se i creva, čitave utrobe. Popustiše im rebra, gležnjevi, zglobovi. Uzavreše im i žile, istanjiše se od istezanja.

I više nisu imali snage da se drže, da se poguraju. Ruke su im same padale, noge su im klecale u kolenima. Nisu mogli ni da se maknu. Sa preostalom snagom jedva su se pridržavali i odmarali, oslonjeni jedan na drugog. Dolazilo im je da jedan drugom pregrizu vratne žile i tako okončaju gušanje. Jer, ko zna koliko je vremena prošlo od kada su počeli da se tuku i da se valjaju po snegu. Otkad je počela duša da im izlazi na nos i da im se ponovo vraća. Ko zna koliko je vremena prošlo, a vreme je krilato, namah odleti i namah svane. A čim svane, naići će ljudi i rastaviće ih. Ali zimske noći su duge, vreme ne leti tek tako, sporo prolazi. Zato i nisu znali koliko se vremena rvu i gušaju u snegu. Nisu primetili ni kad je mesec obasjao polje. A kad su videli da im se i mesečina muva oko ruku i nogu, poželeše da se manu tuče, da danu malo dušom. I da podignu ruke, da se ogreju na mesečini. Samo: ko prvi da popusti, kako da se dogovore? „Popusti, da ti popustim", pomislio je Strezo Despotovski i umalo da pregrize jezik, cupkajući u snegu. Cupkao je i Bogoja

Čavkarovski. Obojica su cupkali, tromo i s mukom. S mukom su i pomerali i menjali noge.
— Ide mi se napolje, rekao je Strezo Despotovski.
— Čitave si noći napolju, rekao je Bogoja Čavkarovski.
— Steglo me je, rekao je Strezo Despotovski. Da prostiš, piša mi se.
— Dabogda se upišao u postelji, rekao je Bogoja Čavkarovski.
— U tvoju postelju mogu, u svoje pantalone ne mogu, rekao je Strezo Despotovski i krenuo. Oslobodio se. Bogoja Čavkarovski je to jedva dočekao i odmah spustio ruke. Strezo Despotovski se okrenuo, otkopčao pantalone i napravio rupu u snegu. Iza njega, iza samih leđa, stajao je Bogoja Čavkarovski. I hladna, zimomorna mesečina.
— Da se odmorimo malo, predložio je Bogoja Čavkarovski, trbuh me jako boli. Sav je skvrčen, rekao je i pri svakom padu pucaju mi izgoreli šavovi. Mnogo su me ispekli, rekao je.
— Koliko su te dana pekli, rekao je Strezo Despotovski, zakopčavajući šlic.
— Ne znam, rekao je Bogoja Čavkarovski, jer su me pekli i kad nisam bio pri svesti. I kad nisam znao da li pada mrak ili se razdanjuje, rekao je, i kad sam zaboravljao gde sam i ko me je tamo doveo. A kad sam dolazio svesti, dolazio bih sebi, rekao je. Tad bih mrdnuo prstom koji sam mogao da pomerim, rekao je, želeći da se dotaknem i da se negde uštinem. Da vidim jesam li živ, jesam li još među živima, rekao je. I tada bih čuo:
— Koliko ste grama masti istopili?
— Treba još, ali neka malo zazdravi.
„Bože moj, bože moj, rekao bih u sebi, pa ovi me leče da bi me ponovo razboleli!" I tad sam želeo da umrem, rekao je, mnogo sam želeo da ispustim dušu, ali, ona, ta pusta duša, ne izlazi tako lako. A i nju nisam mogao da nađem u sebi. Da je negde nasamo sačekam, rekao je, da je šutnem, rekao je i šutnuo grudvu snega. Otresao je sneg sa odeće, sa ušiju. I hukao je u nokte, braneći

se od podnoktice.

Strezo Despotovski ga je slušao, ko zna da li ga je ozbiljno uzimao i to isto radio rukama i nogama. Lupao se, otresao, zavlačio ruku u vrat i vadio sneg. Vadio je sneg iz nedara, iz džepova, iz čarapa, iz opanaka. A mesec je sijao kao sumanut. Prosuo se, zabelasao, kao istrljano dupe udovice. Zakrvavljenih očiju, virio je odozgo, sijao, motrio šta rade ljudi. Strezo Despotovski i Bogoja Čavkarovski. Kao da se bio raskrečio nad poljem, kao da je silazio i nameštao se da ih što bolje vidi. I sve je osvetljavao, sve otkrivao. I svačiju je senku gasio.

Sijao je mesec, sijao je sneg, malo dalje sijala je reka, mučila se da se provuče kroz led koji ju je stegao, koji joj je suzio korito. Vladao je potpuni mir. Ni zec da se pomeri, ni vuk da zavije, niti bilo koja zver da protrči kroz sneg, da krene nekud. Samo su se Strezo Despotovski i Bogoja Čavkarovski vrebali, posmatrali, osluškivali otkucaje srca i damara. I vazda nešto ustima mrmljali, gunđali.

Ko zna koliko bi tako ostali Strezo Despotovski i Bogoja Čavkarovski. Mesec je počeo da se linja, noć je počela da popušta, da se proređuje. Javili su se i prvi petlovi u selu. Prvi ili treći — ko će znati. Glas im je jedva dogegao do polja.

— Hoćemo li ići, rekao je Bogoja Čavkarovski, ja moram da idem.

— Neka svane, rekao je Strezo Despotovski, da potražim kapu.

— Ko zna gde je zapretana u snegu, rekao je Bogoja Čavkarovski, ja više ne mogu da čekam. Dosta je bilo čekanja, rekao je.

— Nismo još završili tuču, rekao je Strezo Despotovski, nije bilo dovoljno vremena, noć je prosto proletela. Gde da te drugi put nađem, ovako i ovoliko samog?

— Dođi sutra uveče, rekao je Bogoja Čavkarovski, dođi opet, oko ponoći, ovde. Naći ćemo neko gluvo mesto za tuču, rekao je i krenuo dole, ka reci.

Išao je gologlav, raštrkane kose kao strnjika: dlaka s dlakom nije mogla da se dotakne, da se spoji. Udaljavao se tako Bogoja Čavkarovski i sa svakim novim korakom, glava mu se sve više gubila, a telo kao da mu se linjalo, kao da je postajalo providno.

— Selo je ovamo, rekao je Strezo Despotovski i pošao za njim, propadajući u sneg. Ovamo je selo, o, Bogoja, povikao je, ali se Bogoja nije osvrnuo. Išao je po snegu lak kao pero. I za tren je nestao u vrbaku koji se bio nadneo nad rekom, obasut injem, snežnim pahuljama.

Strezo Despotovski je stao, zureći u vrbak. „Gde ode Bogoja Čavkarovski, mislio je, gde je ušao, gde je propao?" Nije mogao da veruje svojim očima. Pozvao ga je još jednom. Ali odozgo, iz sela, odazvao se samo lavež pasa. I novo kukurekanje petlova. Počeo je da se okreće, da se iščuđuje, zverajući pogledom po usnulim brdima. Ništa. Sve je bilo nepokretno, nemo i potonulo pod snegom. Potom je pogledao napred, preda se. Potražio je stope Bogoja Čavkarovskog, ali i njih nije bilo. Svoje je stope video, ali njegovih nije bilo. I svuda je video jedne te iste tragove, svoje tragove. Kako može po ovolikom snegu da ne ostavlja tragove, stope, razmišljao je Strezo Despotovski, s kim sam se borio čitave noći, razmišljao je, zar sam se borio sam sa sobom, pitao se i vratio se da uzme pušku. Puška se bila zaledila, kao vezana za sneg. Pokušao je da je odlepi, da je iščupa, da je izvuče, ali nije mogao. Kao da je neko drži, pomislio je, kao da hoće da mi i nju uzme, gunđao je i kad je pokušao da je silom izvuče, puška se slomila. Pukla je po sredini. Cev na jednu, kundak na drugu stranu. Duša mu je uzdrhtala, kao list na grani u šumi uzdrhtala je duša Strezi Despotovskom i počeo je da beži ka selu. Bežao je i od straha i od hladnoće.

*
* *

Kad je završio priču, lice Streze Despotovskog je još uvek bilo rumeno. Ali malo-pomalo je počelo da žuti, da se menja.

— Uh, bem mu ćopu, rekao je njegov otac, stari Done Despotovski. Trebalo je da kažeš, uh, bem ti tu tvoju krivu nogu, jer, vidiš, on uopšte nije bio Bogoja Čavkarovski, nego onaj sa jednom nogom. Samo on ne ostavlja trag, rekao je. Njemu je i trag naopak, rekao je, mogao je da te odvede na ko zna koju stranu.

— Ja nisam ni osetila kad je otišao u lov, umešala se njegova žena Dukadinka Despotovska. Zar ništa nisi ulovio, rekla je — zar si čitavu noć proveo sa Bogojem Čavkarovskim, upitala je.

— Samo Arhanđel Mihail, rekao je stari Done Despotovski, samo se on ne vraća praznih ruku. Da te nije možda negde uplašio Najdenko Jordankin, upitao je.

Od tada je Strezo Despotovski onemoćao i mnogo propao. Počeo je da izbegava ljude, da se povlači u sebe, da se boji, u svakog da sumnja. Izgubio je apetit, san, volju za sve.

— Hajde bre, Strezo, uzmi nešto, pojedi, kumila ga je Dukadinka, što si se tako zamislio, znaš da nema dana pre sudnjega, što si stegao srce?

— Ne mogu, govorio je Strezo Despotovski, ne mogu usta da otvorim. Sve što mi daš, govorio je, kao da mi za vrat sipaš. Kao slamu da jedem, govorio je. Baš tako.

— Hajde, nemoj biti dete, govorila mu je žena, nigde ništa nema, ko zna šta te je uplašilo. Ko zna da li si uopšte video Bogoja Čavkarovskog, možda si samo sanjao, ubeđivala ga je. A snovi nisu što i život, mada ponekad tako izgledaju. Uzmi, podaj nešto duši, kako ćeš tako živeti, kako ćemo tako živeti — govorila mu je i vazda mu nešto nutkala: te pečene krompire, te kuvani dulek, te ovo, te ono. Sve što je imala.

Njegova žena, Dukadinka Despotovska najpre nije mnogo verovala u reči i bolest Streza Despotovskog. Mislila je da se prehladio ili da je nečim drugim opsednut. Ali kad joj je Strezo Despotovski pomenuo ime, kad joj je rekao: „Veruj mi, Dukadinko, sve je bilo tako, ništa ne lažem", ona mu je zaista poverovala. Do tada je nikada nije zvao po imenu. A Dukadinka Despotovska bila je veoma darežljiva. Samo kad nije imala nešto u ruci, nije nekome dala. Bila je jaka žena, ali veoma blaga srca. Imala je ovalno lice i spojene obrve. Ali iz njenih crnih očiju uvek je slala nasmejani pogled, kao praznično nebo nad manastirom Sveti Nikola Toplički. Kad je mlela ustima, mlela je i očima. I koračala je radosno, kao tek prohodalo dete.

Tako je obletala i oko svog zaplašenog muža Streza Despotovskog.

— Da nećeš ovo, saletala ga je, hoćeš li ono. Šta želiš da ti spremim, da ti skuvam, da ti ponudim. Šta da ti donesem, zapitkivala ga je.

— Neću ništa, govorio joj je Strezo Despotovski, a i da hoću, ne mogu da se prihvatim. Ne mogu ništa ustima da prinesem, govorio je, vidi kako mi se tresu ruke, pogledaj mi prste. Ne mogu čak ni da ih skupim, govorio je.

— Kako, bre!

— Baš tako...

— Zar zbog tog nikakvog priviđenja toliko da se izgubiš, hrabrila ga je žena, hajde, mućni malo glavom, mani se toga. Sad ću ti napraviti šerbet, govorila je, tebi je strah sišao u srce. Možda nisi ništa video — govorila je, ali te neka misao laže da si video i sad te tera da pričaš svašta. I ono što je bilo, i ono što nije bilo. Samo da naklapaš, samo da trućaš, govorila je.

— Ako sam ja kazao mnogo, ti kaži malo, govorio je Strezo Despotovski. Mnogo je kad te biju, govorio je.

— Nemoj tako, govorila je Dukadinka Despotovska, misli na nešto drugo. Misli na sina u vojsci, govorila je, misli na unuka, na njive...

— Uzeće nam ih, govorio je Strezo Despotovski, uzeće nam i njive i mene će uzeti, jadao se. Nije se tek tako pojavio Bogoja Čavkarovski. I njega su oni poslali, govorio je.

— Gde ti ode, govorila je Dukadinka Despotovska, misli na nešto drugo i sve će biti u redu. Biće ti bolje...

— Ako ne može da mi bude bolje, govorio je Strezo Despotovski, vala ne može ni gore. Od ovoga goreg nema, govorio je.

— Prošla je njegova moć, govorila je Dukadinka Despotovska, pa zar Bogoja nije pobegao s Rakidom Želčevom? A možda ga je neko ubio ili su ga zveri pojele, govorila je.
— Ti ne znaš kakav je, zato tako trućaš.
— Pa, kakav je?
— I mrtav da je, govorio je, da ti nije žao da ga ubiješ, opet da ga ubiješ.
— Gde te boli zub, govorila je Dukadinka Despotovska, jezik sam ide. Samo tamo beži, govorila je.
Ali Strezi Despotovskom nisu pomagale nikakve reči. Grdio ga je njegov otac, stari Done Despotovski, tešila ga je i preklinjala njegova žena, Dukadinka Despotovska, gledala ga je sažaljivo njegova snaha, Pauna Žar, ali niko ga od toga nije mogao odvratiti. I dalje je od svakog bežao, svakoga je zaobilazio. Čim bi video nekog iza sebe, odmah bi pomislio: „Evo, i ovaj ide za mnom, i ovaj nešto zna, i ovaj nešto smera." I odmah bi se vratio kući i seo što dalje, kao tić u kavezu. Ako je bio mrak, zaključao bi sva vrata, ugasio lampu i zavukao bi se u krevet. Pokrio bi se preko glave i drhtao. Duša mu je treperila, telo igralo, a igrao je i jorgan nad njim. I nije dozvoljavao nikom da govori.
— Tiše, ćutite, neko sigurno prisluškuje. Neko sigurno viri kroz prozor, šaputao je.
— Ko može da prisluškuje, ko može da viri, govorila mu je žena, i šta može da čuje, šta da vidi? Ništa nismo ukrali, ništa loše ne govorimo, govorila je.
I tako: noć bi se otegla, selo bi zaćutalo, dimnjaci bi prestali da dime, kučići bi se sve ređe javljali. I sve se stapalo sa svojom telesnom toplinom. Samo Strezo Despotovski je ostajao budan i stražario u noći. Nikako da ga savlada san, da smiri srce, da mu lakne na duši. Njega je i najviše plašila noć, najviše ga je ona mučila. Ličila mu je na nepregledni put: ideš, ideš, a njemu nigde kraja. Stojiš sve u mestu, a mesto nije isto. I samo po tome znaš da ideš, a nema nikog da ti kaže koliko si već prošao. Put postaje sve veći, a ti sve manji. Sve dok ne otkriješ da si

ti samo jedna trunčica iz duboke prašine na putu. Tako je mislio Strezo Despotovski i od tih misli uvek bi se naježio.
— Bože, hoće li ikad svanuti?
— Svanuće, još malo, govorila mu je žena Dukadinka Despotovska i nastavila bi da ga hrabri i da bdi nad njegovom glavom. Branila ga je od loših misli i čekala, čekala, a ko zna koliko je dugo čekala da se smiri, da zaspi. Ali ona bi uvek pre njega zaspala. Tačnije, on uopšte nije mogao da zaspi. Jer, kad bi se Dukadinka probudila, uvek ga je nalazila budnog, sklupčanog ukraj postelje. Samo bi mu oči svetlucale, kao u nakostrešenog pileta. A niz njegove obraze slivale su se suze.
— Ne spavaš?
— Ćuti, tiše...
— Zašto da ćutim?
— Čuće nas...
Dukadinka Despotovska bi uzdahnula duboko i iz dubine. Kao da joj je uzdah iz peta dolazio. Strezo Despotovski bi se prenuo:
— Šta kažeš?
— Ništa ne kažem.
— Znači, nekog ima napolju?!
— Ko će u ovo doba napolje!
— Čuo sam da govori.
— O čemu?
— O meni.
— Pa nisi ništa loše uradio.
— Ko zna. Možda jesam.
— Ništa mi nisi rekao, ništa nisam čula.
— Jutros sam video trag ispred kuće.
— To je tvoj trag...
— Možda me špijuniraju braća, govorio je Strezo Despotovski, možda me iz zatvora špijuniraju.
— Ne bacaj se i na njih kamenjem, ko zna kako im je? Nemoj da te čuje otac, govorila je Dukadinka Despotovska. Da im nisi u koži, da nisi u njihovoj koži, govorila je.

I tako danas, tako sutra. Nekad bi se veoma preplašio i otišao bi napolje, u selo. A u selu moraš nekog da sretneš, neko da te sretne. I da te upita: „Kako si, šta radiš", a on bi mu se obrecnuo: „A šta tebe briga, šta imam tebi da govorim." I posle bi govorio: „Znam zašto me pita, možda za drugo ne znam, ali za ovo znam, zato neću da govorim." I brzo bi otišao. Za sve koji su nešto pričali, mislio je da o njemu pričaju. I mislio je da čitavo selo samo o njemu priča, da samo njega ogovara, da se protiv njega dogovara. Čim bi primetio da neko ide za njim, odmah bi skrenuo i sakrio bi se u neki sokačić, iza nekog obora. I gvirio bi odande dok čovek ne prođe, dok se ne udalji. A ako bi se neko pred njim zaustavio, mislio je da njega zaustavlja, da njega sačekuje. Nije valjalo ni da ga pogledaš, ni da ga sustigneš, ni da ga sačekaš. Nikako nije valjalo. Nije mogao nigde da se skrasi. Strezo Despotovski.

Došlo je proleće i selo se podelilo u brigade. Reka je dovlačila otopljeni sneg i satrule paprike, odvojene od peteljki, kokoške su čeprkale po mladoj, tek isklijaloj travi, petlovi su se jurili i ključali kreste, rumene kao postiđeni obrazi, u polju se oralo, drljalo, u planini se pravio ćumur, dim se dizao do neba. I svuda se orilo. Svi su pevali, samo Strezo Despotovski se sve više zatvarao. Samo on je ustrajao da ne uđe u Zadrugu. I nije bio ni u jednoj brigadi.

Uveče su se brigade vraćale iz polja i sa planine, a Strezo Despotovski se stalno sam sa sobom raspravljao. Ćumurdžije su se vraćali nagaravljenih lica i s ćumurom u nosu, u ušima, u zubima i pevali. „U novi boj, za novi stroj", a Strezo Despotovski samo je gunđao i nikako da se složi sa samim sobom. Konji i magarci zastajkivali su u hodu, osluškivali poletne pesme, i dolazilo im je da zanjaču, od neizmerne radosti da zaržu, ali od svega toga oni su samo strigli ušima i lako topotali kopitima. A taj topot i te pesme Streza Despotovskog su jako uznemiravali, potresali. Unosili su u njega neki mučni nemir, izazivajući i mržnju, i nervozu, i gađenje, i strah koji ga je terao u znoj, u povraćanje. I više nije znao kuda da se dene, gde da pobegne. Mislio je da svi dolaze po njega, da se zbog njega vraćaju i da su se nagaravili samo da ih on ne može prepoznati. I bežao je od njih, skrivao se, a srce mu je lupalo kao da će da iskoči. Žena mu je davala vodu, ali i dalje nije znala šta da radi s njim, jer je i nju gledao hladnim očima, zgranutog lica.

Jednoga dana dođoše neki ljudi i odvedoše ga u ludnicu „Poljoprivredna škola". U novu ludnicu sa pogledom na istok. Na ispraćaju, njegova žena Dukadinka Despotovska se rasplakala i svoje suze pokrila rukama. Sagnula je glavu i čitavo lice pokrila dlanovima. Ali, dok je plakala, ruke su joj drhtale i ramena su joj se tresla. „Novo svuda i uvek pobeđuje", rekoše ljudi i prihvatiše Streza Despotovskog, ubaciše ga u kamion. „U komunizmu i smrt će biti prošlost, a bolest samo nepoznati ožiljak u razvoju čovečanstva." Na te velike reči Dukadinka Despotovska je povukla krajeve povezače i njima obrisala suze.

Kad je ušao u bolnicu, Strezo Despotovski kao da je ušao u novu, čistu i svetlu budućnost. Ona je bila prva zgrada u novom naselju koje je kasnije postalo pravi mali grad. Najpre je bolnica bila građena za obrazovanje budućih poljoprivrednih kadrova, ali pošto su faktori ustanovili da od zemlje i poljoprivrede nema ništa, a da broj ludaka masovno raste, zgradu pretvoriše u ludnicu, odnosno u duševnu bolnicu. Ipak, na njoj je još dugo pisalo „Poljoprivredna škola".

Od tada, svakog meseca, kamion je obilazio sela i skupljao ludake. Kao da je vršio otkup suvišne stoke. Bolničari su pomaljali glave iz kamiona i pitali: „Gde su ludaci, gde su ludaci?" I punili su kamion. Šta ćeš: vreme je bilo udarničko i ljudi su se isticali u svim aktivnostima, pa bilo je ispravno da se bude i lud. Dotad su ludaci živeli i umirali zajedno sa normalnim svetom. Dopunjavali su se i u radosti i u tuzi. Jedni su se učili na greškama drugih i tako uticali jedni na druge. Ali sad su se podvojili. I rastajali su se s tugom, kao što su se rastali od svojih koza.

*
* *

Streza Despotovskog odvedoše u bolnicu, a njegovog oca, starog Doneta Despotovskog, udari šlog. Udari ga neka loša kap, kao kad suvo drvo udari grom. To se dogodilo u vreme branja duvana.

Pauna Žar je nizala duvan ispod trema, a stari Done Despotovski okačinjao niske ispod strehe. Dejan Šmajser je ušao na guvno, sav nalickan i sa mastiljavom olovkom u džepiću. Ušao je naduvenih obraza i crven kao krčag. Ta protuva se dugo muvala po njihovom guvnu, još kad je muž Paune Žar otišao u vojsku, ali se Pauna Žar nije predavala. Čeznula je da ga vidi, ali nije se predavala. Predala se tek kasnije, odmah posle smrti svog muža Miladina Despotovskog.

Stari Done Despotovski se bio popeo pod strehu. Okačinjao je jednu nisku duvana i odvajao lišće. Ali lišće je bilo jako stegnuto i raštrkano. Jedno okrenuto naniže, drugo okrenuto naviše, razbacano na sve strane. Kao živo. On se naljutio i sišao, ostavljajući nisku obešenu samo na jednoj strani. Uzeo je pljosku iz niše, otpio gutljaj rakije i počeo da pilji u Dejana Šmajsera.

— Nazdravlje, rekao je Dejan Šmajser.

— Amin, rekao je Done Despotovski i ponovo povukao, pijući tako i svoju žuč.

Dete Paune Žar je otrčalo do Dejana Šmajsera u uhvatilo ga za nogavicu. Ovaj mu je dao jednu prljavu bombonu iz džepa i podigao ga visoko iznad glave.

Pauna Žar se uzrujala i ubola prst iglom. I kriknula je zajedno s detetom. Učinilo joj se kao da Dejan Šmajser nju podiže. Od te vike kokoške su prekinule pašu, okrenule se i podigle glave, tiskajući se jedna uz drugu.

— Pazi da ne nanižeš i prste, rekao je stari Done Despotovski, nemoj da i njih nađem na niski, međ' lišćem, rekao je i namrštio se.

Pauna Žar je pocrvenela i stavila prst u usta. Onaj bocnuti iglom. Sisala je krv gorku od duvanskog katrana koji se bio zalepio za njene prste.

Dejan Šmajser je spustio dete i više nije znao šta da kaže, šta da uradi.

Done Despotovski je ponovo ustao da namesti nisku. Razmicao je lišće prstima, kao češljem, odvajao ga je, kao da broji na školskoj računaljci. Odvajao ga je kod vrata, kod konca. Ali jedan bi namestio, drugi bi se nakostrešio. Nikako nije mogao da proredi nisku. To ga je ljutilo, mnogo ga je naljutilo. Otkačio je nisku, okrenuo oko ruke i počeo da psuje, da je baca na krov kuće. „Bem ti lišće, bem ti konac", opsovao je i bacio nisku. Onda je ponovo otišao do pljoske i seo. Oko njega namah se skupiše kokoške, počeše da mu se muvaju kroz noge, a on njima: „Dabogda vas orao odneo, dabogda vas kuga pomorila." A one, kao da im nešto lepo govori, ponovo se sjuriše njemu pod noge.

Pauna Žar je pogledala najpre u njega, pa u Dejana Šmajsera. Dejan Šmajser je otišao. Sitno, nogu pred nogu, kao da je nešto zaboravio, kao da je razmišljao šta je to zaboravio.

Done Despotovski je ponovo navrnuo pljosku, gucnuo, uzdahnuo i pogledao u krov kuće. I, s vremena na vreme, zamahivao je rukama prema licu, braneći se od muva. „Bem ti to prokletstvo od muva, gunđao je, čim sednem, odmah pohrle, odmah se sjure. I jedva čekaju da ne mogu da ih najurim", mislio je. I odlutao mislima negde daleko, ko zna gde pred sebe ili iza sebe. Potom je uzeo lestve, popeo se do ivice strehe i drvenim vilama dosegao nisku, mučio se da je skine.

Sunce je bilo sišlo na krov i pritiskalo ga. Prosto ga je bilo usijalo. Kao da je htelo na njemu, kao na crepulji, da ispeče palačinke. Jara je zahvatila i Doneta Despotovskog, napravila pravu pometnju u njegovoj glavi. Počeo je čas da silazi, čas da se penje.

— Deda, šta to radiš, upitala je Pauna Žar.

— Presipam iz šupljeg u prazno, rekao je stari Done Despotovski, eto, hvatam zjale, kao ja, kao ti, rekao je i počeo da silazi, stiskajući nisku duvana na grudima. I osećao je kako mu uši zuje, kako mu se začepljuju, kako ga izdaju. I odjednom, kao da se nešto u njemu slomilo, kao da mu se nešto prosulo: jedna ruka mu se ukočila, a jednu nogu nikako da pomeri. I njegova usta su otkazala poslušnost. On je hteo nešto da kaže, a usta su odbijala da to prenesu, da ozvuče. Disanje mu je postalo teško, dah, crn kao ugljevlje, prekidao mu se zajedno sa rečima. I tako, zajedno s niskom, počeo je da se ljulja i pao pored lestava. Nije uspeo čak ni da siđe malo niže, da padne sa manje visine. Pauna Žar je pomislila da je istegao mišić, da je nešto uganuo, da je iščašio.

I od tog dana starac Done Despotovski ostao je ni živ ni mrtav. Čitava jedna strana mu se oduzela, a usta sasvim iskrivila. U stvari, ostala su sa onim zatečenim grčem, koji je ličio na iskrzanu reč, na prekinuti krik.

*
* *

Strezo Despotovski nije dugo ležao u duševnoj bolnici. Jer, bolovao je od jednog, a umro od drugog. Jedne večeri kod njega je došao jedan osedlani oblačić i rekao mu: „Hajde, penji se! Ti ostani, rekao mu je, popni samo dušu." Nije hteo da uzme i leš Streza Despotovskog. Ali Strezo Despotovski nije pristao da ostane sam, bez duše, i posle su ga jedva sahranili. Najpre nisu mogli da nađu popa da ga opeva i tako mu skrati put do boga. Jer, Strezo Despotovski, i kao lud čovek, nije hteo da se odrekne njega. U stvari, ne zna se da li nije bilo popa ili ni jedan pop nije hteo da dođe jer bi ga potom proglasili za kočničara.

Druga nepredviđena okolnost koja je pratila njegovu sahranu bila je veoma jaka, iznenadna kiša. Baš onakva kakva je padala kad je Joakim Doksimov hteo da mu poseče voćke u vrtu da bi napravio seoski park. Grunula je upravo onda kad su stigli do njegove kuće. A vreme je bilo lepo, prelepo. Ali čim su brigadiri stigli do njegovog guvna, vrh planine je sinula strašna munja. „Uh, bem ti ognjilo, bem ti tu varnicu, rekao je tada Joakim Doksimov, kako nas je primetila, odakle nas je videla." Ali kiša mu nije dozvolila da završi misao. Najpre se stuštio jedan oblak koji je ubrzo počeo da se širi, da se razvlači. I oblak je začepio celo nebo, nadneo se nad čitavom okolinom i počeo bez prestanka da sipa. Nadošle su reke, oživeše bujice, postaše mutne i grgoljave. A kiša je lila i pljuštala i natapala teška vodena platna koja su padala na zemlju, kao prosuta creva, i podrivala je, razvlačila, odnosila.

— Bože, da se nije neka okopilila, rekla je Dilba Smrt. Celo se nebo sleglo na zemlju. I neće da stane, rekla je, dok kiša ne otkrije, dok ne otkopa kopile. Svu će zemlju preorati i pretražiti, rekla je, gledajući preko mrtvaca napolje. Ali nebo je za to marilo kao za lanjski sneg. Nije htelo nigde da popusti, da se olinja, da pobeli.

— Gle, rekao je Pejko Golavoda, kao da i nebo plače. Razumeš?! Da pretpostavimo da ne može da se isplače, rekao je, držeći u rukama ekser i keser. Ekser je hteo da ukuca u petu Streza Despotovskog. Da ne može njegova ojađena duša da se vrati: da tumara selom, da pustoši i plaši ljude. Ali Dukadinka Despotovska, mada obuzeta velikim bolom, nije to dozvolila. Pejku Golavodi.

— Ne, baćo, ne, rekla je, čim nema boga, nema ni vampira. Ostavi ekser i keser, rekla je.

— Tako je, rekao je Pejko Golavoda. Da pretpostavimo da je tako. Jer boga je ubio Dejan Šmajser, rekao je, još u partizanima. A zajedno s njim ubio je i sva nevidljiva stvorenja koja je on oživljavao. Da pretpostavimo da ih je ubio, rekao je.

Sačekali su još malo, ali kiša nikako da stane. Zatvorili su sanduk (što nije bio običaj dok se ne iznese mrtvac) i izneše Strezu Despotovskog. Počeše ljudi da gacaju po vodi, da se vuku po blatu. A voda, velika, punila je brazde, širila se i izlivala na put. Na sve strane razlivala se mutna i razjarena voda. Skupljala se ljudima oko stopala, pela im se uz gležnjeve. I ljudi, poskakujući, uvlačili su vratove. Čak su se i voćke rogušile na kiši, kao kvočke na nasadu. Sa njih su opadali šupljikavi plodovi i, sa izgubljenim sjajem u vodi, kotrljali se po putu. A ovamo, na svakom raskršću povorka mora da stane, da se Strezo Despotovski oprosti sa svojim putevima. Sa svim svojim putevima.

Iz Zadružnog doma istrčao je pijani Korun Bikovski. Počeo je da doziva:

— Stanite, stanite!

Ljudi su stali.

— Koga to nosite?

— Strezu Despotovskog.

— Otkrijte ga!

Ljudi su ga malo otkrili.

— Strezo, bre, Strezo, rekao je Korun Bikovski, odnesi pozdrav svim umrlima i reci im na šta je spalo naše selo. Kaži im da su nam govedari postali predsednici, kozari — brigadiri. Eto ko nam komanduje, rekao je, eto šta smo doživeli, rekao je, a kiša je lila po licu pokojnika, dobovala kao po uštavljenoj koži. Padala je i na Koruna Bikovskog, mrsila mu je kosu, spuštala mu obrve, punila oči vodom. Činilo se kao da čovek plače.

— Reci im sve, rekao je Korun Bikovski.

— Zna, zna, sve zna, rekao je Siljan Joševski, ne mogavši da sputa glad.

— Da pretpostavimo da zna, rekao je Pejko Golavoda, da nije znao, i on bi ušao u Zadrugu. U kolektiv, rekao je.

— E, hajd' u zdravlje, rekao je Korun Bikovski, i pozdravi i boga, rekao je i namestio poklopac, pokrio glavu Strezi Despotovskom.

— Beš to zdravlje koje vodi na groblje, rekao je neko, deder pusti čoveka sa svojom smrću.

I ljudi nastaviše da nose mrtvaca.

Za njima je pošao i Korun Bikovski.

A kiša je samo lila, ništa da je zauzda. I Strezu Despotovskog spustiše u raku, spustiše ga u tek iskopani grob. I odozgo mu baciše nekoliko jabuka, zgužvanih kao glava komjače, i staviše mu jednu kesu duvana, i šibicu koja je odmah nestala u vodi, u blatu. Ali kad su počeli da bacaju zemlju, zemlja nigde i nikako da zastane. Lepo bi se čulo njeno dobovanje po sanduku, a potom bi zemlju nešto progutalo. Da li se ispod njega otvorila neka jama, da li neki bunar, neka beskrajna praznina koja se ne da ničim napuniti? Niko nije znao šta je toliko zinulo pored sanduka sa Strezom Despotovskim. Zahvatali su lopatama, gurali zemlju u raku, vratili su skoro svu iskopanu zemlju, a grob nikako da se napuni, da se zatvori. Stajao je tako: prazan i otvoren.

— On je mnogo voleo zemlju, rekao je Korun Bikovski, i evo, i posle smrti nikako da se zasiti.

— Trebalo je da mu vežemo vilice, rekao je Siljan Joševski, jer možda on jede zemlju. Da je ne bi jeo, rekao je.

Dukadinka Despotovska je ponovo plakala, a Pauna Žar ju je pridržavala s leđa, za ramena. Ostale žene su bile podigle ruke i krstile se preko mokrih lica. Krstile se i brisale lica, praznile noseve sa dva prsta, na najprostiji seljački način, i stalno šmrkale.

Muškarci već počeše da donose plevu, balegu, slamu i šašu, da dovlače iverje, šljunak i zemlju. I da zatrpavaju grob Streze Despotovskog. Punili su raku, začepljivali, ali ništa im nije pomoglo. Sve je nestajalo, zajedno sa zemljom, a grob je vazda ostajao otvoren. I svi su se čudili gde je otišla zemlja koju su nabacili lopatama, svi su piljili: iznutra se belasao goli sanduk, kao da ih posmatra pokojnikovo lice. I svi su mislili: da ispod njega nema neki krtičnjak i da zemlja ne otiče u neki drugi kraj polja. Da im neki veliki krtičnjak ne guta zemlju, i da je ne odnosi u neko tuđe selo, da je njima ne prenosi. Tada se neko setio: da donesu zemlju iz njiva Streze Despotovskog, iz njegovih njiva. Možda će ona stati, možda će ona izdržati. Možda pokojnik želi da mu samo ta zemlja teži odozgo.

I ljudi su upregli nekoliko zadružnih kola iz štale, iza groblja, i otišli u njive Streze Despotovskog. Kopali su, utovarali zemlju na kola i odvozili je na njegov grob. Punili su grob Streza Despotovskog. Grobari su poskidali stranice i počeli da bacaju zemlju, blato. A ona je samo pljuštala po sanduku Streze Despotovskog, razlivala se i propadala.

Zemlja je propadala, a Siljan Joševski se grčio od gladi. Dolazilo mu je da zaplače, da zamoli Strezu Despotovskog da zadrži zemlju, da je više ne guta. Pa, kad će jednom sesti, kad će Dukadinka Despotovska početi da deli za njegovu dušu? Zar kad padne mrak, kad se ohladi jelo, kad uhvati loj? Gledao je u grob Siljan Joševski, gutao knedle i piljio u kazan. Dolazilo mu je da uđe u grob, da se posvađa sa Strezom Despotovskim i da mu začepi grob. Svojim rukama, svojim ramenima da začepi grob, dolazilo mu je.

— Šta je ovo, šta mi to radiš, šta si mi ovo uradio, kazala je Dukadinka Despotovska i počela da gazi zemlju što nije htela da se zaustavi, da pokrije sanduk njenog muža, Streze Despotovskog. Pitala se ona, a i svi oko nje su se pitali: gde beži, kojim tajnim kanalima i pukotinama odlazi? „Može li gornja zemlja da propadne u donjoj zemlji", pitali su se svi nad grobom Streze Despotovskog.

I najzad, posle dugo vremena, smilovao se. Da li se smilovao bog ili Strezo Despotovski? Zemlja je počela da se vezuje za sanduk i grob je počeo da se puni, da se zatvara. I voda je počela da se vraća nazad, da se izliva iz rake. Ljudi su gazili zemlju i pod njom se smirilo pokojno telo Streze Despotovskog.

— Čuo sam neko kucanje odozdo, rekao je jedan od grobara. Valjda se okrenuo ili je samo pomerio nogu, da se namesti. Sigurno se opustio pod svojom zemljom, rekao je.

Od neke pritajene radosti, koja prati muku i žalost, svi su nekako odahnuli, kao da su završili neki važan posao. Skoro da je tako odahnula i Dukadinka Despotovska, ucveljena udova Streze Despotovskog. Na kraju svog oduška rekla je:

— Dabogda se i onom koji ti je toliko uplašio dušu sve vratilo! Da i on kao ti ne može da sustigne svoju dušu, da ne može da je povrati, rekla je.

— Uzmite. Za pokoj duše!

— Bog da mu dušu prosti, oglasio se prvi Siljan Joševski.

I OD JAKOG IMA JAČI. DOLAZAK KIRILA STOJNIČKOG

— Eto, već si na zemlji.
— Niže i nisam mogao.
— Kako si pao na pravu ledinu?
— Ne znam, možda su me gurnule sestre.
— Ako ti otekne ruka, meći paradajz. Ali svež. Na udarena mesta lepo je staviti istucane koprive, umešene sa morskom soli. Uveče vežeš, sutradan ode otok, naboj. I vinsko sirće ti je božji lek. Čak se i Isus Hristos popeo na nebo tek pošto su mu stavili sirće pod nos. Popeo se i ponovo pao na zemlju. A odakle je pao, odakle je banuo Kiril Stojnički? Došao je kao u snu i samo kao u snu nam je ostao.

Kiril Stojnički je svašta mogao. Da je stisnuo sirovo drvo, drvo bi vodu pustilo. Mogao je da iscedi svu vodu iz drveta i da napravi malu poplavu. Prosto je pucao od snage. Kad je ulazio u kuću, kuća se ljuljala, grede su škripale, kao da ih crvotočina grize. Kad je ulazio u kuću Kiril Stojnički, kad je sedao, ona je prosto klecala. Ali nije sedeo mnogo unutra. Nije ga držalo mesto. Nije mogao čak ni da spava, kao što je ostali svet spavao. Dremucnuo bi malo i odmah bi se probudio. Budila ga je snaga, njegova velika snaga. Podizala ga je sa zemlje. I Kiril Stojnički je izlazio iz kuće, izlazio iz sela, dole. I počinjao da riče, da kopa. Preoravao je zemlju noktima, čupao drveće i razbacivao kamenje naokolo. Čupao je sinore, pomerao međe u njivama, skretao reke u neka nova korita. Samo je njegova majka znala ko to radi, jer je znala za njegova

iskradanja iz kuće, iz postelje. Ali nikome o tome nije govorila. Skrivala ga je. Samo ponekad, tiho bi mu rekla:
— Nemoj, bre sine, šta to radiš?
— Ne mogu, majko, da se zaustavim, govorio je Kiril Stojnički, ne mogu da spavam. Ako to ne radim, gotov sam, govorio je.

I ponovo je noću ustajao, ponovo se iskradao iz postelje i odlazio u polje. Ograđivao je, razgrađivao, otkopavao, rušio. Tako je sebi olakšavao. Premeštao je džombe, brda, razmeštao je njive, okretao je polje naopako. I ljudi nisu mogli da prepoznaju polje. Jednom je ovamo, drugi put onamo. Katkad je pod vodom, katkad vode nigde nema. Kao da je popio čitavu reku ili je čitavu okrenuo, pod zemljom skrenuo. I zemlja stoji na nekoj pripeci kojom nije prošao put, i gde voda nije zgazila. I ljudi, izjutra, čudom se čude, ne znaju gde se nalaze, u koji kraj sveta su stigli. I krste se, i trljaju oči, misleći da sanjaju, jer takve predele nikad dotle nisu videli. I tako, jedni druge zapitkuju gde idu i kamo da se denu, odakle izlazi sunce, gde zalazi sunce, gde je uzbrdo, gde je nizbrdo. I traže svoje njive, kao izgubljena goveda.
— Je li, da nisi video moju njivu?
— Jok, a ti moju?!
— Juče je bila ovde...
— Gde je otišla, gde se izgubila moja njiva, bože, ako je nađem, vezaću joj zvono. Vezaću njivi zvono oko vrata...
— Ovo nije naše polje, govorili su ljudi, zar je moguće da ga toliko ne poznajemo, pitali su jedan drugog i vrzmali se okolo po izrovanoj i ispreturanoj zemlji, sa oborenim drvećem, sravnjenim sa zemljom.

Razmišljali su, mudrovali, i jednog dana rešili da se isele. Pokupiše koze i stoku, i poteraše žene i decu ispred koza i goveda. I odoše u planinu. Oko dva dana hoda odande. I iđahu kroz šumu, kao jedno dugo, preplašeno stado. Na bukvama pevahu ptičice, cvrkutale su odozgo ljudima, oni bi okrenuli glave i gore ugledali magluštine koje su se premeštale povrh pošumljenih grebena. Premeštale su se s jedne ledine na drugu, pešačile, isto kao i ljudi. Prestrašeni velikom vrevom ljudi i stoke, s nekog drveta skočila bi veverica, na nekom proplanku pretrčao bi zec, zabelasao bi nogama i nestao u visokoj paprati. Provlačili su se ispod senovitih krošnji stabala na kojima se belasali mahovina i trudovi, kao kraste na vratovima ljudi.

Kiril Stojnički je na ramenu nosio ambar sa žitom. Jednom rukom ga je pridržavao, a drugom je brao jagode i maline i, žvačući, nejasno pevušio. Noge su mu propadale u zemlju, on ih je lako izvlačio, kao iz plitkog snega. Pogled mu je bio ispunjen nekom nebesnom svetlošću koja je šetala šumom i budila magle, i gonila ih na druge pašnjake. I svu je šumu osvetljavala. I na toj svetlosti, koja se ocrtavala na njegovom licu i u očima, svako je mogao da pročita — kako se snaga pretvara u radost.

Prevalili su planinu. I, pošto su prevalili planinu, naiđoše na jedno polje zaraslo u pasulj i kukuruz. To je bilo nepoznato, do tad neviđeno rastinje za njih. I naiđoše na jednog starca, koji je užinao u hladu jedne vrbe. Pozdraviše ga:

— Nazdravlje, deda!
— Zdravi bili!
— Šta to jedeš?
— Hleb i luk, rekao je starac, to što je dao bog. A ljudi su već mislili da je on bog.
— Luk je dobar za razne bolesti, za svaku priliku...
— Znam šta je dobro, rekao je starac, ali od ovog jela ne mogu da se maknem. Ne mogu da pobegnem, rekao je.

I kasnije im je ispričao da je ovde živeo neki car koji se odrekao sina, odrekao kćeri i izgubio carstvo, i da od tada ovde samo gavrani grakću... I da na sve što bi on pametno rekao caru, car bi odvratio:

— Toliko pametno govoriš, rekao bi car, da čak ni ja, koji sam car, ne mogu bolje da složim reči. Ali ti si siromah, rekao bi car, i zato tvoje reči pripisaću ženi. Ona je bogata, rekao bi, šta će siromašnom čoveku pametne reči. Pametne reči su samo za bogate, rekao bi car i nikoga nije hteo da čuje.

I posle svega toga što je rekao starac o caru, ljudi su kukuruz nazvali — carevka, a pasulj — grah, zbog gavrana.

Oni su povazdan graktali u pasulju i povrh kukuruznih metlica u polju. A polje je bilo zaraslo u pavitinu i burjan, u trnje i kupine, u štir i slez. Ljudi su nagrnuli, isplevili i očistili polje od sveg suvišnog rastinja. I pasulj i kukuruz iždikaše uvis: počeše da šušte ojačalim lišćem. Zaboraviše dokle da porastu. Pasulj se uvio oko kukuruznih stabljika i vezao mahune, bele kao mrene. Ovolike, ovako. A i kukuruz je poludeo. Na svakoj stabljici: po dva, tri, četiri klipa. A možda i više. Kao da su gavrani navalili na stabljike. Ljudi ih nisu mogli izbrojati, obrati i skupiti. Iznosi, iznosi, nikad kraja.

— Al' je pasulj!
— Al' je kukuruz!

Ljudi su se mimoilazili i samo to govorili, samo to ponavljali.

— Samo je caru mnogo, rekao je Kiril Stojnički, nama je malo.

— Ćuti, rekla mu je majka, nemoj da te čuje hleb, da ti uzme vid. Kad smo imali ovoliko hleba, upitala je.

— Nikad nismo ni tražili više, rekao je Kiril Stojnički. Potom je ućutao i ni reč više nije izustio. Samo je stajao, onako, po strani, i ni sa kim nije govorio, ni sa kim se nije družio. Majka ga je bila zaklela da više ne dira polje. I pošto više nije smeo da se oslobađa viška snage, razboleo se. Prestao je da jede. Počeo je da baca sve ono čime ga ponude. I osušio se. Postao je koža i kost. Onako, od muke. Njegova majka je sve obišla, ali lek za njega nije našla. I svako ko bi ga video, rekao bi: „Kad bi i deset glava imao, ovaj čovek ne bi ustao iz postelje, ne bi ozdravio." Ali ipak su se prevarili. Ozdravio je i to još kako! Imao je čovek još dana i nastavio je da ih ovde provodi. Njegova majka se setila onog starca, pronašla ga je i ispričala mu za sinovljevu bolest.

— Šta je do sada radio, upitao je starac.
— Ono što ne treba, rekla mu je majka.
— Neka samo tako nastavi, odgovorio je starac.
— Pa, dobro, rekla je ona.
— Srećan ti put, rekao je starac, ispraćajući ženu smrknuta pogleda. Ispraćajući majku Kirila Stojničkog.

I ona je ispričala sinu šta je čula.
— Donesi mi jelo, rekao je Kiril Stojnički, donesi mi odmah da jedem. Sad mogu da jedem, rekao je.

I tako, oslobođen majčine zakletve, počeo je da jača, da povraća snagu. A već je bio izgubio lik čoveka — i u licu, i u telu. Kosti su mu držale samo koža i odeća. Da nije bilo njih, davno bi se sasule. Izgubio bi ih. Dotle je bio stigao Kiril Stojnički.

Ali kasnije je počeo da jede čak za dvojicu, za trojicu, pa i više. I počeo je da radi, ni jedan posao mu nije bio dovoljan. I kad je video da mu je svaki posao mali, počeo je i kamenje da baca. Ujutro, kad su ljudi gonili ovce i goveda, bacio bi kamen uvis, i on, tek uveče, po mraku, pao bi dole. Lupio bi odozgo, s neba.

Ali Kiril Stojnički nije mogao samo bacanjem kamenja da smiruje svoju silu. Jedne večeri, dok je večerao sa majkom na mesečini, sa zalogajem u ustima, rekao je:
— Ja, majko, moram da idem odavde.
— A gde ćeš, jadniče?
— Hoću da nađem jačeg od sebe, rekao je Kiril Stojnički, hoću da se rvem s njim.
— E moj sine, i od svakog jakog ima jači. Uskrs traje samo tri dana. Negde takve kao ti nose u gaćama i sviraju u gajde, rekla je.
— Ipak, idem!
— Možeš i da se ne vratiš.
— I da se ne vratim, idem, rekao je Kiril Stojnički.
I otišao je.

I stigao je do jedne duboke reke i počeo je da trčkara čas gore, čas dole, jer je reka bila duboka, a on nije mogao da nađe ni most ni mostić, ni plićak gde će pregaziti reku, a nad njim i nad rekom nadnosile su se ive i jove i treperile senkama nad spokojnom i zatamnjenom vodom i duž ivice reke otresale burjan koji se brčkao u vodi;

i Kiril Stojnički je krenuo uz reku, počeo da tumara uz njen tok i reka se odjednom otvorila i pokazala svoju drugu obalu i video je on jednog muškarca i jednu ženu koji veju žito, odvajajući zrnevlje od pleve — žena je bacala žito pred muškarčevo lice, a on je duvao kroz nos i pleva je letela čak onamo, čitav oblak prašine i pleve dizao se pred ljudima i iznad njih;

i Kiril Stojnički je počeo da doziva ljude, da ograđuje usta rukama da mu se glas ne osipa i da doziva, podizao se na prste i dozivao: pitao je gde da prođe, kako da pređe reku i žena ga je prva razumela šta hoće, pružila je lopatu, zahvatila ga kao ispečenu veknu i prebacila preko reke, zbacila ga je u plevu a potom upitala gde ide i šta traži i kad joj je Kiril Stojnički potanko ispričao šta želi, ona je viknula: „O, oče, ovaj traži čoveka za rvanje, za tuču, ovaj traži jačeg od sebe," povikala je žena, a otud, iza kuće, čulo se: „Nek sustigne onog koji je ukrao tvoju zaovu, nek mu je oduzme, neka je uzme, čulo se, i nek bude njegova žena, čulo se, ja ću ih blagosloviti", čulo se i Kiril Stojnički je krenuo uzbrdo, kroz strnjišta, kroz strnjike koje su mu greble kolena, što su ga bole kroz nogavice i što su ga kljucale sve dok nije zašao u šumu, a šuma je najpre bila hrastova, ali što je više zamicao, što se više penjao, sve se više otvarala i pretvarala u čiste vidike zatravljenih proplanaka, ograđene leskama, bukvama i javorima, i planina kao da se delila, kao da se prelamala, i sva ta stabla, iako na izgled namrgođena, izgledala su zadovoljna mestom koje zauzimaju i njihovo obilno zelenilo prosipalo se i izlivalo, pretvoreno u duboke senke koje su dosezale čak do sredine proplanaka; leske su se, pritešnjene, saginjale, bukve su se mučile da se negde probiju, a javori su stajali pogrbljeni i kroz njihovo klempavo lišće cedila se svetlost, kao kroz svinjske uši, i između tih stisnutih senki, s malim prekidima, izvirao je i poj slavuja, i prhut prepelica, i kukanje kukavica, i njihov glas spajao je sve krajeve šume;

i Kiril Stojnički se probijao kroz šumu, preskakao je potok koji se penio i stvarao sitne mehuriće, kao da je gonio roj belih mušica i bumbara, prenosio je svoju senku preko zahuktale vode i osmatrao najbliži proplanak i tamo, ispod jedne senke, video je onog čoveka i otetu devojku, on je ležao potrbuške, a devojka mu je biskala glavu, provlačila prste kroz kosu, stiskala nokte na palčevima i odande se čulo nekakvo pucketanje, nekakvo cviljenje, kao daleka, stidljiva grmljavina i tad je rekao sebi: „Mora da su oni."

„Mora da su oni", rekao je sebi Kiril Stojnički i iščupao jedan kamen, podigao ga je i, kradom, kao što bolest prilazi i hvata ćutke, prišao im je s leđa i počeo da udara čoveka koji je ležao potrbuške: udarao ga je po temenu, između devojačkih ruku, i devojka je povukla ruke, a čovek je upitao: „deder vidi šta me to ujeda na temenu" a devojka mu je rekla: „ne ujeda te ništa, nego te ovaj udara, ovaj što se nagnuo nada mnom", rekla mu je devojka i tad je čovek počeo da se pridiže oslanjajući se na ruke, uspravljao se i povlačio ruke kao korenje sa neotresenom zemljom, a usta su počela da mu se razvlače i balave, kao odleđena glavica luka, i toliko je zinuo da su mu usta prekrila lice, i Kiril Stojnički stade da beži pred njim, bacio je kamen iz ruku i počeo da beži koliko ga noge nose, počeo je da juri po proplanku, udarajući petama po dupetu;

i Kiril Stojnički pretrčao je proplanak, prevalio je i prvu šumu i počeo da se vere uz jedno debelo brdo koje se namah pred njim ispriječilo i trčao je on uzbrdo, a brdo se uzdizalo i postajalo sve veće i vraćalo mu je noge nazad, nije mu dozvoljavalo da se popne, da se ispentra, i kad je osetio da mu duša izlazi na nos, da mu izlazi a da mu se ne vraća, stao je malo, stao tek da se osvrne, i tad je video: sa brda, kao lavina, nadnosila se jedna ogromna ljudeskara koja je vukla dvadeset i dvoja kola sa osamdeset osam točkova, vukla je ljudeskara kola, privezana jedna za druga, jer su samo prva bila vezana za njegov pojas, i odmicala bez napora i svirala u gajde, jer su joj ruke bile slobodne i prsti su joj igrali po rupicama na zurli, skakutali kao presisani jarići;

i Kiril Stojnički video je mnogo koza i jarića i odasvud je slušao gajde i tek kasnije je saznao da je u tom kraju bio običaj da svi sviraju u gajde i da su najviše svirali kozari jer su se koze od svirke prepunjavale mlekom, gde god su svirale gajde, koze su se saplitale o svoja puna vimena i mleko im je curilo niz noge;

i Kiril Stojnički je lupao nogama i još izdaleka počeo da maše, da doziva i da se jada ljudeskari i ljudeskara ga je upitala: „šta je, šta ti je", upitala ga je, ostavljajući za trenutak dulac, ali ne prekidajući da svira prstima, i Kiril Stojnički mu je rekao da ga neko juri i upitao ga gde može da se sakrije i kako da se sakrije, i ljudeskara mu je rekla: „uđi u moje gaće, i ne prekidaj mi svirku, nemoj da mi kvariš melodiju", rekla mu je i nastavila da svira i da vuče kola iza sebe, kao da ništa nije, kao da ništa nije bilo, i pisak gajdi nadjačavao je kloparanje kola koja su se protezala unedogled, čak tamo u šumi, i iznad šume odmicalo je sunce i širokom koprenom pokrivalo uvale i kotline, milovalo ih je i golicalo;

„Nemoj me golicati", rekla je ljudeskara i, uvlačeći ponovo vazduh, nastavila da svira; pućila je obraze, naprezala žile, kao vrengije, naslanjala je uvo na mešinu i bilo je očigledno da uči neku novu melodiju, jer je ponekad zaustavljala svirku i ponovo prebirala prstima po svih osam rupica i najviše se zadržavala na mrmoljku[1] za najviši ton i najniže glasove, na njegovom usaglašavanju i povezivanju sa njima, i možda je zato najviše premeštala kažiprst iznad palca desne ruke i malića na levoj ruci, i videlo se da želi da nauči prste nekom novom umeću, nekom novom međusobnom prepoznavanju, i učio ih je, a iza njega točkovi su se kotrljali, kloparali;

i Kiril Stojnički se kotrljao u gaćama ljudeskare koja je svirala, vukući za sobom dvadeset dvoja razvučena kola i tako, kotrljajući se, nije saznao da li je prošao onaj što

---

[1] *Mrmorec*, donja rupica na pisku za gajde. — *(Prim. prev.)*

ga je jurio, da li se mimoišao s tim grmaljem, ali se i pored toga setio majčinih reči: da i od svakog jakog ima i jači i da takve kao što je on negde nose u gaćama i sviraju u gajde;

i jednog trenutka ljudeskara je prestala da svira, poduprla je kola i sela da se odmori i tako, sedajući, sela je na Kirila Stojničkog, bio je čovek zaboravio šta nosi u gaćama i seo je na njega, umalo da polomi ruku Kirilu Stojničkom i Kiril Stojnički je počeo da vrišti pod teretom, i od tog tereta se probudio i svoju ruku zatekao među kelneričinim nogama. Bila je ugrejana i utrnula, kao da ju je čuvao ispod nasađene kvočke.

— Nisam srela tako tešku ruku, rekla je kelnerica.

Kiril Stojnički je trljao oči. Bilo je sparno popodne, usplamtelo cigansko leto, puno muva. I mesto, gde se probudio, nije mu bilo poznato. Učinilo mu se da je zaspao u svom selu, a da se probudio u ko zna čijem. U njegovoj blizini sedeli su neki nepoznati ljudi i pili pivo. Skupljali su usta i natezali flaše. Grla su im se micala kao krtice u krtičnjaku. Skidali su penu sa brkova i noseva i gutali. Potom su se brisali o pantalone, ispod kolena. Tako su pili, brisali se i branili od muva. Muve su milele po isprskanim stolovima, preko muvoserina. A iznad njihovih glava bile su obešene dugačke muvolovke, načičkane muvama kao grozdovi. Neke su se odlepljivale i padale kao peteljke između otvorenih pivskih flaša. Čim bi neko od ljudi podrignuo, kelnerica bi mu se obrecnula:

— Crko, dabogda, nisi valjda opet neku progutao?

A zatim bi dodala:

— Na ovom golom brdu traže vodu. Bište vaške na ćelavoj glavi.

„Šta je sad ovo, čudio se Kiril Stojnički, gde si bio, gde si došao?" Nije znao da li je sanjao ili je pričao neku priču. Ali nešto je prepoznao u kelneričinom glasu i to ga je malo osvestilo.

— Šta se okrećeš kao prdež u gaćama, rekla mu je kelnerica. Oklembesio si uši i čitavo popodne spavaš, rekla je, i ponovo sela naspram njega. Oslonila je laktove i između laktova oslonila je na sto svoje raskošne grudi. Imala je retke zube, ali vlažna i vesela usta. Kosa joj je bila nedavno skraćena što se videlo po jako belom vratu, još uvek neoprljenom od sunca. Ta belina, iako neoprana, bila je veoma upadljiva ispod preplanulog, ali vazda budnog lica. Činilo se da joj glava ne stoji na vratu, nego da lebdi iznad ramena. I da svakog trenutka može da odleti nekud.

— Celog dana sam na nogama, rekla je kelnerica, hoćeš li nešto da popiješ?

— Čekaj, da se rasanim, rekao je Kiril Stojnički.

— Bole me noge, rekla je kelnerica, zadižući haljinu ispod stola, evo, tu mi seva.

— Daj da ih malo pričuvam, rekao je Kiril Stojnički.

— A šta si dosad radio, rekla je kelnerica, imaš pare?

— Trebaju ti? upitao je Kiril Stojnički.

— Nego šta, rekla je kelnerica, još kako...

Na vrata banuše nekoliko narodnih milicionara koji su ganjali braću Despotovski, zbog njihovog protivljenja kolektivizaciji. Svi do jednog lepi, u plavim uniformama. Cipele ojačane šuneglama. Pogledima ništa ne propuštaju. Mogu zenicom kroz iglene uši sve da pogode. Ožiljci i ogrebotine prolepšavaju im lica koja se vide samo spreda.

Najpre su namrštili noseve zbog smrada od neprovetrenog dima, prosutog piva i pogaženih pikavaca. Kelnerica stade da skuplja prazne flaše u kojima su se videle muve.

— Uhvatili ste ih?

— Ko pupavce na leglu...

Pre nedelju dana, braća Despotovski polomiše nekoliko rebara sreskom agitatoru. Nisu hteli da i njihova zemlja postane zajednička, svačija. Najpre su ga upitali:

— Imaš li ti nešto kao majku, ženu, sestru, imaš li bilo šta, upitali su ga.

— Zašto, rekao je on.

— Da znamo šta da ti psujemo, rekli su oni, da znamo šta da ti zaskočimo, rekli su i izbacili ga kroz prozor.

Potom su uzeli puške i odmetnuli se u šumu. Nije otišao samo njihov najstariji brat, Strezo Despotovski. I od tada, bratovljeva lica vazda su bila prilepljena uz kundak, a oči su im gledale samo kroz nišan i mušicu. Niko nije mogao da predvidi iza kog ga drveta vreba njihova zapeta puška. Svakog časa su bili spremni da povuku oroz i da im kundak odbaci rame. Ali milicionari vezaše njihovog oca, starog Doneta Despotovskog, i prisiliše ga da ih odvede do njihovog skloništa, da ih dozove. Išli su kroz šumu, a otac ih je dozivao. Braća su se dugo kolebala. Bila su se sakrila između bukovih trupaca za građu za novi zadružni dom. Otac ih je dozivao, ali se oni nisu odazivali. Ćutali su i samo kroz nišan motrili. Sve im je bilo kao na dlanu. Mlađi brat je bio spreman da ubije čak i oca, samo da ne padne na njih sramota. Da ne budu, vezani kao mečke, dovedeni u selo. Ali stariji brat je smatrao da će oceubistvo biti još veća sramota. I rešili su da se predaju. Ali negde dalje, gde neće videti selo, seljaci. I tako je i bilo. Milicionari su im dozvolili da prođu kroz tri sela i da se tamo, dole, predaju.

Sada su N. M., odnosno narodni milicionari, kako bi rekao Joakim Doksimov, pili rakiju u čast uspešne borbe protiv kontrarevolucije. Zaista, to nisu govorili glasno, ali se u njihovom ćutanju razaznavala neka radost, koja ih je terala da pevaju. Bože, s kakvom su se mukom odupirali toj radosti! Da joj se ne predaju, da je ne postide. Na odlasku, samo je vodnik, dizanjem ruku, otpozdravio. Čak i u tom zadovoljstvu bio je nekako uzdržan, napet. Videlo se da je njegova ljutina nepredvidiva kao kopriva, kao nesreća.

Kirilu Stojničkom je zasmetalo što je kelnerica svima gledala pravo u usta i svima se smešila, crveneći u licu kao rak. Da je mogla, napravila bi im i sunce i hlad. Čak bi ih i svojim rukama, svojim pregrštima pojila. I zbog toga ju je prekoreo. Kiril Stojnički.

— Ne govori tako, rekla je kelnerica, ti ih ne poznaješ. Onaj, vodnik, i svom ocu traži ličnu kartu, rekla je, i svog oca ne poznaje. Ali i njegov otac nije baš cvećka, rekla je, mrzi ga i da umre. Jednom mu je rekao: „Sta ću ja, jadan, sine, bez tebe, kad ti umreš ko će mi prineti jelo, ko će mi dodati vodu", rekao mu je.

— Iz kog je sela, upitao je Kiril Stojnički.

— IzIštice, rekla je kelnerica, Veljan izIštice. Kod Veljana se nikad ne govori dvaput, rekla je, nikad on ne staje na neravan kamen.

— Upravo tamo treba da idem, rekao je Kiril Stojnički, koliko ima donde, do Ištice?

— Nekih četiri, ili pet sati hoda, rekla je kelnerica.

Kiril Stojnički je ovde dospeo jednim kamionom koji je prevozio duševne bolesnike, nove ludake. Umalo da i njega zadrže u duševnoj bolnici sa krupnim natpisom „Poljoprivredna škola". Jedva se objasnio sa bolničarima.

— UIštici, rekla je kelnerica, nijedan učitelj ne ostaje dugo.

Kelnerica nije lagala. Najpre je bio jedan učitelj koji je pevao borbene pesme lokalnog značaja. To jest, bez internacionalne sadržine. Šta si hteo da kažeš onim: velika je sramota za tebe, Makedonijo? To je neki drugi rekao, kazao im je učitelj. Ali o čemu se radi, pitali su dalje. O pesmi se radi, rekao im je. Tad pevaj gde te niko neće čuti. I premestiše ga.

Drugog učitelja oterali su zbog pobožnosti. Otkrilo se da deci predaje i veronauku. Iako je crkva bila odvojena od države, a bog oteran iz škola, on nije hteo da se rastane s njim. Sa bogom.

— Ja sam tek sada otkrio svog boga, govorio je učitelj, jer mi ranije nisu dozvoljavali nenarodni režimi. Tad je bilo tako, govorio je, a sad nije tako. I ne treba da bude tako, govorio je.

I jedno se vreme muvao kroz Bitolj, prodajući pravoslavne kalendarčiće.

— Da nije bilo boga, govorio je učitelj, čovek bi bio sasvim istrebljen. Ali s bogom napred, govorio je, čovek uvek ostaje u nekome. I pre rađanja i posle smrti, govorio je. Najkraće boravi između ta dva vremena.

Potom mu se ponovo izgubio svaki trag. Najurili su ga zbog veličanja apostola koji nisu učestvovali u NOB.

U mehanu je ušao jedan presamićeni seljak, nalik na koru od pojedene kriške lubenice. Ako je za pravo, tako su izgledali skoro svi seljaci. Preko zime nabacili bi malo sala ispod pupka, a leto bi im ga istopilo. I trbuh bi im se uvukao, kao kod krtice. Seljak je popio vodu i vratio se kod bunardžija.

Ispred njih je stajao jedan stari otkrivač vodenih žica. Glava mu je bila sva osedela, ali obrazi su mu bili puni i crveni, kao drenjine. U rukama je držao zlatni prsten, obešen na konac. I išao je okolo i posmatrao konac i prsten. Čim bi konac mrdnuo, on bi lupio nogom o zemlju.

— Ovde kopajte, govorio je, zlato oseća kretanje vode. Jer je zlatu mesto u zemlji, govorio je, a ne na zemlji. Ono zna svaku žicu, govorio je, svaki vodeni sloj u zemlji. I kao što se pomera voda u zemlji, govorio je, tako se pomera i zlato nad njom. Počinje da se ljulja, da treperi, govorio je. Evo, da posečemo i jedan leskov prut, govorio je, i prut će početi da se pomera, raširiće raklju da napravi put vodi. Drvo zna gde prolazi voda, govorio je, i kad ga približiš njoj, skakuće od radosti, govorio je. Oseti blizinu vode, govorio je, i skakuće od radosti i nekog uzbuđenja. I drvo je živo biće, govorio je i pentrao se po golom brdu iznad ludnice. I ponovo je spuštao prsten između prstiju i posmatrao hoće li se uznemiriti, hoće li početi da pravi krugove. I ponovo je zastajao i lupao nogom o zemlju.

— Ovde kopajte, govorio je čovek, ovde se prsten okreće i pomera. Tu mora neka žica da se provlači, da juri, govorio je i zato mi prsten tako šeta i beži. Pomera se kao nad bilom čovečje ruke, govorio je. Zlato je nemirno, govorio je, jer zlato želi da se vrati u zemlju. Tu gde oseti vodu, govorio je. Njegova senka nalazi se u svetlosti vode, pričao je čovek, bajao pred seljacima, pred kopačima bunara. Oni su išli za njim, pljuckali u dlanove i kopali. Zgledavali se između sebe i kopali.

Kiril Stojnički je pio petu rakiju. Kelnerica se pribijala uz njega. Mogli su da se dotaknu i rukama i svojim dahom. Opet su bili sami pod zasvođenom vrelinom i zadahom mehane.

— Znači, ti ćeš biti učitelj u Ištici, rekla je kelnerica.

Kiril Stojnički je milovao čašu, kao tek prezdravelog dečkića.

— Uvek sam mislila da su učitelji malodušna nejač, rekla je kelnerica, a ti se držiš kao čekić, a ne kao pisaljka. Tebe treba čovek da upregne, rekla je.

— Pa šta čekaš, rekao je Kiril Stojnički, milujući joj kolena svojom širokom rukom.

— Ostani večeras, rekla je kelnerica, ako ti nije poniženje.

— Dobro, rekao je Kiril Stojnički, neću da ti kvarim. Daj još jednu rakiju, rekao je.

Kelnerica je otrčala da napuni čašu i, u povratku, pogledala se u popljuvano zidno ogledalo. Zastala je i počela da se ogleda.

— Lepa si, rekao je Kiril Stojnički, sve ti lepo stoji. I na glavi, i na licu. Sve ti se nalazi gde treba.

— Poznajem svoje lice, rekla je kelnerica, i znam gde mi stoje i nos i oči i uši. Nisam tražila da mi ogledalo pokaže drugo lice, rekla je.

U mehanu je ušao jedan lud čovek, pobegao iz ludnice, kelnerica se sjurila i oterala ga kao psa. On je podvio rep i počeo da beži, stalno osvrćući svoje izgubljeno lice. Samo što, jadan, nije skičao.

— To lice treba neko drugi da gleda, rekao je Kiril Stojnički. I drugi da mu se raduje.

— Misliš na moje ili njegovo, upitala je kelnerica.

— Nemoj da dižeš nos, rekao je Kiril Stojnički, spusti ga malo i pogledaj malo i dole.

— E sad si me ujeo za srce, rekla je kelnerica. Prosto si me ganuo. Ala lupaš, rekla je.

— Najpre ispeci, pa onda reci, rekao je Kiril Stojnički. Nisam hteo da te uvredim, rekao je.

U mehanu se vratio jedan od pijanih bunardžija. Uzeo je flašu piva i počeo pivo da presipa iz jedne čaše u drugu.

— Nemoj ništa da mu govoriš, rekao je Kiril Stojnički.
— Govorila, ne govorila, sve mu je isto, rekla je kelnerica. Njemu ništa ne pomaže.
Pijanac je presipao pivo i govorio sam sa sobom. Spustio je čaše i počeo da lomi ruke. Seo je za jedan sto, ustao, otišao za drugi sto i počeo da zvera. I nikako da stane. Počeo je da psuje, da se okreće, a zatim da se izvinjava. Nije se znalo ni koga psuje, ni kome se izvinjava. I ponovo je počeo da presipa iz čaše u čašu, da meša pivo, da iščekuje kao da će se nešto iz njega izleći, ošteniti ili okotiti. Potom je uzeo cigaretu, zapalio je, cigaretu je bacio a palidrvce zadržao i počeo da se izvinjava, nekome da se izvinjava. I zapalio je i drugu cigaretu. Onda je namigivao, namigivao i jednim i drugim okom, puštao dim kroz usta i nos, glavu mu prekriše čitava povesma dima. Potom se nešto na nekog naljutio, namrštio, raščistio je jedan išaran i raskliman sto, istresao pepeljaru na pod, raširio ruke kao da želi nešto da zagrli, i stao da škljoca zubima i prstima i ponovo da presipa pivo. Iz jedne u drugu čašu da presipa. Već je primetio kelnericu i Kirila Stojničkog, počeo je da ih dira, ali se oni nisu ljutili. Počeo je i njima da namiguje, i to sa oba oka da namiguje. Najpre jednim, onda drugim i najzad sa oba oka. Skoro je zažmurio. Otpio je malo iz flaše, potom je otpio iz obe čaše i počeo ponovo da presipa pivo. Presipao je i podizao čaše i flašu, merkao, proveravao ima li još piva, da nije nestalo, da nije presahlo. Povukao je dim iz cigarete i dok je dimio na usta i kroz nos, ugasio je cigaretu. Najpre ju je ugasio rukom, a potom zgnječio u pepeljari. I ponovo je počeo da namiguje. Tako, namigujući je izišao.
— I ovaj neće dugo, rekla je kelnerica, i on će uskoro u „Poljoprivrednu školu".
— Mene je izgleda ujela osa, rekao je Kiril Stojnički, pipajući otečeno mesto na ustima.
— Je l' te zaista ujela, upitala je kelnerica. Otkud znaš da te je ujela, upitala je.
— Zabolelo me je, rekao je Kiril Stojnički, brišući usta.

— Otkud znaš da je osa?
— Video sam je, rekao je Kiril Stojnički. Kako ću ovakav u Išticu, rekao je.
— Pođi do lekara, rekla je kelnerica, pođi do „Poljoprivredne škole". Onaj što leči ludake, rekla je, možda zna nešto i o ujedima.
I Kiril Stojnički je izišao iz mehane. Od mehane do ludnice „Poljoprivredna škola" vodila je uzbrdica od crvenkaste zemlje. Nije bilo ničega. Ni kuća ni drveća. Samo po neki grm sasušene trave i trnjaci. I oglodani klipovi kukuruza, kore od tikava i lubenica, pune muva. Kore je diralo i sunce: topilo ih je i sušilo, češalo svoje prste.
Mimoilazio se sa bunardžijama i čudio njihovoj upornosti. Pa ova zemlja nit' vodu drži, nit' vodu propušta, mislio je, a oni u njoj traže vodenu žicu. On bi ih možda nešto i upitao, na primer: kako misle ovde vodu da pronađu, ali smetao mu je otok koji se stalno povećavao.
— Nemoj slučajno da zaboraviš da se vratiš, rekla mu je kelnerica, nisi rakiju platio.
Kiril Stojnički se samo osvrnuo, ali nije ništa rekao. Držao se za otok i bio je nekako ravnodušan i prema boljci i prema praznini koju je osećao. Najteže je biti usamljen i pored toliko ljudi. U stvari, tu je sve bilo usamljeno: i čovek i zemlja. Čak i kad bi dunuo vetar, on ne bi znao gde da nađe drvo da se malo zaustavi, da malo planduje.
Lekara je zatekao napolju. Plevio je zelenkade. One koje se nose na seoska groblja. Čistio je sasušeno lišće, okopavao ih. Jedna žena je prala veš i vrckala dupetom, kao kalajdžija.
Kiril Stojnički mu je pokazivao otok na ustima koji se sve više širio i prema nosu i prema očima. Ali lekar je i dalje plevio cvećnjak.
— Ujela me je osa, viknuo je Kiril Stojnički, otvarajući s mukom usta.
— Od ujeda ose ne umire svako, rekao je lekar, može, ali ne mora da umre.
Na ustima Kirila Stojničkog nije mogla da stane ni ljutnja, ni najlakši osmejak. Nisu mogle da ih održe njego-

ve usne, otežale kao nadošlo testo. A hteo je da mu kaže: „Znači, ja treba da umirem, a ti da brljaš po cveću."
 Iza rešetaka najbližeg prozora bolnice, jedna razbarušena glava pominjala je rodoslov svoje nekadašnje stoke: „Riđan je bio od Petkane, a Petkana od Garuše, Garuša je otelila i Petonju i Šarulju. Petkana je bila ozimka, jednom se izjalovila, ali imala je dana, nije uginula. Znam ja ko je nju udario u slabine, ali i ja ću njega udariti, pa će videti on kako se udara steona krava u slabine..."

— Pusti ga, rekao je lekar, oteraćeš mu krave i teliće. Sad je vezan, rekao je, vezali smo ga jer je razbio glavu kuvaru. „Ne znam odakle mi sekira, govorio je, ne znam kako mi je došla u ruke, ne znam kako sam je uzeo, ali ovako sam zamahnuo", govorio je i umalo da i mene unakazi, rekao je lekar. Umalo da i mene udari, rekao je.

Kiril Stojnički se vrzmao oko cveća i jednom rukom pridržavao i otok i glavu.

— Šta da ti dam, rekao je lekar, nemam ništa za otok. Samo da nije stršljen, rekao je, od ose se ne umire. Pre nekoliko meseci, rekao je, onamo, stršljeni ubiše jednog dečaka. Nekad se i od straha može umreti, rekao je. Ali ja ne znam zašto dirate te insekte, pa vazduh je njihova okućnica, rekao je, jer tamo su svi njihovi putevi. Gde te ujela, upitao je.

Kiril Stojnički je pokazao prstom prema mehani.

— Ah, ta mehana, rekao je lekar, ne izlazeći iz cvećnjaka. Trebalo je da je odavno zatvorimo. I kelnerica ima šugu, rekao je, a ko zna šta još ima. Žene najlakše zatrudne posle pišanja, rekao je, a muškarci i pre toga. „Nisam video da se češe", hteo je da izusti Kiril Stojnički. Takvo je bilo vreme: ljudi su imali šugu, a stoka šap, ligavku i metilj. Nije bilo sapuna, a godina je bila vašljiva i šugava. Šuga je razjedala ljude i oni su se češali, kopali noktima oko prstiju i mazali se sumporom sve dok ne dobiju gnojne podlive i podnokticu. Mazali su se sumporom sve do iznad šaka. I od smrada nije se moglo proći pored njih.

Na ruku kojom je držao otok, Kirilu Stojničkom je

kanuo izmet neke gamadi. Štrecnuo se od njegove hladnoće. Kao da je milela vaška, kao da je skočila buva. Kiril Stojnički je zinuo i osetio na čelu graške znoja. Šuga se mešala sa onim što se moglo dogoditi. Setio se smrti. Bilo je glupo da se umre od ujeda jedne jedine ose.

— Vrati se, rekao je lekar, i stavljaj hladne obloge. Samo menjaj hladne obloge, rekao je, i proći će kao rukom odneto. Drugog leka nema, rekao je.

Čim se Kiril Stojnički vratio, kelnerica je rekla:

— Znala sam i ja za obloge. Da je on znao da leči, rekla je, lečio bi pametne, a ne lude. Znala sam ja to, rekla je.

— Mogao bi da metne i blato, rekao je jedan od bunardžija, a mogao bi na otoku, na oteklini da drži i goveđu balegu. I namah će proći, namah će splasnuti.

— Najbolje je da ga istrlja peskom ili belutkom, rekao je drugi bunardžija, ili da ga nadimi zapaljenom cigaretom. Što bliže da je prinese otoku, rekao je.

Iz ludnice „Poljoprivredna škola" istrčavali su ludaci i jurcali poljem ne znajući gde se nalaze. Nisu znali ni zbog čega ih odasvud jure. I uvek ih na jedno te isto mesto vraćaju. Samo su buljili, samo su piljili, s nekim nejasnim strahom u očima.

Kiril Stojnički je tek drugog dana otišao u Išticu. Otišao je sa piljarima koji su se vraćali iz Bitolja. Oni su uvek tu odmarali konje. Ispratila ga je kelnerica. Ispratila ga je donekle i to sa tugom i prkosom. Kiril Stojnički joj je mahnuo, kao praznoj, napuštenoj karauli.

ZEMLJA JE OKRUGLA. ZALJUBLJIVANJE VRATIKE ČAVKAROVSKE I KIRILA STOJNIČKOG

— Vidiš li onog vrapca?
— Vidim.
— E, jedno takvo vragolasto pile, konopljarku ili senicu, čvorka ili vrapca, ne znam šta, spasao sam jednom prilikom. Našao sam ga ispod jednog drveta kad sam se vraćao s pijace. Cijukalo je i valjalo se u travi. Sigurno je bilo palo sa drveta, iz gnezda. A možda je pokušavalo, prvi put da isproba krilašca, da poleti. Žutokljunac. Još je bilo nejako da pokrene krilašca, da ih upotrebi. I ležalo je u travi. Plakalo. Nebo ga nije htelo. Gledao sam kako se napreže, kako zeva. Čekao sam da crkne, ali nisam želeo. Uzeo sam ga u ruke i pomilovao po paperju. Potom sam mu otvorio kljunić, udahnuo dušu, pljunuo pljuvačku. Ono se nakostrešilo, skupilo glavicu, počelo da se koprca. Kolutalo je očima koje mu je zatvarala žućkasta gola kožica. Da ga ostavim? E, neću! Poneo sam ga sa sobom, u selo. I celog puta sam ga milovao, prinosio licu, doticao obrazima i disao, duvao mu u kljunić. Udahnjivao sam mu dušu, svoju dušu. Ono bi se ukočilo i ponovo ošamutilo, klonulo. Ali srce mu je kucalo. Kucalo je iznutra, iz trbuščića, kao detlić. Kad sam stigao kući, a stigao sam tek predveče, odneo sam ga u voćnjak, podno kuće, i ostavio ispod velike kruške. Položio sam ga ispod kruške da na miru crkne. Čekao sam da vidim kako će opustiti krilašca, kako će ispružiti nožice, kako će se predati smrti. Ali ono, čim je dotaklo zemlju, samo je uzdrhtalo, počelo da se valja i, za veliko čudo, stalo na

nožice i odletelo. Onim istim nejakim krilima. Lepo sam video kako je najpre stalo na jednu granu velike kruške, a potom otišlo dalje. ,,O, bože, rekao sam sebi, ko mu je dao, ko mu je ulio toliku snagu, ko mu je ojačao krilašca da može da se vine put neba. Da se spoji sa svojom neopisivom lepotom. Da li ga je pozvalo nešto odozgo ili se previše uplašilo smrti?"

Da je ono, možda bi me prepoznalo. Ne znam koliko godina žive vrapci? Znam da napadaju skakavce. Oni su za njih prava napast. Ništa im nije slađe.

— Pre skakavaca došao je učitelj Kiril Stojnički.

Kiril Stojnički, kad nije učio decu, držao je analfabetske kurseve, pripremao seoski hor i zadružne zidne novine. Ponekad je obilazio kazaništa gde se pekla rakija od šljiva i džanarike. Sedeo je sa seljacima koji su čeprkali po ognjištu, izvlačeći glavnje i živ žar. Posebno onda kad bi vatra uzela maha, kad bi povećala protok rakije. Tada su kazandžije izvlačili glavnje iz ognjišta i stišavali vatru. Potom su uzimali neke krpe, neke pačavre, potapali ih u hladnu vodu kroz koju je prolazila lula, i hladili poklopac na kazanu. Sedeo je tako s ljudima, uz samo ognjište i, zajedno s njima, probao rakiju: da li je ljuta, treba li jače da poteče, treba li vatra da se podstakne ili da se stiša.

U jesen, bio je svedok i masovnog skičanja svinja u selu: klanja, šurenja, čupanja i topljenja čvaraka. Svi su ga nudili:

— Omrsi malo dušu, govorahu mu, i ti si od majke rođen, mada ti majku ne znamo.

I Kiril Stojnički ubadao je krtine i pio vino koje mu je razgaljivalo dušu i donosilo novu boju na obrazima. A napolju, bašte su bile prepune satrulih plodova, od slane i presahle smole. Zamagljeno sunce s mukom se probijalo kroz oblake, kroz magluštine i oslanjalo se na drveće. Češalo ih je, otresalo im lišće i kapljice okopnelog inja. Otresalo ih je, a nije imalo vremena da ih skupi. Pticama su suzile oči, iznenađene velikim promenama. Suzile su i Kirilu Stojničkom, ali od slatkog plamena vina koje mu je potpaljivalo žile.

Zatim je išao na kalupljenje duvana. Kad su zadrugarke kalupile duvan, uvek su pozivale i Kirila Stojničkog. Da im priča priče, da im prepričava knjige.

— Pričaj nam, govorahu mu, pričaj nam o svemu što znaš, govorahu, odagnaj nam san. Da ostanemo budne, govorahu.

— Boljka je uvek najbudnija u čoveku, govorio je Kiril Stojnički, a s njom čovek je uvek budan. I da vas ne savlada san, govorio je, učinite nešto da vas nešto zaboli. Na primer: odsecite po jedan prst.

— A čime ćemo raditi, govorahu zadrugarke, čime ćemo ređati kalupčiće. Posečenim prstima?!

— Valjda ih imate i na nogama, govorio je Kiril Stojnički.

— Nećemo da ćopamo, govorahu zadrugarke, ko će da pogleda u ćopave ženske noge, kikotahu se.

I rasturale su nove niske duvana i svaki listić uzimale prstima, peglale i ređale. Veliki s velikim, žuti sa žutim. Listić preko listića, unedogled. Pravile su kalupčiće i vezivale ih nitima pokišeljene komušine. Kalupile su i brinule o vatri. Vazda su na nju motrile i vazda bile na oprezu. Znale su: toplota je zimi veoma nestalna. Čim otvoriš vrata, odmah izleti iz sobe.

— Oženi se, Kirile. Uzmi neku našu devojčicu, govorahu mu žene, uzmi neku prostiju, da možeš zapovedati... Kad je odvedeš u grad, govorahu, začas će se omitariti, začas će se prolepšati. Čim joj promeniš krmu, začas će joj sinuti dlaka, govorahu.

— Možda ću i uzeti, govorio je Kiril Stojnički, niko ne zna svoju sreću.

Tako do ko zna kog doba noći. Dok ne poče lampa da čkilji, dok se vatra ne pogasi.

— Kad ide i Kiril na kalupljenje duvana, govorio je Dejan Šmajser, zadrugarke uvek prebace normu. Ni jedna se ne umori, ni jednoj se ne spava, govorio je.

— Ala je lep, govorahu zadrugarke, čak i gologlav je lep. A tek da stavi kapu!? Ko zna kolika bi bila njegova lepota ispod kape, govorahu.

I zaista je bio lep Kiril Stojnički. Učitelj. Visok, stasit, širokih ramena i snažnog potiljka. Kosa kestenjasta, na razdeljak. Ruke i noge mnogo duže od trupa. Ali čitava muškost kao da se smanjivala u njegovim plavim, vazda nasmejanim očima. Čak i grubost, pod tim pogledom, izgledala je kao topla kiša pod mirnim letnjim nebom. Kad se ciga ženi, kad se mečka udaje.

Prva ga je primetila Vratika Čavkarovska. Primetio je, zaista, i on nju, ali nastojao je da ostane po strani od svih sablažnjivih misli i pogleda. Bar u prvo vreme: dok se ne sazna šta je bilo s njenim ocem, Bogojem Čavkarovskim. Nije hteo da napada nezaštićeno stado. Zaista, Bogoja Čavkarovskog su već bili prežalili, iako nisu znali je li živ ili mrtav. Stizale su razne glasine. A bili su prežalili i obe bliznakinje koje su, ubrzo potom, umrle. Te devojčice kao da je nešto popilo. Da li su ih ščepale neke boginje, da li ih je presrela neka zver, ili ih je pojela prašina? Kao da je zinula i usisala ih, obrstila im dušu. Nek su druge žive, rekoše tada Blagorodni Čavkarovskoj, ali i to ispade nekako naopako.

Vratika Čavkarovska je tada imala šesnaest godina. Ali izgledala je zrelija od svojih vršnjakinja i, bogme, izraslija. Lice joj je bilo belo, a kosa sva u kovrdžama. Spuštala se kao mlaz preko njenih ušiju i pokrivala joj uska ramena. Sve što je htela da kaže videlo se u njenim krupnim očima, koje su joj igrale kao vidre ispod trepavica. Hodala je, a nije se primećivalo kad dotiče zemlju, gde je dotiče i kojim delom stopala. Kao da je pčela koja ne ostavlja nikakav trag. Koja samo leti, samo miru i med raznosi. A noge vitke, kao da joj od vrata polaze. I grudi joj cupkaju, kao slepi mačići strpani u platnenu torbu. Još samo da počnu da mauču, da iziđu napolje.

Vratika Čavkarovska nije znala kad se tačno zagledala u Kirila Stojničkog. Možda kad ju je majka vodila na analfabetski kurs, u akciji za opismenjavanje širokih narodnih masa? Ili u vreme priprema za sreske narodne smotre? Ili možda onog dana kad je ispred zadružne štale, koja se graniči sa školskim dvorištem i seoskim grobljem, nekoliko zadrugara pokušavalo da nasamari jednog ždrepca? Ali pre nego što mu stave samar, trebalo je da ga priviknu na golo jahanje. Ako ne bude zbacio jahača, neće zbaciti ni samar. A neće se bojati ni rukunica. Da vuče kola. Ali ždrebac uopšte nije dozvoljavao da mu se taknu leđa, da se bilo ko popne. Nije hteo da primi.

Najpre se popeo Stojko Vampir i — zbacio ga je. Ispravio se na prednje noge, ritnuo i Stojko Vampir je ispustio i uzde i grivu. I kao što se bio raskrečio na konju, tako je i pao na zemlju. Uh, bem ti oca, jauknuo je i ostao tako raskrečen.

Potom je uzjahao Viktor Govedar, čuvar zadružne štale. Ljudi su držali ždrepca za oglav, i to sa obe strane glave. I uvrtali su mu glavu, povlačili je unazad, razjapljivali mu usta. Ždrebac je dahtao i uvlačio trbuh, stezao srce. Skupljao je i noge, uplitao ih, sastavljao. Sve dok ga nije uzjahao Viktor Govedar, dok nije ukrstio svoja stopala na grudima, ispred njegovog trbuha. I pošto ga je uhvatio kratko za uzde, viknuo je:

— Pustite ga!

Ljudi su pustili ždrepca i on je ponovo počeo da skače, da frkće. Ritao se nogama, okretao ukrug i ispravljao čas na prednje, čas na zadnje noge. I cvileo je, njištao, i to njištanje, ko zna zašto, pretvaralo se u nekakav plač, u nekakvo skičanje praseta koje kolju. Valjda zato što su ga uzde duboko sekle? Okretao se tako ždrebac, jurcao čas tamo, čas amo, preticao prednje zadnjim nogama, prosto se saplitao. Dizao se kao da hoće zavjeki da se odlepi od zemlje, da pobegne od težine Viktora Govedara. Bez svojih leđa, bez svoje kože, bez grive da pobegne. Da odleti što dalje od ljudi. Viktor Govedar se zanosio, kao da je uzjahao talas nabujale reke. Naginjao se i održavao svojim ukrštenim nogama na grudima, ispred uvučenog ždrepčevog trbuha. I vazda se pribijao, grleći mu vrat i grivu koja ga je golicala ispod nosa. I kao što se ritao, kopajući kopitima i zemlju i kamenje, ždrebac se iznenada zaneo, okliznuo i pao. Strovalio se. Najpre na kolena, a zatim na bok, na oznojenu slabinu. I, padajući,

povukao je za sobom i Viktora Govedara. Povukao mu jednu nogu ispod slabine i prignječio je.
— Jao, polomi ga, sve mu uganu, povikaše ljudi.
Viktor Govedar je samo jauknuo od bola i ispustio uzde i vrat. I ždrebac, iako prestravljen, namah se osetio slobodan od ljudi, odvezan, razuzdan, sâm. Za tren je ustao i odjurio u polje. Viktor Govedar je ostao da leži na zemlji, začuđen, kao odbačen samar.

Leteo je ždrebac, preskakao jendeke, međe i jaruge, i ništa živo nije moglo da ga zaustavi, da ga stigne, da ga zadrži. Polje je odjekivalo, pod ždrepčevim kopitima sevale su iskre. A on je rzao, strigao ušima, cvileo, njištao. I činilo se da od njegovog topota i dahtanja čak i drveće podrhtava. Kao da ga njiše vetar. I sve oko njega se sklanjalo, uzmicalo, pravilo mu put i, tako, spasavalo.

Kiril Stojnički je upravo tada izlazio na odmor sa svojim djacima. I čim ga je video, stuštio se za njim, da ga sustigne, da ga uhvati.
— Bežite ljudi, munja seva, vikali su ljudi u polju, otkinula se sa užeta i pobegla, vikali su, eno je, juri poljem.

Ždrebac se takmičio sa svojom senkom i sa povicima ljudi. Kao što se glas i odjek nadjačavaju i prestižu.

I Kiril Stojnički je trčao za ždrepcem, jurio ga do Mrenoških livada. Tamo ga je sustigao. Uhvatio za vrat i okrenuo mu glavu naopako. Ždrebac je sve četiri podigao uvis. Oborio ga je. Kiril Stojnički. Položio ga je, na njega nalegao. I udario ga pesnicom po njušci. Ždrepcu je kroz nozdrve, pokuljao oblak od pare, krvi i pene. Zatim ga je udario u slabinu, podigao ga, uhvatio za grivu i poveo za sobom. Ždrebac je išao, miran kao bubica. Beš ti to što neće ići! I to pognute glave! Bože, kako je samo lakô i poslušno koračao ždrebac pored Kirila Stojničkog. Kao da vodi prestravljeno dete za ruku. Ljudi koji su radili u polju uspravljali su se i krišom krstili. Čudili se.
— Batinom i medved nauči da seje brašno.
— Batinom ga naučiš ili da te se boji, ili da te mrzi.
— Od sada ovaj ždrebac neće bežati, zaključio je Ki-

ril Stojnički, i neće zbacivati ni samar, ni sedlo, ni ljude. Čak da ga i živim kurjacima natovariš, nosiće ih, rekao je.

I zaista: od tog dana konju je došla pamet u glavu. Prosto da te je strah da ga pogledaš, da ga ne urekneš. Da mu ne urekneš bistar um i prgavi kas. Sretneš ga, a telo mu igra, kao riba između rukunica mu igra. Korača nogama, korača i slabinama. Kao da i slabinama korača u hodu.

Vratika Čavkarovska je možda tad prvi put videla Kirila Stojničkog. Možda ga je otad zapazila, usadila u srce. I počelo je nešto da joj se mota po glavi. I više nije znala kako da provede vreme, kako da ga proživi. Prvi put je shvatila da život nudi mnogo više nego što čovekova duša može da primi. Da u duši nema mesta za svu lepotu, za svu čar. I, malo-malo, prošla bi pored škole. Da ga vidi bar izdaleka, bar da joj ostane kao sen u krajičku oka.

I Kiril Stojnički ju je posmatrao, ali pravio se da je ne vidi. Kao dubina godišnjih doba što se ne može dosegnuti, što se ne može obujmiti. Često bi mu odnekud izronilo njeno lice, obrubljeno crnom kosom, upletenom u pletenicu. I one neposlušne vlasi iznad ušiju, što nisu mogle da stanu u pletenicu. Što su pokrivale slepoočnice i vrat. Mislio je da je tu dubina koja se drukčije ne može videti. To ogledalo koje približava i uvećava svet. I čini da još neka strana postane vidljiva.

Kasnije se Vratika Čavkarovska upisala i u omladinski hor i u folklornu grupu koju je pripremao Kiril Stojnički. Tog leta, posle klasanja žita, posle striže ovaca. Tada su u selo došle tri brigade drvoseča. Udarnika. Njihovim dolaskom kao da se ostvario san o drvosečama. O onima koji su sekli najviše drvo, s petokrakom na vrhu. Udarnici su sekli šumu za ogrev, za krečane, građu za izgradnju gradova i zadružnih domova po selima. Dok nisu radili, drvoseče su se skupljale u školskom dvorištu. Takmičili su se u troskoku, bacali kamen s ramena, ili se rvali. Najbolje su se rvali pelivani iz poljskih turskih sela. Svlačili su se do pojasa i rikali kao bikovi. Potom su se hvatali u klinč, nadmudrivali, čupali žile i obarali. Sve dok neko nekog ne položi na obe plećke.

Kiril Stojnički stajao je oslonjen o školski zid i posmatrao. I kao što su se pelivani podizali, tako se i u njemu nešto pomeralo, podizalo. Cupkao je u mestu, vitlao rukama. Tek, onako, stegao bi pesnice i počeo njima da vitla. Na sve strane. Ili bi raskrečio noge i počeo da cupka. Onako, bez svoje volje, bez ikakve namere. Čim bi to osetio, odmakao bi se od njih. Ali niko od ljudi to nije primećivao. Svi su bili zaneti borbom, svi su klicali, navijali. Galamili na sav glas. Kao da poleće jato jarebica ili divljih golubova. Stalno je odjekivalo: haaj, heej, ihi itd., odnosno i tako dalje kako bi rekao Joakim Doksimov.

I više nema rvača, niko se ne javlja. Samo pobednik, zastao na sredini, opkoljen ljudima. Okreće se, širi ruke, kočoperi. Traži protivnike, traži nove rvače. I svi gledaju u njega, niko na sebe ne pomišlja.

— Hajde, oglasio se jedan od kočijaša, zar nema više muškaraca, zar niko ne nosi pantalone? Zar ga je svima pojela maca, rekao je.

Ljudi nešto mrmljaju, talasaju se kao namreškana voda, ali niko se ne javlja. Svi se muvaju i okreću, ali niko da stisne petlju. Svi junaci nikom ponikoše i u crnu zemlju pogledaše! To je pelivana još više ohrabrilo i počeo je da riče, da kopa zemlju, da se sav peni. Oko njega su prštale kapi znoja i od prašine pravile sićušne loptice.

— Hajde, Kirile, rekao je Joakim Doksimov, osvetli obraz selu, zadruzi. Pa zar se ona ne zove „Uspravan pogled"? Što ste sagli glave, što ste oborili poglede?

— Ja nisam rvač, rekao je Kiril Stojnički, i nisam došao da se rvem.

— Nije sramota da izgubiš, rekao je Joakim Doksimov, sramota je da se uplašiš.

— Samo stoka, rekao je Kiril Stojnički, samo se stoka tako rve. A ja nisam govedo, rekao je.

— Pustite ga, rekao je Korun Bikovski, gde će mrtav konj da prdne!

Iz voćnjaka pored puta začuo se kikot devojaka. Bile

su posedale na zidić i smejale se, nekog čikale. Najviše se čuo glas Vratike Čavkarovske. Odvajao se od ostalih. Vikala je, graktala, koliko je glas drži. I ispunjavala, prepunjavala i preplavljivala čitavo školsko dvorište.

Čuo je to Kiril Stojnički i nešto ga je štrecnulo i tamo odvuklo. Kod Vratike Čavkarovske. Razmislio je malo i rekao:

— Neka dođe ovamo!

— Ma pusti zid, rekao je Joakim Doksimov, neće pasti, neće pobeći. Nećete se, valjda, boriti ispod strehe?

— Neka dođe ovamo, ponovio je Kiril Stojnički, hoću najpre da vidim je li dovoljno jak. Neću da se borim sa svakim, rekao je.

Drvoseče ponovo živnuše i opkoliše pelivana: počeše da ga tapšu po masnoj koži, po leđima. Između njegovih plećki, između lopatica, bilo se razmilelo čitavo mišje gnezdo mišića. I počeše da ga huškaju protiv Kirila Stojničkog, da ga vode kao obezglavljenog bika.

Pelivan je širio ruke, prsio se i saginjao glavu, kao da hoće da ga natakne na rogove.

Kiril Stojnički mu je najpre zario nokat sa palca. I to u vrat, kao da proba lubenicu ili zreliji dulek za kuvanje, za pečenje. Pelivan je ponovo riknuo, ali ovoga puta sa bolom u glasu. Riknuo je i uspravio se. Kiril Stojnički mu je ščepao ruku kod lakta i počeo da je steže, da je uvrće. Pelivan je počeo da se smeje. Mada bolno, ipak da se smeje. Ali ubrzo potom, osmeh mu se ugasio, nekako sledio, a lice dobilo neku plavu, skoro modru boju. I od njegovog osmeha ostao je samo grč koji sluti na plač. Glava, ne želeći, počela je sama da se saginje prema ruci, prema laktu. Prema mestu odakle je dolazio nezadrživi bol. Osećao je da mu se nešto lomi, ruka ili zglob, da mu nešto melje kost, meso i žile. Kao da se nalazio u čeljustima neke zveri, kao da mu o ruci visi neka ogromna težina. I pelivan, uz strašan krik, počeo je da se saginje. Sagao se i pao na kolena pred Kirilom Stojničkim, ne znajući ni kako da se brani, ni kako da pobegne. Iskolačio je oči, istegao vratne žile, skoro da ih pokida. Tada, sve drvoseče,

istežući vratove,ućutaše, a devojke prekinuše smeh i čavrljanje. Kiril Stojnički mu je pustio ruku i rekao:
— Slab si ti za mene.

A pelivanova ruka je još dugo ostala ispružena i bela: niti je mogla krv da povrati, niti je on mogao da je skupi.

Kasnije, mnogo kasnije, Vratika Čavkarovska je rekla da Kirila Stojničkog nije zavolela zato što je jak, nego što je lep. Tada su se svi nasmejali, jer su sve seoske devojke govorile:

— Neću da se udam dok ne nađem nekog sa tašnom u ruci. Sa nekakvim državnim poslom, govorile su. Drugo je kad si na državnim jaslama, govorile su i ostaše neudate ili priudate. Usahle pre vremena, prave usedelice.

A mesec dana pre toga: zvono zvoni, deca se postrojavaju pred školskim stepeništem. Uz samu dvorišnu kapiju. Ispod đulabije. Postrojavaju se, a nikako da se smire: vazda se vrpolje, kao magarčići sa konjskim muvama pod repom. I stalno podižu glavice, ošišane makazama. Kako gde. Kao ošišane ovčice ili kozice. Stepenasto. Gaze se nožicama, guraju laktovima i izbočenim ramenima, dobacuju svoje školske torbice. I gledaju pravo u usta Kirila Stojničkog. Gleda i on u njih, tamo gde završava rub debele senke od prednjeg dela škole. Između dece i Kirila Stojničkog pretrčavaju kokoške. Putem prolaze ljudi i zaustavljaju se kod kapije. Deca ponavljaju za Kirilom Stojničkim: ,,Gradićemo smelo, veliko delo, za život, u boj, uz krv i znoj." Ljudi koji su se zaustavili na putu kažu: ,,Bravo! Bravo, bogami!"

— Učiti, učiti i samo učiti, draga deco!

I kad se i to nauči, još da se uči. Tako je rekao jedan veliki učitelj, rekao je Kiril Stojnički, i da se radi, rekao je, rad je najveća čovekova vrlina. Jer koliko uradiš, rekao je, toliko ćeš imati. Danas ćemo počistiti dvorište, rekao je.

— Ura, povikaše deca.

— Nema ura, rekao je Kiril Stojnički. Najpre skoči, onda reci — hop!

— Meni se ide napolje, reklo je jedno dete.

— Stegni, Boško, guzicu, reci joj da sačeka, rekao je Kiril Stojnički.
Deca prasnuše u smeh, počeše da poskakuju.
— I sutra hoću da vas vidim ošišane. Nularicom, rekao je Kiril Stojnički.
— Šta kažeš, Vratika, za učitelja?
— Kažem: glavu da mu uzmeš, rekla je Vratika Čavkarovska, i da pobegneš, da mu se sakriješ, da mu je sakriješ. Da je nikad više ne nađe, rekla je.
Dva meseca potom, Kiril Stojnički je pardonirao Vratiku Čavkarovsku. Izdvojio je nasamo. I Vratika Čavkarovska nije znala gde da gleda očima, šta da radi rukama. Upredala je pletenicu, prebacivala je preko ramena, uvijala oko prsta, gurala u usta. Potom ju je opet vraćala nazad i piljila u zemlju.
— Podigni oči, rekao je Kiril Stojnički, ne gledaj stalno u zemlju.
— Je l' istina da je zemlja okrugla, upitala je Vratika Čavkarovska, i je l' se zaista okreće?
— Istina je, rekao je Kiril Stojnički, tako kaže nauka.
— Pa kako onda ljudi stoje, rekla je Vratika Čavkarovska, kako se ne prospu vode i reke. Znači dosad smo išli po ravnom, a sad ćemo glavačke, rekla je.
Kiril Stojnički se nasmejao i Vratika Čavkarovska je podigla oči. Ali zajedno s očima podigla je i sve rumenilo u obrazima. Čitava joj se krv bila slila u lice, razlila, obesila. I više nije znala šta da pita, šta da kaže.
Deca, iza šiblja, virila su, gurkala se, čavrljala. Kiril Stojnički im je podviknuo i ona su pobegla. Skoro odletela, kao jato vrabaca kad baciš kamen u grm.
— Hajde da siđemo do reke, rekao je Kiril Stojnički, i povukao za ruku Vratiku Čavkarovsku. Odveo ju je preko brazde, kroz livadu, dole. Počeše da bacaju kamenčiće. Hteli su da im poskakuju po vodi, kao vrapci prdavci. Ali voda je bila plitka i neravna. Vazda je negde skretala, posezala, šljapkala pored muljevitog kamenja. Propuštala je lišće i prenosila paučinu i insekte. Otkrivala im je svoju

tamniju stranu i pljuckala uvis.
Uvis je gledala i Vratika Čavkarovska. U lice Kirila Stojničkog. Lomila mu je lice kao vruć hleb, štipala ga očima. I na njemu je videla sve: udarničku svest, narodno zdravlje, analfabetske kurseve, mrtvog boga i okruglu zemlju za koju su se držali i ljudi, i drveće, i voda. I ništa nije padalo, nije preticalo, nije se presipalo.

— Zini, rekao je Kiril Stojnički.
— Zašto, upitala je Vratika Čavkarovska.
— Da vidim koliko me voliš, rekao je Kiril Stojnički.
— Mala su mi usta, rekla je Vratika Čavkarovska, prevariće te, prevariću te. A ja te zaista mnogo volim, rekla je.
— Onda mi pokaži rukama, rekao je Kiril Stojnički, raširi ih i pokaži.
— Pusti mi ih, rekla je Vratika Čavkarovska, pusti mi ruke ako hoćeš da ti pokažem.

Vratika Čavkarovska uhvatila je jednu bubamaru i stavila je u ruke Kirila Stojničkog.

— Pokazaće ti odakle ćeš se oženiti, rekla je Vratika Čavkarovska. Da li odavde ili iz nekog drugog mesta. Gde bude poletela, odande ćeš se oženiti. Pusti je, rekla je.

Kiril Stojnički je otvorio dlan i, bubica, ošamućena, počela je da se gega, da otvara krilašca. Otvarala je polako krilašca, kao da klija zrno šarenog pasulja, i hitro pukla: poletela je iznad glave Vratike Čavkarovske. Pobegla je iz ruke Kirila Stojničkog, kao kresnuta varnica.

— Ženićeš se izdaleka, rekla je Vratika Čavkarovska.
— Pa, k tebi je poletela, rekao je Kiril Stojnički.
— Preko mene, rekla je Vratika Čavkarovska. Preletela me je, preskočila, rekla je.
— Pa to je bubica, rekao je Kiril Stojnički. Otkud zna gde da poleti i gde da stane.
— Zato što je bubica, ne laže, rekla je Vratika Čavkarovska. Da je čovek, slagao bi. Kao što me ti lažeš, rekla je.
— Ja ne lažem, rekao je Kiril Stojnički i povukao je

za ruku, pribio uz sebe. Alija Sirotanović i Čista Dana. Vratika Čavkarovska je stalno ponavljala:
— Ne sada, ne ovde, nemoj tako...
— Onda ovako, rekao je Kiril Stojnički i zagrlio je oko pasa. Svezao ju je.
Vratika Čavkarovska je stalno vrtela glavom i ponovo ponavljala:
— Ne ovde, nemoj, videće nas, ko zna da li ćeš me uzeti, prevarićeš me...
— Zemlja je okrugla i okreće se, rekao je Kiril Stojnički, i ti ne znaš kako će te zavitlati. Gde će ti zavrteti pamet, rekao je.
I Vratika Čavkarovska počela je da igra u njegovim rukama kao jezičak na vagi. Neka topla para i miris domaćeg sapuna izlazili su odozdo, ispod njene haljine. I golicali su nozdrve Kirilu Stojničkom. Pravili su mu zazubicu, povećavali uzbuđenje.

Potom se i Vratika Čavkarovska predala. Ali još uvek je stiskala zube i ljubila ga zatvorenih usta. Kao da ljubi mrtvaca. Setila se da ju je jednom tako ljubila i njena majka, da joj je tako dodirivala čelo. Da vidi ima li vatre. Nasmejala se.
— Šta ti je, rekao je Kiril Stojnički, zašto se smeješ?
— Golicaš me, rekla je Vratika Čavkarovska, a i od straha. Bojim se da ćeš me ostaviti, rekla je.
— Ja te sigurno neću ostaviti, rekao je Kiril Stojnički, pre ćeš ti mene.

Mesec dana pre toga: Vratika Čavkarovska i Kiril Stojnički stoje oslonjeni o zid i posmatraju kokoške. Podupiru zid i posmatraju petla kako kidiše na kokošku.

Petao podiže jedno krilo, merka kokošku, pravi krug oko nje i odlazi. Kokoška ostaje zapanjena.

Zapanjio se i Kiril Stojnički.

Petao se vraća i ponavlja krug oko kokoške. Da ne bi pao, oslanja se na podignuto krilo. Kokoška otvara malo kljun, nešto govori ili samo glasno uzima vazduh i vidi koliko je sati.

— Koliko je sati, upitala je Vratika Čavkarovska, moram da idem.

— Rano je, rekao je Kiril Stojnički.
Petao se popeo i sišao sa kokoške. Kokoška stresa perje i počinje da se bište kljunom. Lupila bi kljunom i podigla glavu. Kao da se vratila sa kupanja. Oprana, presvučena, osvežena. Ide bosonoga. Smenjuje i zabacuje svoje tanke nožice. Kao da se boji da ne nagazi haljinu.
— Da te pitam nešto, rekao je Kiril Stojnički... Čije je jaje izvelo prvo pile, prvu kokošku, rekao je.
Petao se prsi, podiže glavu. Sva mu je glava u vatri i plamenu. Isteže vrat, zabacuje rep unazad, izdužuje ga. Otvara perje oko vrata, kukuriče. Govori kokoši — koliko je bilo sati. Zatim prhne krilima i odlazi da traži novi pašnjak. Gazi, polako odmiče. Kao da se boji da ne uprlja nogavice.
A čije je jaje ispililo prvog petlića, prvog petla, htela je da upita Vratika Čavkarovska. Ali nije mogla.
— Ne mogu više ostati, rekla je Vratika Čavkarovska, grdiće me majka. Dozivaće me, proklinjaće, rekla je.
— Idi, odazovi joj se, rekao je Kiril Stojnički, i vrati se.
Osam meseci potom Kiril Stojnički je išao pored Levače, a Vratika Čavkarovska izlazila uz Golemaču.
Levača se ulivala u Golemaču.
Sunce je bilo sišlo na balkon i treslo posteljinu, oslobađalo vatru. Zelene muve i beli leptiri vrzmali su se iznad međa i nad stokom, odmotavali su i namotavali vazduh. Potka im se kidala, čvorovi odvezivali. Korun Bikovski je psovao za rakiju i češkao vrat, posezao za kičmom. Vrapci i lastavice zavlačili su se pod strehe, noseći slamke u kljunovima. Golemača je dovlačila otopljeni sneg sa planine. Levača je grebla trbuh na pesku.
Kiril Stojnički je išao pored Levače, Vratika Čavkarovska izlazila uz Golemaču.
Levača se ulivala u Golemaču.
Deca su se preskakala i galamila, na Pržnici su igrali petkamen i damu sa zrnima belog pasulja i kukuruza. Kovači su okivali točkove šinama i kavrama. I drvo je dimilo, gorelo, cvrčalo, prianjalo uz gvožđe. Kelešovci su prali

pelene i kvasili sasušene opanke u reci. A iza njih, na strmini, bile su gomile dronjaka, pokidanih rogozina i smetlišta. Milele su ka vodi.

Kiril Stojnički je išao pored Levače, Vratika Čavkarovska izlazila uz Golemaču.

Levača se uliva u Golemaču.

Za vodom, iznad vode, dolazila je velika svežina. Njen dah dolazio je izdaleka: odozdo, s mora, s velikog južnog mora, što svetli kao ulje i miriše na masline, na smokve i naranče. I prolazio je taj zmajev dah, vijugao na krivinama, savlađivao tesnace, kule i bedeme, svud se provlačio. Zujao je u loncima okrenutim naglavce na čardacima, dolivao šerbet u vodeničareve dudove. Preznojavao se, bojao da ne zadrema, da ga sunce ne zatekne na spavanju. Branio je reku. A na reci Jonovci su pleli novu rogozinu za Gospojinu.

Kiril Stojnički je išao pored Levače, Vratika Čavkarovska izlazila uz Golemaču.

Levača se uliva u Golemaču.

Vratika Čavkarovska i Kiril Stojnički su seli u voćnjak ponad Gornje crkve. Pod rascvalom jabukom, ispred međe. Na međi, dva pauka su prela i tkala nožicama. Balavili su ustima i puštali predivo, a nožicama ga prihvatali i tkali.

— Deder, lezi, rekao je Kiril Stojnički, vidim ti čovečuljka u očima. Vidim sebe, rekao je.

— Nemoj, sramota je, rekla je Vratika Čavkarovska, gleda nas bog odozgo.

— Ja ću leći na tebe, rekao je Kiril Stojnički, i bog neće ništa da vidi. Zatvoriću mu vidik, rekao je.

Na jabuci su se vrzmala i skakutala dva vrapca. Premeštala su se i, povrh glava Vratike Čavkarovske i Kirila Stojničkog, krunila cvetove. Jedan je svirao, drugi dovršavao pesmu. Dolaze skakavci, čavrljali su u pesmi, dokle su stigli, ne znam, al' ćemo se najesti, još kako, imaš nešto drugo, za sada nemam, a šta je sa onim de ne pričaj svašta, ispod nas su ljudi, slušaju odozdo, tako su vrapci čavrljali i krunili cvetove.

— Nemoj da me stežeš tako, rekla je Vratika Čavkarovska, zaboleće te ruke. Napravićeš mi modrice, rekla je.
— Ne znam šta ću s rukama, rekao je Kiril Stojnički, stalno beže k tebi. Bez mog znanja, bez pitanja, rekao je.
— Stani malo, i tu me golicaš, rekla je Vratika Čavkarovska.
— Lepog ćeš momka uzeti, rekao je Kiril Stojnički. Čim si tako golicljiva, uzećeš lepog momka.
— Samo da liči na tebe, rekla je Vratika Čavkarovska.
— Nešto te ugrizlo, upitao je Kiril Stojnički.
— Neka bubica, rekla je Vratika Čavkarovska, neki carski mrav.
— Možda je buva, rekao je Kiril Stojnički, počeši se malo. Kakva ti je to trešnja na kolenu, upitao je.
— Beleg od majke, rekla je Vratika Čavkarovska, ukrala je trešnju dok me je nosila. Kad je bila trudna sa mnom, rekla je.
— Zašto bežiš, rekao je Kiril Stojnički, neću te pojesti.
— Ako me danas pojedeš, rekla je Vratika Čavkarovska, šta ćeš jesti sutra?
— Čuješ? Kao da nešto tutnji, rekao je Kiril Stojnički.
— Jeste, rekla je Vratika Čavkarovska, tutnji mi u ušima.
— Kao da dolazi izdaleka, rekao je Kiril Stojnički, nekako odozdo. Kao da dolazi ispod mene. Javi se daleko i stane ispod mene, rekao je.
— Očiju ti, je l' ti zaista tako dolazi, rekla je Vratika Čavkarovska, da nisu skakavci, rekla je.
— Kakvi skakavci, rekao je Kiril Stojnički. To neko samo fantazira. Iz straha, rekao je. A sad, kao da grmi?
— Šta grmi, rekla je Vratika Čavkarovska, krče m creva.
— Da nemaš gliste, rekao je Kiril Stojnički.
— Jezik pregrizao, rekla je Vratika Čavkarovska.
— Dobro, rekao je Kiril Stojnički, ako baš voliš prazna usta da ljubiš.

Zatim su pomešali oči, spojili usta. Grizli su usne, gutali pljuvačke, sok. Sok od oljuštene jabuke. I smejali se. Povrh osmeha kružio im je leptirić.

U povratku su naišli na zmiju. Kiril Stojnički se stuštio i ščepao je za rep. Iščupao je iz rupe kao da čupa koren i tresnuo o zemlju.

— Kako se to, Kirile, ne bojiš, rekla je Vratika Čavkarovska, zar ti nije gadno da je uhvatiš?

— Da se zmije bojim?! Kako mogu da se bojim zmije, rekao je Kiril Stojnički. Da se bojim nečega što nema ni ruke, ni noge, rekao je.

Četiri meseca pre toga Kiril Stojnički je upitao Vratiku Čavkarovsku:

— Kad ćeš poseći kosu?

— Ne znam, rekla je Vratika Čavkarovska, kad ti kažeš.

— Nemoj je seći, ako ne želiš, rekao je Kiril Stojnički.

— Zašto, upitala je Vratika Čavkarovska, sve su ih posekle.

— Meni si i ovako, sa pletenicom, lepa, rekao je Kiril Stojnički.

— Zaista tako misliš, ili se sprdaš, rekla je Vratika Čavkarovska.

— Kad odem u Bitolj, kupiću ti cipele, rekao je Kiril Stojnički. Najlepše, crvene cipele. Sa visokim štiklama, rekao je.

— Nemoj, nemoj da se trošiš, rekla je Vratika Čavkarovska, nisam navikla na štikle, na takve cipele.

— Naučićeš, rekao je Kiril Stojnički. Niko se nije obuven rodio. Ko nije išao bos, rekao je, nikada nije doznao kako zemlja greje. I kako hladi, rekao je.

Napolju je padao sneg, dečaci su se grudvali. ,,Uh, pojede me, vatra te pojela", čulo se. Kiril Stojnički je ljubio Vratiku Čavkarovsku, ujedao, krv joj na usnama ostavljao. I ponovo ju je, ustima, skupljao.

— Koliko ćemo dece imati, upitao je Kiril Stojnički.

— Dvoje, rekla je Vratika Čavkarovska.

— Ja bih šestoro, rekao je Kiril Stojnički.
— Onda — četvoro, rekla je Vratika Čavkarovska, dva muška i dva ženska deteta.
— Šestoro, rekao je Kiril Stojnički.
— Ti bi da budem kvočka, rekla je Vratika Čavkarovska, i ponovo su počeli da se ujedaju, da se tuku i mire.
— Udario sam te, nisam mogao da izdržim, rekao je Kiril Stojnički.
— Udaraćeš me kad me budeš hranio, rekla je Vratika Čavkarovska.
— Kad te budem hranio, klaću te, rekao je Kiril Stojnički, samo se svinje hrane da bi se zaklale.
— S koje ćeš strane početi da kolješ, rekla je Vratika Čavkarovska. Kaži mi, s koje ćeš strane početi, rekla je. Da znam, da znam gde da se okrenem, rekla je.
— Okreni se ovamo, rekao je Kiril Stojnički.
— Zar me toliko mrziš, rekla je Vratika Čavkarovska.
— Da te mrzim ne bih te udario, rekao je Kiril Stojnički, jer bi mi bilo svejedno. Volim te, rekao je.
— I ja tebe, rekla je Vratika Čavkarovska. Volela bih te čak i kad bi me tukao.
I Kiril Stojnički počeo je da je grli, da je guša, da je gužva. Kao da hoće da je pokvari, a zatim napravi, sastavi. Njena kosa mu pada na oči, obavija mu se oko vrata, golica ga iza ušiju. Providne kapi znoja lepe mu se za usta. I usta puna grožđanog šećera koji mu obuzima nepca, razjeda ih. Sneg drži na odstojanju noć, ne da joj da celim stopalom kroči na zemlju. A Kiril Stojnički Vratiku samo privlači, u sebe uvlači. Uvlači svu njenu put, usta, nos, dušu, orošenu dumaču između grudi. I ništa ne presahnjuje. Naprotiv, samo nadolazi, buja. Nozdrve mu se šire, ispunjavaju toplinom; hladni vazduh uopšte ne oseća. Čak ni stud koja mu se uvlači kroz rukave, kroz nogavice. Neprestano grli Vratiku Čavkarovsku, a neprestano misli da mu je zagrljaj prazan. Probuđena su sva čula: u rukama, u očima, u ustima. Misli da ponovo razgrće zemlju,

da je preorava, da čupa drveće i kamenje i da ih razbacuje naokolo. Gde stigne, kako mu dođe. Razgrađuje, potkopava, ruši. I ne ispušta je iz ruku. Kao da je naišao na neko poznato drvo. Koje je nekad sreo, a sad poznao, prepoznao. Ne pušta je samu čak ni do kuće. Prati je, razgrće joj prtinu. Kako da zna da je svaki njihov minut prvi, a prvi minut snega niko ne zna kad je počeo.

Prati je do kuće i sipa joj sneg za vrat. I Vratika Čavkarovska odlazi, ne pomišljajući da istrese sneg koji joj je sipao Kiril Stojnički. Hoće čitave noći da joj mili, da je miluje.

Tri meseca potom, Vratika Čavkarovska i Kiril Stojnički zavukli su se pod trem Bikovskih. Odozdo, ispod stepeništa. Šmugnuli su u mrak, zavukli se duboko. I Kiril Stojnički je počeo Vratiki Čavkarovskoj da zadiže haljinu. Zadizao joj je haljinu, podizao joj je i dah. Odozgo su se čuli Korunovica i Korun Bikovski: jesi zapisao? Zapisao! Upiši i par piroćanki, pokidali su se kaišići i piši litru petroleja, juče sam ga potrošila.

— Ruke su ti kao led, rekla je Vratika Čavkarovska i počela da se ježi. A njena toplota počela je da beži, da se odvaja od nje. I piši dve kile soli i piši kilogram šećera.

A šećer se topio u ustima Kirila Stojničkog, dok je rukom šetao kroz nedra Vratike Čavkarovske. Pod njegovim prstima igrale su nabrekle i otvrdle dojke: kljucale ga nadošlim bradavicama. Koža se zatezala, branila, oslobađala čistu toplinu. Odozgo se opet čulo: i piši dve litre ulja za goste i piši fitilj za lampu i fitilj za kandilo.

Vratiku Čavkarovsku obuzimao je neki plamen, neka neočekivana vatra. Otvarala je usta i stiskala kolena, prosto se smanjivala. I čula je šuštanje odeće, i čula je svoje disanje. I zvuke violine iz Zadružnog doma. Ključalo je u njoj mlado vino, podizalo poklopčić, udaralo u mozak. Odozgo se opet čulo: jesi zapisao? Zapisao! Zapisao si na lanjskom snegu! Kako ćeš pročitati kad je taj sneg davno okopneo?! Ma, zapisao sam. Nemoj da ti ustanem! Ti ćeš mi ustati, a ja ne mogu da se maknem. Stegla me krsta, kao da me je pas ujeo i drži, neće da pusti. Da nećeš ja da te držim? Drži mene bog, uhvatio me i oduzeo mi noge.

Noge Vratike Ćavkarovske su drhtale i ponovo stiskale, stiskale u kolenima. Iz mraka su joj svetlucala dva kandioca, dva svića. Bila ju je obuzela vatra, tresla groznica. „Jao, razbolela sam se", mislila je i osećala kako joj mravi kolaju po krvi, u žilama, u damarima. Nešto su uznosili, nešto dovlačili u njenu glavu. I istovarali. Dolazilo joj je da zažmuri, da začepi uši, da krikne. Mislila je da joj haljina gori, da je peče, da smudi.

— Tamo nešto gori, rekla je Vratika Ćavkarovska, tamo nešto svetluca. A možda nas neko gleda, rekla je.

— Mačka, rekao je Kiril Stojnički, sigurno neka mačka ili lisica čuči u mraku.

Iz Zadružnog doma ponovo su počeli da dopiru zvuci violine. To je Joakimče bio naučio neki novi valcer i samo njega gudio. Odozgo se čulo: jesi zatvorio kokoške? Zaboravio sam. Ali rakiju nikako da zaboraviš. Ako ih pokupi lisica, ja ću biti kriva.

— Ako skrivim, biću i ja kriva, rekla je Vratika Ćavkarovska, sva ću se iskriviti. I zato neću: sve, sve, ali to ne, rekla je, ne ovde i ne sada. Oni će sigurno sići da zatvore kokoške, rekla je. Zapiši i ovo, odjekivalo je za Vratikom i Kirilom Stojničkim dok su izlazili iz dubokog mraka, a zvuci violine iz Doma postajali sve jasniji.

— Kao da nas neko prati, rekla je Vratika Ćavkarovska, zapiši i ovo, čulo se za njima.

NAJDENKO JORDANKIN
MEŠANJE SLOGOVA.

— Al' je smrt ružna!
— Red i brdo. Čim ti dođe red, naiđe brdo. Siđe ti u noge i gura dušu uzbrdo. Kao ćaknuta voda. Niko mlad ne ostaje, niko starost ne obmane. Gle onog vola: toliko je star da ne može repom da mahne, da se odbrani. A ni trava mu više ne prija. I sve se živo sleglo na njega: i muve, i mušice, i komarci. Zavlače mu se u oči, u nos, u nozdrve. Pasu ga, sišu, na njemu skončavaju. Saleću mu oči, ne može kapke da otvori, dà ih podigne. Sva se gamad o njegove noge oslanja. Odozgo muve, odozdo krlje. Delju ga, razvlače, buše mu kožu, muzu i tanje krv. I niko mu ne veruje.

— Nisam ni ja ženi verovao. Ona kaže: ne mogu, ja kažem: možeš. I ona rilja staju, iznosi stajnjak na bunjište, secka zelje svinjama; zaista ne mogu, pere svinjac, možeš, možeš, pere sudove, skuplja pomije, ovde me nešto žiga, neka, proći će, mesi hleb, pere veš, radi kao radilica, veruj mi, nisam više kao pre, bićeš, bićeš, kažem, mile mi mravi po koži, noge mi trnu, ne mogu da čučnem, ovce da pomuzem, uzmi šamlicu, kažem, a i stud im je zgrušio mleko, kaže, umreću, kaže, umri, kažem, samo sačekaj da završim ručak, kažem, poješće te psi, kaže, lako ću ja sa psima, kažem...

— I, kako izlaziš nakraj?
— Jadno i kukavno. Sanjam da me pozove. Ali ona, kao za inat, neće. Sam kao panj; u kući — svinjac! Rikni sada, vole, pomeri guzicu! Nema ko iglu da udene, nema ko ritu da zakrpi.

— Varaj vreme, kradi bogu dane!
— A za jelom — usta ovolika! A ona neće da pozove, nije došao red na mene. Mora da se sa mnom mnogo namučila.
— Vidiš onaj zid?
— Upalo mi trunje u oči i samo me grebu, samo mi suze. Šta ima na zidu?
— Svi na izbore za narodne odbore. I svi u seoske radne zadruge.
— Propašće nam država. A jedva smo je skrpili...
— A što, je l' nešto bolesna?
— Ne znam.
— Da nije zbog skakavaca? Ne dolaze, valjda, zbog toga?
— Ma dovešće njih Najdenko Jordankin.
— Da nije mečka rodila ovog Najdenka Jordankina, pitali su se ljudi i skrivali se, ćutali pred njim. I milicija: organi vlasti i gonjenja, digoše od njega ruke: tuci, tuci, ništa ne pomaže. Za mrtvu glavu nema leka. I ko će takvom da usoli pamet! Takvima ništa ne pomaže, nikakvi ih pajvani ne mogu obuzdati. A i narodnog milicionara, vodnika Veljana, skloniše iz sela, premestiše negde daleko. On je i pre odlaska legitimisao svog oca:
— Ime i prezime, godina rođenja (dan, mesec i mesto), mesto boravka (selo, grad, ulica i broj, opština, srez), pol (muški, ženski) nepotrebno precrtati, bračno stanje (oženjen, neoženjen, udovac) nepotrebno precrtati, osuđivan, neosuđivan, nepotrebno precrtati. Sprovesti ga višem organu!
— Samo Najdenka Jordankina nema ko da sprovede, ko da mu uzme meru.
— Daj po oke, kaže, i sviraj mi na pedeset gradi!
— Nemam!
— Neće ni tebe biti!
Razrogačio je oči, zakrvavio i počeo njima da koluta kao golim petama. Pije i samo čeka da ga neko nešto priupita, da ga pogleda nakrivo. Sve mu je prazno ako nema tuče.

— Šta si zinuo, kaže.
— Ne gledam tebe...
— A što, kaže Najdenko Jordankin, nisam ti valjda dizao rep, nisam ti virio ispod njega, kaže, pa se stidiš da me pogledaš. I već diže stolicu, ne gleda gde udara: hoće li razbiti glavu, slomiti ruku ili nogu, hoće li te okilaviti ili oko izvaditi, vilicu izvrnuti ili zube prosuti. Udara dok daješ znake života, baca čaše i flaše, pršti staklo i malter sa zidova.
— Hoću rakija da teče preda mnom, kaže Najdenko Jordankin, hoću poplavu od piva oko nogu. I ustaje, šeta između stolova, a pod njegovim nogama vrušti srča kao prazne kućice pužića. Ljudi se okreću, zveraju i beže iz mehane. Neki samo dođu do vrata i odmah beže natrag. Kao da su nešto zaboravili, kao da nisu ništa videli. Ali on ih vraća. Otvara im silom usta, kao da su metiljave ovce, i naliva ih rakijom. Oni krkljaju i kašlju. Nešto mumlaju, uglavnom ćute. Izbegavaju da ga uvrede, da ga naljute. Ali Najdenko Jordankin to ne razume.
— Pijte dupetom, ako ne možete ustima, kaže, i sipa im rakiju za vrat. Poliva ih i cepa se od smeha: pokazuje kutnjake, vidi mu se grkljan, pomera se kao višnja. I svi se povlače u stranu, tresu pantalone, cede mokre nogavice.
— Gde ti je harmonika, obraća se mehandžiji, deder donesi harmoniku. Ako sam je pocepao, već je trebalo da je zakrpiš. Pljuvačkom da je zalepiš, tuluskom da je začepiš. I da sviraš. Deder, razvuci je, kaže, neću da mi tu cvili, kao gaće da cepaš, kao da podriguješ. Ako nećeš — kaži, nabiću ti je na glavu. Kako se ono zoveš, Sidor, e, čuj Sidore, otvori uši, Sidore, i slušaj ovamo, hoću pesmu da mi zapevaš, Sidore, svirka bez pesme je kao Ciganin bez sunca, bez rešeta, daj malo sira ako ti je lep, ako je pod ovcom pravljen, ako je pravljen odmah posle muže, deder, zini, ne čekaj da ti ja otvaram usta, jer ako ti ih ja raščepim, tako će ti i ostati, je l' čuješ, jesi li čuo, nisam rekao tu, kako se ono zoveš, Sidore, ne tu, bre Sidore, što si stao kao ćaknut, neću pesme koje se pevaju za Prvi

maj, zapevaj nešto drugo, nešto o ljubavi, nešto o tucanju, to su prave pesme o radu, a ima li boljeg rada od toga, od tog povaljivanja na plećke, znaš li neku takvu pesmu, ako ne znaš idi u majčinu i kaži ocu da te dovrši i do sutra pesmu da naučiš, sa naučenom pesmom da se vratiš, je l' čuješ, jesi li me čuo, drugu zapevaj, drugu, opet sam ti zaboravio ime, hej, Sidore, makar neku zabranjenu, Sidore, da vidim da li će je neko zabraniti, ko će, bre, meni pesmu zabraniti, pri ovakvoj slobodi, zatvorićeš, ali ću ti i usta zatvoriti, ovako ušiti, deder, otpevaj još tu i „Smrt fašizmu..."

...Narod se skuplja ispred mehane i krsti se levom rukom, gurka laktovima.

— Je li sam?

— Najdenko Jordankin nikad ne ide sam i nikad ne napada sam. Čak i onda kad nema nikog, on nije sam. Bane iznebuha, kao gluvo kuče, kao slepi miš koji kruži oko kuće, oko glave. Najpre te uplaši senkom, svojom luckastom pojavom iz noći. Zatim licem, koje ne znaš šta skriva, šta smera. A pod kapom se ne vidi glava.

— Ako hoćeš da pokvariš svadbu, pozovi Najdenka Jordankina.

Nedeljno popodne. Svi svatovi, onako nalickani i zajapurenih obraza, poizlazili napolje. Igraju nevestinsko kolo. Svirači klekli na kolena. Znoj im kalja lice, kvasi im prste. Svekar plaća, akčije nude vino u zemljanim peharima. Svatovi igraju, prepliću noge, bauljaju. Neki izlaze i menjaju mesto u kolu. Svi su napolju. Samo Siljan Joševski, unutra, stalno nešto posluje oko trpeza: vuče i grebe tepsije, skuplja okrajke i komadiće presnaca. Glođe žile i hrskavice, izbacuje iz usta koščice. Žvalavi i podriguje i samo trpa u usta. Ne da im reč da izuste, nema vremena ni za dušak. Čuje goč i loče. Okružen ulojanjenim jelima i ustajalim salatama punim udavljenih muva, samo ždere i preživa.

Najdenko Jordankin podigao pehar vina i stalno vitla rukom, stalno izbacuje lakat prema kolu, prema igračima. Jedan ga igrač zakačinje, očeša se o njegov lakat i zatrese

mu ruku s peharom. I Najdenko Jordankin saspe sve vino na njega. Ne čeka da ga dvaput takne, da se očeše. Izvrće pehar i sve mu vino saspe odozgo: u potiljak, preko ramena, kroz revere, s kiticom raženog klasja i poljskog cveća. I poliva ga skroz-naskroz: do kolena, do peta. Da mu i u cipele uđe, da mu i njih napuni. Igrač namah staje i počinje da se napreže i skuplja, kao kišna glista.
— Izvini, kaže Najdenko Jordankin.
— Kako izvini, boga ti tvog, kaže igrač, ali čim vidi Najdenka Jordankina odmah menja ploču. Ništa, ništa, nisi hteo, kaže.
— Pa, eto, hteo sam, na primer, kaže Najdenko Jordankin, je l' 'oćeš da se tučeš?

Najdenka Jordankina čak i izvinjenje ljuti. I više svirači ne znaju šta da sviraju. Onog pokislog igrača brišu krpama natopljenim rakijom. Trljaju ga sredinom belog hleba, sredinom pogače. Potom ga posipaju sitnom solju. Kao, so vadi fleke, kao, pije vino sa odeće. Tako se priča među ljudima, među svatovima. Samo Siljan Joševski ništa ne čuje, ne vidi šta se događa. A i kako bi, kad su mu ruke i usta stalno zauzeti.
— Ma ćuti, kažu ljudi, dobro je da se sve na tome završilo. Kamo sreće da na tome ostane, kažu.

Ali Najdenku Jordankinu ne treba mnogo. Može očas i kokošinjac da isprazni. Da pokupi sve kokoške i još neizvedenim da im iščupa vrat. I tamo, pred vratima, samo glave, noge i iščupano perje da nađeš.

Ili ono sa noćnim zalivačicama. Zar ne plaši on i zalivačice kukuruza? Pojavi se odozgo, iz šipražja i, go golcijat, krene putem gde skreću brazde u njive. I sve brazde pokida, okrene ih na sasvim drugu stranu. Zalivačice se iščuđavaju: „Bože, kakvo to zverinje prolazi tuda?" I počnu da izviruju iz kukuruza, da pomaljaju glave. Vire iza strukova uz koje se penju vreže pasulja i duleka. I stoje, ni tamo ni ovamo. Neke se krste i tako plaše đavola, druge izdužuju vratove da što bolje, izbliza, vide. A Najdenko Jordankin skakuće po putu, trčkara od jedne brazde do druge i stalno odvraća vodu. I tako, skakućući na sve četiri, ponovo se sakrije u šipražje. Ili šmugne u kukuruz i nategne neku od zalivačica. Natera je da sedne golguza u vodu, u brazdu, a glavu joj osloni o neko ognjište. I zalivačica nada viku: uh, ah, oj, oh, joj itd., odnosno i tako dalje kako bi rekao Joakim Doksimov. Digne dreku kroz letnju noć, počne da grakće kao kokica pred lisicom. Potom utihne, sva se preda.

Ili ono, u vrućim seoskim noćima. Kad se ne spava po kućama, kad se spava na guvnima, pod tremovima, na čardacima. Tad Najdenko Jordankin krene da vreba, da njuši pospale devojke, da im zavrće haljine i gleda jedre i podrastavljene nožice. Počne da im zaviruje u crne kovrdže, u nedra. Ulovi svice i zalepi im ih ispod pupka. I počne da priča: „Kako su joj svetlucali oni vražji svici, kao oči crne mačke, kao žarulje u seoskom lugu." Poneka bi prommljala nešto ustima, poneka bi raširila nožice, a poneka samo skupila noge u kolenima. Čim svane, među butinama našla bi ceduljicu: „Ovde, gde ti stoji ceduljica, stajao sam i ja noćas." Potpis...

— Potpis nečitak, govorili su u stanici milicije.

Ili one noći kad je odvezao sve magarce iz zadružne štale i oterao ih pred seoski dom, usred sela. Kad je na svakom magarcu napisao po jedno ime. I to krečom, na boku: Damjan, Dejan, Joakim, Pejko, Dilba, Pauna... Na magarcima muška imena, na magaricama ženska imena. Svačije ime prema liku, prema sličnosti s magarcem, s magaricom. I prema hodu, prema ritanju, prema njakanju, prema boji očiju, prema ušima, prema dlaci...

Ujutro su brigadiri čitali imena i držali se za stomak: upišavali se od plača, cepali od smeha.

— Kako je samo potrefio toliko Damjana Mraveskog, govorili su, kao da će sad otvoriti sastanak, govorili su, a tek Joakima, čulo se, vidite kako žmuri Joakim Doksimov, čulo se, iste oči, iste noge, čulo se, samo mu olovka fali, govorili su, samo da su mu olovku stavili, samo ona fali Dejanu Šmajseru iza uha, govorili su, i da počne da upisuje dnevnice, govorili su, a tek Dilba Smrt, čulo se, gle kako se joguni, kako neće da se izmitari, čulo se, kako su se samo setili za Paunu Žar, govorili su, kako im je palo na um da je vežu uz Dejana Šmajsera, govorili su, da se njuše, da se ujedaju, da se ritaju, govorili su i stalno se kikotali, ka, ka, ka, ki, ki, ki, smejali su se brigadiri, a sunce je već izlazilo, nije moglo da ih sačeka da se sasvim isprazne, muve su počele da ujedaju magarce i oni počeše da njaču i da se ritaju pred okupljenim brigadama. Viktor Govedar se dugo mučio da izbriše imena, da četkom skine kreč sa njihovih bokova. Po zadatku, po direktivi.

Najdenko Jordankin je nameravao i svim ljudima da promeni žene. Na spavanju, dok spavaju, da ih ispremešta po kućama. Ovamo da stavi ženu onoga, onamo da stavi ženu ovoga. I tako, ujutro, svi da nađu tuđe žene u svojim posteljama, ganc nove žene pored sebe. Da se zna da je sve zajedničko, kolektivno. Ali za to, Najdenko Jordankin nije imao dovoljno vremena. Selo je bilo veliko, a letnja noć kratka. Kao što je uvek leti.

I ima još nešto o magarcima, o magarcu Najdenka Jordankina. Jednog popodneva, dok su se ovce mrkale, a kobile špartale po livadama, Najdenko Jordankin je nosio punu tepsiju pečenja. Išao je putem, a meso se još uvek pušilo, golicalo nozdrve, privlačilo kučiće. Para se dizala i znojila maramu i odozdo i odozgo. Odnekud je banula Dilba Smrt i zaustavila ga:

— Šta to nosiš, bre Najdenko, kazala je Dilba Smrt, kakav to misk dopire čak onamo?

— Ne znam da li da ti kažem ili da ti ne kažem, kazao je Najdenko Jordankin.

— A što da mi ne kažeš, kad te tako lepo pitam, rekla je Dilba Smrt. Kaži!

— Evo šta nosim, kazao je Najdenko Jordankin, pečeno meso nosim. Još se puši, kazao je i otkrio tepsiju.

— Pa kome to nosiš, rekla je Dilba Smrt.

— Zna se kome, kazao je Najdenko Jordankin. Nego, uzmi i ti malo, tek za ištah. Bem im krv, kazao je, zar samo oni imaju usta za ovo. Odaberi neko lepše parče, kazao je.

— Da nije malo nezgodno, vajkala se Dilba Smrt i, sa dva prsta, otkinula jedan komadić. Dunula je u njega, zagrizla, a niz bradu joj je potekao mrs. Kakva je ovo milina, rekla je, od čega je ovaj puter, upitala je.
— Pogodi, rekao je Najdenko Jordankin.
— Ne bih rekla da je od jagnjeta, ne, neće biti od jagnjeta, rekla je Dilba Smrt.
— Ne, nije od jagnjeta, kazao je Najdenko Jordankin.
— Neće biti ni od jareta, rekla je Dilba Smrt, gde biste sad našli jare! Da nije od nekog okasnelog teleta?
— Nije, kazao je Najdenko Jordankin. Nije ni od teleta, a nije ni od praseta.
— Da nije od neke divljači, upitala je Dilba Smrt, muljajući meso ustima i jezikom; bilo joj je žao da ga proguta. A kad ga proguta, osmeh joj ozari i oči i lice.
— Uzmi, uzmi još, nudio je Najdenko Jordankin, možda ćeš pogoditi.
— Neka, vala, dosta je, vajkala se Dilba Smrt i opet posegla rukom i opet uzela i drugi komad mesa. Baš divno što sam te srela, rekla je, ovako nešto do danas nisam jela.

Najdenko Jordankin je stajao sa tepsijom oslonjenom o trbuh i stalno se cerekao, likovao:
— Što se smeješ, rekla je Dilba Smrt.
— Zato što ne možeš da pogodiš, kazao je Najdenko Jordankin.
— Da nije od zeca ili srne, rekla je Dilba Smrt, nekako mi na to miriše, rekla je i neprestano žvakala, prosto se topila od neke miline. Guša joj se stalno micala, povezača stalno poskakivala.
— E, sad, hajd' u zdravlje, kazao je Najdenko Jordankin, ja moram da idem. Bojim se da će se ohladiti, kazao je.
— A što ne kažeš od čega je, rekla je Dilba Smrt. Očiju ti, kaži!
— Od zadružnog puleta, kazao je Najdenko Jordankin, od one mlade magarice.

I Dilbi Smrt usta su se sama otvorila. Sva je pobledela i svaki čas se naginjala nad brazdom na putu, da se isprazni. Sva joj se utroba prevrnula, htela je i creva da povrati. Iz usta su joj ispadali čitavi komadići mesa. Ona je povraćala, a oko nje se sjatilo čitavo jato kokošaka. Komadale su meso, kljucale se, čerupale, otimale.

Najdenko Jordankin se udaljavao i kidao od smeha, prosto posrtao.

A meso — meso je zaista bilo od zadružnog puleta. Od one mlade magarice koju je jednom, krišom, opasao sa zadružnim magarcima. Kad je to video, Viktor Govedar je umah zanemeo, stao kao ukopan. Potom, pošto se malo pribrao, rekao je:

— Na duši da ga imaš! Gde si nju našao, rekao je, na duši da je imaš, pocepaće je, pokidaće joj creva, rekao je, na duši da je imaš, pa ona je mala, rekao je, na duši da je imaš...

— Daj mi krštenicu da je mala, rekao je Najdenko Jordankin, deder pokaži mi izvod iz matične knjige rođenih magaraca...

I Viktor Govedar nije znao šta više da kaže. Podvio je rep i uhvatio put. To mu dođe kao da bez ljute paprike ne možeš da ozdraviš i kvit! Sve drugo je na duši Najdenka Jordankina koji je zaklao pule. Na duši da ga ima, kao što je rekao Viktor Govedar. Da li je time hteo da nadmudri đavola koji vlada njim? Ili ga je, možda, zaista rodila mečka?!

Inače, zašto bi pobacao lubenice onog jadnog bostandžije? A čovek bio došao čak iz Pelagonije, iz pizde materine, bogzna odakle. Lubenice su se kotrljale, a Najdenko Jordankin vikao:

— Drž'te lubenice, pobegoše bostandžiji, jao, koliko ga mrze, vikao je, sigurno ga mrze jer hoće da ih proda, vidite kako mu beže, vikao je, ne može ničim da ih stigne, vikao je, a došao je da ih proda, za pasulj i jaja da ih proda, vikao je, evo, ovo će prodati, vikao je i kotrljao lubenice.

Lubenice poskakuju, preskakuju se po nizbrdici; srce

im otpada, njihova crvena boja se razliva, šećer otopljen na suncu curi, pršti crno i žuto semenje, kao pčele i ose iz udarenog saća, polutke se razdvajaju i kreću, jedne jednom, druge drugom stranom puta. Deca se smeju, prasići jure za razbacanim korama, kokoške kljucaju sočno meso i drhte, a muve preplavljuju lubenice i put. Bostandžija trči donekle, ali vidi da nema ni šta da juri, ni šta da stigne, zaustavlja se, i u krv mu se oblače i oči i lice, kao da u njima navire crveni odblesak raskomadanih lubenica i preplavljuje njegove tužne oči, namrgođeno lice. Ljudi božji, šta je ovo, mislio je, gde sam došao, gde sam zapao, hteo je da kaže, kako nisam slomio nogu što je prva koraknula kad sam pošao, rekao je, pa ovo nigde nema, vikao je, ali nije imao kome, jer je i Najdenko Jordankin već bio otišao.

Najdenko Jordankin je već bio otperjao u polje i radnim brigadama prosipao mučenicu, mešao slogove, parcele. I svaki živi stvor sklanjao se od njega. Čak su ga i kučići zaobilazili. Ko je, uostalom, stavio iglu u hleb lovačkom psu Koruna Bikovskog? Zna se i ne zna se. Pas nije znao da kaže. I crkao je u najvećim mukama. Crkavao je danima. I skičao je, šćućuren na kućnom pragu. I nemoj reći da je to bilo skičanje, već plač deteta. A Bikovski nisu imali dece. I plakali su Korunovica i Korun Bikovski i pojili ga slatkom vodom, mlekom, raznim travama. On ih je gledao u oči i pružao noge, stavljao im šape u krilo. Činilo se da će svakog časa progovoriti, da mu treba samo još mali napor da progovori. Da kaže gde ga boli, šta ga boli i ko ga je tako surovo kaznio. Zar, kuče da ne može da oliže svoju ranu? E, da vidiš, i ne može. I ne ume da napravi još taj napor pa da još jače odjekne njegova rana. A rana mu je bila u dušniku, u želucu. Nešto ga je stezalo, kao kost zastala u grlu. I kašljao je, kašljao, ne mogavši ništa da iskašlje.

Korun Bikovski, jednom, onako pripit — a pripit je bio skoro uvek — hteo je da mu gurne ruku u usta, u grlo. Da mu izvadi iglu, ako je igla, da izvuče ono što ga boli, da ga oslobodi mučnog disanja. Ali Korunovica ga je zaklela da to ne čini.

Ponekad bi se odvukao gore, kroz voćnjak, i kopao zemlju oko voćaka. Kopao je od velike muke, od bola koji je osećao. Tako je i crkao. Našli su ga podno Nemačkog vira, ispruženog pored reke. Glava mu je bila spala u plićak, zaostao posle povlačenja reke. Sa ugaslim očima, kao pale zvezde. Možda je, pre smrti, hteo da se ogleda u vodi. Da vidi svoju sliku.
— Kakva nesreća!
— Sve je nesreća! Nesreća je i kad Ciga ne ide u školu.

Neko je sliku Najdenka Jordankina video i u listu „Bezbednost". Bio je fotografisan sa tri strane: i spreda, i zdesna, i s leđa. Ko zna zbog čega? Baš onakav kakav jest. S upavićenom kosom po sredini glave. Kao petlova kresta. Nadnosila mu se nad obrvama i u gustim čupercima, preko temena, padala na vrat.

— Da ne uči samo za tučnjavu, za klanje, pitali su se ljudi o Najdenku Jordankinu, da ne pohađa neku takvu, nikakvu školu, govorili su.

— Ima i takvih škola u svetu, rekao je Korun Bikovski, čuo sam da u Americi...

— Nemoj da mi je pominješ, kazao je Joakim Doksimov, Amerika nema ništa. Umro je kapitalizam, kazao je.

— Daj bože, rekao je Korun Bikovski, valjda će i nama nešto udeliti za dušu. Kad ga budu sahranjivali, rekao je.

— Da te više nisam čuo o toj truloj kapitalističkoj zemlji, kazao je Joakim Doksimov, pa ona jedva stoji na nogama, razumeš...

— Hteo sam nešto drugo da kažem o Americi, rekao je Korun Bikovski, a ona, ako hoće, može i da puzi. Ja je neću čekati da mi sipa rakiju, rekao je.

Najdenko Jordankin je rakiju sipao i prosipao o svim letnjim seoskim blagdanima, punim duboke pražnične prašine. I uskovitlanih muva, sa ubrljanim trbusima u gostinjskim jelima.

Ulazi gde bilo, kod koga bilo. Najdenko Jordankin. Loče rakiju i pravi ršum. Poseže svud i pred svakim i svim

gostima otima jelo.
— Vala taj tanjir je moj...
— Da je tvoj, bio bi pred tobom, kaže Najdenko Jordankin i povadi meso, oglođe kosti.
— Pa uzeo si ga ispred mene...
— Znači zaista je tvoj, kaže Najdenko Jordankin.
— Moj, nego čiji?!
— Onda, evo ti ga, kaže Najdenko Jordankin i prospe mu jelo na glavu. Digne tanjir i lupi njim čoveka po glavi, po temenu. Žene počnu da vrište, domaćin se snebiva, gosti ostaju sa kašikama u ustima. Jelo se cedi i steže, zgrušava se na novoj odeći.

Onda se Najdenko Jordankin laća i jagnjeće glave. Uzme je ispred domaćina i polomi je: izvadi mozak, iščupa jezik, obraze, raščereči vilice: prospu se leblebije, kao krejine oči.

Potom otrči u centar sela, pokida kolo, probuši bubanj, skrene u voćnjake podno sela, presreće usamljene devojčice i saleće ih kao orao piliće; štipa ih, drpa, prosto čerupa.

Jednom, tako, sve su devojčice pobegle, jednu je stigao. Istrgao joj je povezaču, a ona poče da plače, da kumi i moli, nemoj, bre, Najdenko, znaš da si mi bratanac, kaže, znaš da smo rod rođeni, Najdenko, bliski rod, zato ti stojim tako blizu, kaže Najdenko Jordankin, gde postoji rod kad nema boga, kaže Najdenko Jordankin, zašto ti sise beže u stranu, kao posvađane, pa ti si sasvim lud, kaže mu devojčica i ujeda ga za ruke, grebe ga po licu, saginje se, otima od njega kao munja od oblaka, zaudaraš na znoj, smrdi ti ispod pazuha, kaže Najdenko Jordankin, gledajući kako mu beži, kako diže prašinu, kako odmiče...

Ili onda kad je malo dalje zatekao momka i devojčicu, dok su pokušavali da se približe, da se zavole. Ostavi devojčicu, kaže Najdenko Jordankin, i hvataj maglu, sve petom u dupe, kaže i počinje da juri, da pudi postiđenog momka, a devojčica, prestravljena, drhti kao prut, ma čekaj, protivi se momak, stani, šta je sad ovo; ovo sad je parola snađi se, parola snađi se je ovo, kaže Najdenko Jordankin, diktatura proletarijata, kaže, i nemoj da me teraš da ti razbijem nos, kaže, ili hoćeš možda da je pred tobom zaskočim; pozvaću miliciju, bolje da pozoveš majku i sestru, jer ovo mi je malo za danas, devojčica ti je žgoljava i malo mi je za danas, kaže Najdenko Jordankin i vadi nož, mlatara sečivom, šišti kao zmija, i mladić beži, i devojčica beži, i sve živo beži, sve što se našlo na putu, sve što se nalickalo, sve što se upicanilo za blagdan beži, i viče, bežite, Najdenko Jordankin je sasvim poludeo, krv mu je uzavrela, zla krv mu je proključala, poludeo je, viču, i beži i muško i žensko, sve se u selu zatvara, i celo se selo zatvara zajedno s gostima po kućama, ali eto odnekud Kirila Stojničkog, ko zna koja ga je sreća ovamo nanela, i presreće ga, zaustavlja Najdenka Jordankina, ali Najdenko Jordankin neće da stane, nego brekće i nasrće: upravo sam tebe tražio, frajeru jedan, kaže, došao si mi kao naručen, kaže, da sam te zvao ne bi mi tako lepo naišao, kaže i kreće pravo na Kirila Stojničkog, šiba ga pogledom, vreba ga nožem, a Kiril Stojnički čeka i čudi se zašto mu to govori, nikad ga ranije nije popreko pogledao, nikad ga nije sreo, a da mu je nešto loše rekao, da ga povredio; ako me tražiš, evo me, našao si me, kaže Kiril Stojnički i udara ga nogom po ruci, izbacuje mu nož iz ruke, nož odskače iz ruke. Potom ga je ščepao i podigao iznad glave. I počeo da ga okreće, kao čigru da ga okreće. I nije znao šta da mu uradi. Najdenku Jordankinu.

Kiril Stojnički nije znao, a nikada i nije saznao da je Najdenko Jordankin još slao pozdrave Vratiki Čavkarovskoj. Jednom ju je na silu čak i poljubio. Ali je Vratiku Čavkarovsku uplašila njegova velika blizina, a možda se uplašila muškog daha, možda su dah natopljen duvanom i kiseli znoj uplašili Vratiku Čavkarovsku, čim mu je onako lako pobegla iz ruku.

— Deder, tresni ga o zemlju, vikali su ljudi, zastali na vratima, šta čekaš, što se toliko misliš, vikali su.

— Mislim na koje brdo da ga bacim, rekao je Kiril Stojnički, mislim se na koje bunjište da ga izbacim.

— I?

— Šta i?
— Šta mu je uradio?
— Postideo ga je pred čitavim svetom i predao ga narodnoj miliciji. Umesto da ga ubije, odabrao ga je za svoju smrt.

VELIKI KAŠALJ. BOLEST VRATIKE ČAVKAROVSKE

Čujem neko dozivanje iz trave: kao da neko jauče, kao da traži pomoć. Krenem tamo, bauljam kroz travu, privirujem. Ali dozivanja više nema. Samo mi je pokazalo mesto, odredilo daljinu i nestalo. Ništa više nema, samo se trava lagano miče: jedna naduvena zmija s mukom se provlači između vlati, dokrajčuje plen.

Nagazio sam zmiji glavu, rasporio joj nožićem trbuh. I iznutra je izišla jedna živa žaba, iznenađena ponovnim susretom sa svetlošću. Kao da je isplivala iz najdubljeg kutka mraka. Bila je uplašena jer treba ponovo da se privikava da gleda ili možda uplašena od mene: njenog spasioca.

I žaba je samo trepnula krastavim očima i, poskakujući ponad trave, vratila se u reku.

Zmija se najlakše pogađa puškom. Treba samo da uperiš cev. Samo da povučeš oroz, da opališ. Zmija će sama prizvati metak. Sama će ga namamiti. Sama će ga privući pravo u svoju glavu. Ali ako je ubiješ pred veče, na zalasku sunca, može da ti se izjalovi krava, ili ovca, ili kobila, ili da ti pobaci žena. A može da ti se razboli i neko iz kuće...

Niko ne zna od čega se razbolela Vratika Čavkarovska. A pucala je od zdravlja, čak preko mere. Razbolela se iznebuha, ni od čega. Spopade je neki čudan kašalj, sruši je, prosto uguši. I veza za postelju, kao bogalja. Glava joj klonu, telo onemoća. I znoj, o bože, neki čudan znoj, poče da kulja iz nje, kao da izvire. Zapljusnu je neki lahor i utuli joj sjaj u očima.

Najpre je počela slabije da jede. Jela je manje od pileta. Njena majka nije znala šta da skuva, šta da joj prinese, kako da joj ugodi. Ponudi joj pasulj, ona neće pasulj. Prinese joj kašiku ustima, pusta usta ništa neće, sama se zatvore. Vraća kašiku praznu, a usta, opet, prazna ostaju. Sve što prinese, nazad vraća.

— Pasulj, pa pasulj, gde ga samo nalaziš, kaže Vratika Čavkarovska. Samo što ne počne da klija u stomaku.

— A šta bi ti, čedo moje, kaži majci, kaže Blagorodna Čavkarovska.

— Hoću macalicu, kaže Vratika Čavkarovska, hoću barene paprike. Sa sirćetom. Tucane s prazilukom i lukom, kaže.

— Juče nisi htela macalicu, kaže Blagorodna Čavkarovska, juče si htela pasulj.

— Juče sam htela, kaže Vratika Čavkarovska, danas ne mogu očima da ga vidim.

— Dobro, de, dobro, obariću ti, kaže Blagorodna Čavkarovska, samo da vidim da se nije vatra pogasila.

I Blagorodna Čavkarovska otkinu pregršt paprike sa niske obešene pod tremom i obari ih. Poskida drške, povadi seme i istuca ih u avanu. S prazilukom, lukom i sirćetom. I ponovo postavi sto.

Vratika odlomi komadić hleba, mulja ga prstima i dugo drži na ivici tanjira. Hoće da ga umoči, neće da ga umoči. Nikako da se polakomi, da brkne u tanjir. Prinosi ga ustima, ali kao da tuđim ustima prinosi. Žvaće bezvoljno, sve joj nekako otužno. Jedva guta. Čalabrcne tako, uzme dva-tri zalogaja i skloni tanjir, odgura ga čak onamo.

— Gde si ih samo našla, kaže Vratika Čavkarovska, gde si ih našla tako ljute — otrov.

— Otkud znam kakve su, kaže Blagorodna Čavkarovska, nisam bila u njima.

— Nešto mi se ne jede, kaže Vratika Čavkarovska, a nešto bih jela. Nešto što nisam jela, kaže.

— Šta je s tobom, Vratiko, kaže Blagorodna Čavkarovska, šta da spremim kad si sve probala.

— Ne jede mi se, kaže Vratika Čavkarovska, zašto da mučim hleb kad mi se ne jede. I mnogo je ljuto, kaže, oprljila sam jezik.
— Pa od čega živiš, kćeri, kaže Blagorodna Čavkarovska, da te nije neko urekao, da nisi sugreb nagazila? Što si mi ljuta, kaže.
— Nisam ljuta, kaže Vratika Čavkarovska, ne jede mi se. Najpre mi se jede, a onda izgubim svaku volju. Neće mi duša, kaže.
— Šta ja, jadna, da radim s tobom, kaže Blagorodna Čavkarovska, kako si se baš sada posvađala s jelom? Kad nailazi najveći posao, kaže.
— Ne interesuje me tvoj posao, kaže Vratika Čavkarovska, za tvoj posao uopšte me ne tangira. Tako da znaš, kaže.
— Moj posao je i tvoj posao, kaže Blagorodna Čavkarovska, nema ko drugi da nam zaradi dnevnice. Znaš da su ti sestrice male, kaže.
— Mogla si da ih rodiš pre mene, kaže Vratika Čavkarovska, mogla si pre mene da ih izređaš.
Najpre je počela da vrda sa posla. Vratika Čavkarovska. Počela je da zabušava, da kilavi...
— Zašto, bre, čedo, tako radiš?
— Tako znam, kaže Vratika Čavkarovska.
— Ne radiš ti to zato što ne znaš, govore joj, nego što te mrzi da radiš bolje.
— I mrzi me, kaže Vratika Čavkarovska, samo me mrzi i samo mi se spava. Kapci mi se sami sklapaju, kaže. Ne znam odakle me skolila ova lenjost, kaže, ne znam kako me je ščepala. Ponekad mi se čini da noge nisu moje, kaže, da su mi noge ispod kolena oduzete. Oduzete su mi i noge i ruke, kaže.

I spava, dremucka s nekim budnim snom. Povlači je san, ali je ne odvaja sasvim od jave, od svesti. Čuje blizinu, zna šta se događa oko nje. I sve to meša sa onim što joj se prikazuje u snu:

Dodaje, uzima i gleda u Kirila Stojničkog, pilji u njegove uzane pantalone, u bele patike na nogama, i njegova bela otvorena majica i nemirni mišići na golim rukama, na prsima, liče joj na jastučiće za igle, za čiode, i gleda u čuperak koji se izdvaja od razdeljka i strmo, strmo pada na obrve, skoro mu ulazi u oči i ona proteže ruku, napreže se, hoće da mu skloni kosu sa očiju, ali ne može da dosegne; on stoji po strani i priča joj o bolesti, da se pojavila žuta bolest, koja suši ljude, grize ih, tajno, iznutra, kao što crv nagriza drvo, kao moljac — novu odeću; Vratika Čavkarovska kaže da je jednom u reku bacila pet slepih kučića, koze su odneli u kasapnicu, kaže, ludake su odveli u ludnicu, kaže, ali bolesne nema gde i bolesne nema kako, kaže; neki su počeli krv da pljuju, kaže Kiril Stojnički; keruša je išla za mnom, kaže Vratika Čavkarovska, a zatim je išla pored reke, kaže, i lajala, zavijala, plakala; treba da se odvoje zdravi od bolesnih, kaže Kiril Stojnički, treba da se jede med i mleko; treba, kaže Vratika Čavkarovska, keruši je curilo mleko iz sisa, kao da se cveće krunilo sa njenih grudi, sa trbuha, kaže; bolesni treba da jedu iz posebnih tanjira, kaže Kiril Stojnički, i u posebne sobe da leže: evo, ja ležim, kaže Vratika Čavkarovska, a keruša možda još uvek traži svoje kučiće, kaže, sise joj se pune, a nema kome da dâ svoje mleko; danas sam dobio pismo od majke, kaže Kiril Stojnički, majka još traži svoje kučiće, kaže Vratika Čavkarovska; sad ću najpre kupiti bicikl, kaže Kiril Stojnički, voziću te na biciklu, tako da znaš, kaže, a možda ću i tebe naučiti da voziš, kaže, pa zašto sama da ne voziš bicikl, dzr, dzr; nemoj da me teraš da učim, kaže Vratika Čavkarovska, sad mi se spava, ne znaš kako mi se mnogo spava, kaže, nemoj neko da dođe da me probudi, nemoj nekoga da pustiš ovde, posle ću kupiti jedan veliki časovnik, kaže Kiril Stojnički, i neće više petlovi da nas bude, sve ćemo petlove poklati, kaže; neću niko sada da me budi, kaže Vratika Čavkarovska; bliži se dan kad će čovek savladati čitavu prirodu, kaže Kiril Stojnički, zemlju će orati mašine, kaže, mašine će raditi za nas, kaže, za sve što nam treba, za sve što nam je potrebno, kaže, i mašina neće tražiti ni seno, ni slamu, kaže, ona nije kao konj i vo, kaže, uvek gladni, sa vazda otvorenim ustima; usta su nam ostavljena, kaže Vratika Čavkarovska, da govorimo svoje muke, oči su nam ostavljene da njih gledamo, kaže i otvara oči, gleda u Kirila Stojničkog: on se vraća u svoj raniji izgled, dobija svoje pravo obličje.

— Ti si zaista tu, kaže Vratika Čavkarovska, kad si došao, kako te nisam videla? Otkada stojiš tu, kaže.

— Ne znam, kaže Kiril Stojnički, nisam merio vreme. A nemam ni časovnik, kaže.

— Mislila sam da sanjam, kaže Vratika Čavkarovska, mislila sam da ti u snu govorim.

— Danas nisi došla na probu, kaže Kiril Stojnički, nisam te danas video.

— Nisam mogla, kaže Vratika Čavkarovska, nešto sam jako iznemogla.

— Je l' ti toliko teško, kaže Kiril Stojnički.

— Malo, kaže Vratika Čavkarovska, samo malo, kao da mi neko gazi po duši. Kao bos da hoda, kaže.

— Zbog vremena, kaže Kiril Stojnički, sve je zbog ovog uskomešanog vremena. Menjaju se godišnja doba. Uskoro će Prvi maj, a i smotre su blizu.

— Možda ću do tada ozdraviti, kaže Vratika Čavkarovska, možda će do tada proći. Ali nešto me trese, kaže i sva se stresa u postelji. Čitavim telom poskakuje, sva drhti. Od toga i Kirila Stojničkog spopada jeza. Oseća da im se duše negde dotiču. U nekoj nepoznatoj zavetrini. Pribijaju se u toj zavetrini i osluškuju srca, ne znajući koje je u koga. On osluškuje njeno srce, ona — njegovo. Na smenu. I isprekidano, kao da su se penjali po uzbrdici. Uzbrdica im preseca dah i oni zaboravljaju dokle treba da se popnu. Disanje ih plaši. Izvesno vreme ćute. Posmatraju se i ćute. Tišina im se čini kao jedan okončan razgovor. A u tom dugom ćutanju uplića im se neka mrska tišina, neka bolesna mirnoća. A svuda su zajedno: i kad spremaju usta novu reč da poteraju, napolje da je najure. I samo jedno na drugo misle. Jedno drugo pominju. To se lako dâ pročitati: jabučice im poskakuju, lica im podrhtavaju, kao zamreškana voda.

Vratika Čavkarovska kašljuca, zavlači se pod jorgan i kaže:

— Šta je to, šta to cvrči ispod strehe?
— Lastavice, stigle su lastavice, kaže Kiril Stojnički.
— Možda su i trešnje procvale, kaže Vratika Čavkarovska, možda su počeli i kiseljak da beru!
— Jeste, procvale su, kaže Kiril Stojnički, i trešnje divljake su procvale. Napolju je prava cvetna poplava, kaže.
— Kažem joj ja da iziđe, da se malo zabavi, kaže njena majka Blagorodna Čavkarovska, a ona leži kao kvočka na jajima. A čim ležiš tako na bolesti, nešto se mora izleći, kaže.
— Gde da iziđem, gde da se zabavim, kaže Vratika Čavkarovska, kad me svud žmarci podilaze?
— Iziđi negde, pođi do neke drugarice, kaže Blagorodna Čavkarovska, nek te uhvati malo sunce.
— Nemam više drugarica, kaže Vratika Čavkarovska, bolest mi je oterala sve drugarice, kaže.
— Ja ću ići, kaže Kiril Stojnički, imam još jedan čas da održim deci. A uveče opet imamo probu hora, kaže.
— Zbogom, kaže Vratika Čavkarovska.
— Zbogom, kaže Blagorodna Čavkarovska, i dođi nam opet. Kad nađeš malo vremena, kaže.
— Doći ću, kaže Kiril Stojnički, svakako ću doći, Do viđenja, kaže.
Kad je došao Đurđevdan, neke smetene devojke, okačile su ljuljaške i pevaju: Leljo, Đurđo le! Joakim Doksimov ih juri, hoće da im poseče užad, da im poskida ljuljaške.
— Samo da se malo poljuljamo, kažu devojke, samo da otpevamo neku pesmu.
— Pevajte „Budi se istok i zapad".
— Budi se istok i zapad, leljo, Đurđo le...
— Pevajte o Staljinu, kaže Joakim Doksimov.
— Sa grane na granu, bez ikakve muke, Staljinu u ruke, leljo, Đurđo le.
— Da nisam čuo pobožne pesme, kaže Joakim Doksimov. Budite svesne ili ću vam odbiti po jednu dnevnicu, kaže.

— Svesne smo, kažu devojke i pevaju. Budi se istok i zapad. Iz usta im sunce sija; oblačići se pomeraju, preganjaju, reka stišava žubor i huk, sa voćaka opadaju cvetovi. Opadaju zajedno s pčelama. I cvetovi zuje li zuje! Vratika Čavkarovska je po ceo dan u kući. Iziđe malo pred kuću, bude malčice na suncu i opet se vrati unutra. Najčešće se vraća pošto se zakašlje, prekidajući naizmenično i vid i disanje. U stvari: vraća se da je ne vide kako potamni i pobeli, kako postaje manja i lakša. Već primećuje da joj se glatka i zategnuta koža opušta. Oseća kako joj se otkida sa jabučica, sa vilica i kako se gužva u njenim rukama. Naročito kad se umiva, kad izjutra pere lice. „Jedi, nevoljo, da vidim dokle ćeš", misli u sebi Vratika Čavkarovska i vazda čačka lice, ispituje grudi. I odmah se vraća, odmah se sklanja. Da je ne vidi svet, da je ne ogovara, da se ne sprda s njom. Nek je čuje, ali da je ne vidi.

Ponekad pošalje Gajtu i Srmenu ponad sela. Natera ih da joj donesu raženo klasje i onda po ceo dan čupa iglice, kida i govori: umreću, neću umreti, umreću, neću umreti. Čim se približi vrhu, strašno se uplaši kraja. Ne zna kako će na kraju ispasti. Onda krene obrnuto: neću umreti, umreću, neću umreti, umreću i tad se ponovo zakašlje Vratika Čavkarovska. Kao da joj je u dušnik upala os. A kad joj kašalj stane, već ne zna gde se zaustavila, gde je stala. Da li na „umreću" ili na „neću umreti". I počne sve iz početka. Ali strah je već odasvud vreba. Njena neizvesnost postaje veća u mislima nego u rečima.

Tako, oslonjena o naćve ili o prozor, počne da se trese i kašlje. Kašlje i zeva. Potom zažmuri. Ponekad je probudi doboš Siljana Joševskog. I po dobovanju zna da je vreme ručka ili užine. Danju kašlje i dremucka, noću sna uopšte nema. Njena majka sedi pored nje i stalno priča: „Danas smo plevili rasad, juče smo okopali papriku, sva je zarasla u travu, u korov; nemam vremena da napravim leje u bašti, da sredim okućnicu: jednu ću zasaditi paprikom, jednu prazilukom i lukom, dve-tri kupusom, a s kraja ću metnuti metle, bosiljak i zelenkade..." Onda počne da joj priča ko ju je zaustavio na putu, koga je srela u Vučjoj jami, zatim ode da namesti postelju Gajti i Srmeni. A Vratika Čavkarovska ostane sama, s noćnom tamom u sobi. Čuje lavež pasa, mukanje goveda, pevanje brigadira. I čuje ko šta govori na putu podno kuće; žubor jaza sav se sjati u njenu sobu.

Postoji jedna uzbrdica ispred kuće, gde se odvajaju put i vetar prema Kundrovcima i prema Suklevcima. I tu ljudi uvek guraju kola. Pomažu stoci. I stalno gunđaju, galame, svađaju se: uhvati tu, za lojtre, hajde, đi! Guraj, ako guraš, što se vučeš za kolima. Tebi kažem, a ne tebi. Ti vodi konja, nemoj da buljiš u mene, ne treba mi kandilo. Čuješ? Gledaj u mene dok ti govorim! Pa ti si rekao da ne gledam u tebe. Rekao sam, ali dok ja gledam u tebe i ti moraš u mene. Hajde đi, vuci te pojeli. Đi, bem ti kopito. Gde si našao sad da pišaš, da se prazniš!

Čuje to Vratika Čavkarovska i misli u sebi: dokle dopire glas, koliko mu vremena treba, gde se zadržava najviše. Da li loša reč zauzima više mesta i duže se zadržava u pamćenju? Zašto je tako, ako je tako, misli, a potom razmišlja o nečem drugom: gde je mogla tako mnogo da se prehladi, da joj prehlada siđe čak do srca. Da li onda kad je gacala bosa po izlivenom pesku i mulju, kad je skupljala ribe u torbu. A možda nije od toga. Možda prehladu nosi još od ranije. Kad su tražili oca, Bogoja Čavkarovskog. I kad je upala u onaj snežni nanos. Bila je pasja zima, puna snežnih nanosa. Pronašli su je drvoseče koji su se spuštali tuda saonicama natovarenim drvima pod snegom. Spustili su je u selo na jednima od tih saonica. Vezali su je odozgo, za drva. Ali, zar je moguće da se prehlada tek sada javlja?

— Da ti nije prehlada ušla u glavu, čuje iza kuće Koruna Bikovskog, zašto nisi bacila nešto kokoškama. Da nešto kljucnu, da se zavaraju, kaže.

— Šta će im, kad ne nose, kaže Korunovica, izmelezila im se nešto vrsta.

— Nije do vrste, kaže Korun Bikovski, nego su stare. Što ti sada ne sneseš, kaže.

— Kad ti nisam snela dok sam bila mlada, kaže Korunovica Bikovska, neću ni sada. Umreću, kaže, ti ćeš me živu sahraniti.
— E, vala, nećeš, kaže Korun Bikovski, jer kad te Arhanđel vidi, uplašiće se. Uplašiće se i pobeći, kaže, pobeći će bez duše. Bez tvoje duše, kaže.
— Nek bude kako ti kažeš, kaže Korunovica Bikovska, šta ja znam...
— Nemoj da melješ, kaže Korun Bikovski, sačekaj najpre da ja umrem.
— Dobro, de, kaže Korunovica Bikovska, neću da ti kvarim. Ako ja umrem, šta ćeš bez mene, kaže.
— Dovešću drugu, kaže Korun Bikovski, dok tebe iznose, druge će kucati na vrata. Guraće se, grepšće, kaže, kumiće da im otvorim.
— Otresi slamu sa kape, kaže Korunovica Bikovska, šta piše u novinama?
— Ne znam, kaže Korun Bikovski, uzeo sam ih za duvan. Da uvijam cigarete, kaže.

Vratika čuje namćor-reči Korunovice i Koruna Bikovskog i stalno se okreće u postelji. Njihove reči dotiču u njenu nesanicu, kao ponovljeni dan, kao ponovljeno disanje. I obnavljaju i njeno sećanje.
— Ko je pobedio na smotrama, pita Vratika Čavkarovska, zaboravila sam da te pitam o smotrama.
— Nismo otišli, kaže Kiril Stojnički, nisu nas pustili da odemo. Zbog bolesti, kaže, čitavo selo je zbog bolesti zatvoreno. Ni čovek da uđe, ni čovek da iziđe, kaže. Čak i drvoseče, pošto posekoše šumu, oteraše iz sela, kaže. Ostaviše nas da sami čekamo skakavce, kaže.
— Možda zbog moje bolesti, kaže Vratika Čavkarovska, možda sam ja kriva što vas nisu pustili. Ali ako umrem, kaže, dođi ponekad na grob. Ako, hoćeš, kaže, ako imaš vremena. Uvek kad nađeš malo vremena, kaže, dođi. Da ne ležim sama, kaže, samo sa miševima i mravima.
— Gde te boli, pita Kiril Stojnički, gde osećaš bol?
— Tu, ovako, kaže Vratika Čavkarovska, kao da me nešto preseca. Kao da mi neko sipa so na ranu, kaže.

— Nauka napreduje, kaže Kiril Stojnički, očas će oterati bolest.
— Ali napreduje i bolest, kaže Vratika Čavkarovska, ja ležim a ona radi, napreduje. Ščepala me je i ne popusta, kaže, samo steže, samo grize iznutra. Bar neću zauzeti mnogo mesta, kaže.
— Nemoj tako, kaže Kiril Stojnički, nemoj o tome da govoriš.
— Kad budeš prolazio iznad mene, kaže Vratika Čavkarovska, lupi malo nogom o grob. Javi se da te čujem, kaže, da znam da si došao.

Kiril Stojnički bi hteo da joj kaže da grob ne govori ništa o čoveku koji leži u njemu, nego samo sećanje na njega. Ali ništa joj ne kaže. Samo je posmatra, kao pognuto, oprljeno žito. Neka vlaga, nekakav sitan znoj izbija joj ispod guše, ispod trepavica, oko usana. Kosa joj pokriva polovinu lica, čuperci joj padaju na grudi, iza ramena. ,,Ko zna kakve bolove ima, misli u sebi Kiril Stojnički, ko zna dokle dosežu?" Htela bi da govori, ali oseća da bunca, da zamuckuje. U njenim očima naslućuje nešto što je video nad mrtvajom, kao oblak koji se razvlači, ali ne nestaje. Nešto iz vremena dok su se njegova usta punila njenim usnama. Setio se opalih šumskih jagoda, već načetih od insekata. I čuo je: pusti me malo da predahnem, čuo je. Srce će mi kroz usta iskočiti, čuo je, ne daješ mi usta da otvorim, čuo je. Srce će mi zbog tebe iskočiti, čuo je.

I video je sebe kako se smeje i kako mu osmeh otkriva zube.

Ali, sada, ona govori nešto sasvim drugo.
— Crv grize, kaže Vratika Čavkarovska, crv već nagriza moje kosti, moje grede, kaže. Samo grize i svu me razjeda, kaže. I pokazuje na grudi koje su mu nekad bežale iz ruku. Kao da drži živu vodu.

Blagorodna Čavkarovska poziva napolje Kirila Stojničkog i još na vratima mu kaže:
— Šta je ovo da nema leka ovoj prokletoj bolesti? Zar niko ne zna da će nam omladina poumirati? Nema nedelje da nekog ne iznesu.

— Vratika neće umreti, kaže Kiril Stojnički, daću joj od svojih godina i neću dozvoliti da umre.
— Mnogo su zakasnili s lekovima, kaže Blagorodna Čavkarovska, da li im nešto nedostaje ili ne umeju da ih naprave.
— Neće dugo, kaže Kiril Stojnički. Još samo nedelju-dve, ili još koji dan, kaže. A možda već stižu, kaže.
— Nekada je neki čovek, kaže Blagorodna Čavkarovska, pronašao lek protiv svih bolesti. Smrt nije mogla da priđe čoveku. Ali video je bog, naljutio se, kaže, jer je bog izmislio sve bolesti i samo on zna lek protiv njih; nemoj s bogom, kaže Kiril Stojnički, sada svi ljudi znaju više od boga; a ti nemoj da govoriš kao moj muž, Bogoja, kaže Blagorodna Čavkarovska, i on nije priznavao ni boga, ni gospodu, ali, eto, upravo taj bog mu je izbrisao trag, kaže, ko zna gde ga je odvejao, gde ga je smuvao, kaže, ja samo nosim ime njegovo, kao što je žena nosila lešinu svoga muža, jer je bog čoveku gurnuo lek iz ruke, kaže, dok ga još nije popio, kaže, prosuo mu je lek i nije mu dao da ga ispije i da se spase smrti, kaže, i žena ga je vukla na leđima, ni živog ni mrtvog, kaže, vukla ga je na leđima, kožu i kost, kaže, ne bi li ojačao, ne bi li kašiku blage vode, rukovet žive trave držao, ne bi li tako prohodao, kaže, ali ona se samo mučila, nije mogla da se odvoji od njega, kaže, nije znala kako da ga preda smrti; smrt ćemo svezati, kaže Kiril Stojnički; i prošao je neki čovek, a možda je to upravo bio bog, i, položi ga samo na zemlju, rekao je čovek, zemlja će ga sama uzeti, smrt će ga sama prigrliti, rekao je.

— Smrt ćemo svezati, ponavlja Kiril Stojnički, sad se spremamo za skakavce. Čim uništimo skakavce, vezaćemo i smrt, kaže.

— Nekad je smrt bila vezana, kaže Blagorodna Čavkarovska, i ljudi su imali dugu starost, živeli su i po trista i više godina, kaže, i počeli su da mole da umru, ali smrt, budući vezana, kaže, nije mogla da im pomogne, da ih usmrti, a ljudi nisu znali kako da se izbave od tužnog života, kaže, i počeli su sami da traže smrt: stavljali su glave na panj za cepanje drva, probadali su trbuhe, sekli grkljane, kaže, vezivali su kamenje oko vrata i skakali u najdublje vrtloge, kaže, ali voda nije htela da ih utopi, kaže, spuštali su se glavačke u bunare, kaže, ležali su ispod točkova kola, kaže, a točkovi bi im prešli kao magla, kao povetarac, kao da nije ništa prošlo, kaže, zatim su išli u šumu da ih pojedu zveri, kaže, ali medvedi i kurjaci su bežali od njih, kaže, stavljali su i zmije u gola nedra, kaže, a zmije bi odmah zaspale, kaže, zbog prestarele ljudske toplote, kaže, bacali su se i u furune, u krečane, kaže, palili su i kuće da izgore, kaže, ali kuće bi izgorele, a oni ostali, kaže, nikako nisu mogli da umru, kaže, i sve dok nisu odvezali smrt, kaže, ljudi su se samo mučili, kaže, a možda se smrt sama odvezala, kaže, možda je sama pokidala lanac, uže, kaže, da pokupi velike i zakasnele dugove, kaže, i posle je smrt imala jako mnogo posla...

— Priče, kaže Kiril Stojnički, priče za decu lošeg vladanja.

Iz Zadružnog doma čuje se pesma o skakavcima: „Ko u tebe uđe, živ nema da iziđe, Makedonijo, ti ga stavljaš u grob." I izvikuju se nove parole:

— Izbrišimo razliku između sela i grada!
— Nemamo toliku gumu, kaže Korun Bikovski.
— Kažeš?
— Kažem!
— Nemoj više to da ponoviš, jer će to ponoviti, kaže Joakim Doksimov. Mi moramo da stignemo grad, a tebe će ponoviti, Korune!
— Da nas bog sačuva, kaže Korunovica, da nas bog čuva i brani.

Vratika Čavkarovska boluje i sluša. Sluša danju, sluša noću, sluša i kad niko ne sluša. A kad kučići zapnu da laju, kad čuje i glasove ljudi, Vratika Čavkarovska sva pretrne: „Bože, da se nije vratio Najdenko Jordankin? Da ne zavrće suknje ženama i devojkama dok spavaju po guvnima i na čardacima? Sigurno je to, misli Vratika Čavkarovska, mora da je to, ako se vratio Najdenko Jordankin." Ili počne da se preslišava. Razaznaje tuđe glasove koji dopiru do nje, koji ne mogu da je zaobiđu. U stvari: oni možda i mogu da je zaobiđu, ali ona ne može od njih da pobegne. Jedino joj se gube onda kad počne onaj dugi i promukli kašalj, što je grebe kao kakva mačka. Samo tada ništa ne čuje. Ostaje joj vreme samo da se pomoli bogu ili prirodi, da se prekinu, da se razmrse niti i užad koji se zapliću u njenim grudima. Jednom, tako, da se sve otkine zajedno s kašljem, s disanjem, sa slušanjem. Da uradi kr, kr, i da sve stane. Da se slomi kao mašina vejalica, kao krunjača za kukuruz. Da se zaglavi neki klip, neki čvor od niti, od užadi, koji joj se kidaju i neprestano mrse u grudima. Kao čirevi, kao žlezde, grumuljice. I tako, tom lomljavom, tim kidanjem, da stane sve. ,,Ali zar sam toliko stara, pomislila bi potom, zar sam toliko ostarela da tražim da prestane ova patnja? Zar sam i ja napunila trista godina kao starice koje su tražile smrt, mislila je, zašto samo stari i bespomoćni čeznu za smrću", mislila je Vratika Čavkarovska i od te pomisli bi se uplašila, počela bi da se okreće po postelji. Utrnula bi joj neka noga, ruka, obrva. Ili bi je minula neka daleka jeza, spopali bi je žmarci. Kao kad bi čula sovu, na krovu kuće.

Da li je ovo ovako od juče, od danas, ili oduvek? Ništa joj ne ulazi u glavu. Mesečina ulazi u sobu žućkastobela, kao ono jare koje joj ponekad dođe u snu. Približi se mesečina krevetu i hoće da uđe u postelju Vratike Čavkarovske. Da se uvuče pod njen jorgan, kao pile pod krilo kvočke. Ali drugačije je vidi kad je budna, drukčije je zamišlja kad spava. U sjaju mesečine ima neki odblesak i sa njene žute boje. To joj daje nadu da boluju od iste bolesti.

Ponekad vetar pojača svoje disanje u drveću. Kao da se neko s nekim ispraća. Čas u jedno drvo, čas u drugo, čas u sve drveće. Prede, raspreda nosem, kao kad se mačka popne na prozor i gleda u nju. Spava i prede. Ali čim se Vratika Čavkarovska probudi, probudi se i mačka. Skokne s prozora i dođe do njene postelje. Počne da je miluje repom, da je gurka glavom, da se umiljava, da joj se udvara. I ponovo počne da pilji u nju i da prede nosem.

I sve to predenje ona ponovo čuje negde u grudima. Da li se tamo zaustavlja, ili odande potiče? Da se nije probudio Kiril Stojnički, da ne juri oko sela, da ne rovari zemlju, ruši brda, prazni silu?

Duge, preduge su noći Vratiki Čavkarovskoj. Iako su u ovo doba godine noći kratke, da kraće ne mogu biti. Ali Vratiki Čavkarovskoj možda se noći pretaču u dan, možda se spajaju s osvitom. Kao da noć ne prolazi, kao da ne teče. Kao u onim godinama kad su nestrpljivo očekivali Uskrs.

Koliko je samo dugo i teško svanjivalo onda kad je trebalo da se omaste. Nakon šest nedelja posta i stalnog ponavljanja praznih jela. Pa pranje glava u kopanji, zumbanje goveđih opanaka, oblačenje tek raspakovanih i hladnjikavih odevnih predmeta. Pa odlazak u crkvu, pričest, paljenje sveća što su im kapale po prstima. Tada je i njen otac, Bogoja Čavkarovski, verovao u boga. I niko nije smeo da takne, da se omasti pre nego se on prekrsti. Kasnije je Bogoja Čavkarovski rekao da to nije bilo ništa: samo mlaćenje prazne slame. Vetar i magla.

Tako prolazi vreme Vratiki Čavkarovskoj. Kao u tim uskršnjim noćima. Da je zdrava, sa ovolikim nespavanjem, mogla bi za čitavo selo da isplete čarape, da izatka ćilime, da izveze košulje. Oko lampe bi kružili razni leptirići, prljili bi krilašca, a ona bi prela, tkala, plela... Plamičak bi zatreperio, ona bi ostavila posao, odložila bi ga malo u stranu i pogledala lampu koja trne. Tako bi čitave noći radila i nagađala. O svojoj udaji. A o kojoj udaji, za koga? Jednom je Kiril Stojnički bio veoma jasan:

— Toliko sam zaljubljen u tebe, rekao je, da mi ljubav ne dozvoljava da vidim šta ima iza tebe.

Iza mene je guzica, htela je da mu kaže Vratika Čavkarovska, ali mu tako nije rekla. Rekla je:

— Ne verujem. Kad bi golom guzicom seo na vatru, opet ti ne bih verovala, rekla mu je.

A verovala mu je. Verovala mu je više no što je mislila da treba. Ipak: svaki se život samo životu poverava i veruje mu. Kao onda kad su jeli šljive petrovke i jabuke, kad su im se usta skupljala i trnula od oporosti. Kamo sreće da može toliko da veruje nadi, da će naći leka, da će ozdraviti. A noći su prolazile i dani su svanjivali, ali nepoverenje u njima svakim danom je sve više raslo. A možda se plašila samo dana. Možda se plašila dnevne svetlosti koja je pokazuje samo onako kako ne želi da bude viđena. A ne želi ni da izlazi, jer ne voli da gleda tuberane, poređane na suncu, kao crepulje što se suše. Mrzi njihovo dugo sedenje, njihovo dugo kašljucanje i pljuvanje ispred sebe. Sunce se nadnosi nad njih, a njegova svetlost vazda pretražuje njihovu crvenu pljuvačku. I stalno se preganja, stalno se koška s kokoškama koje se provlače kroz naherene i satrule plotove, kao pljusnute pomije. „Dabogda ih orao ščepao, dabogda ih odneo i raščerupao. Te kokoške i te ljude koji razglabaju o životu i smrti."

— Znaš li koliko si vremena živ i hoćeš li to znati i posle smrti?!

— Hoću.

— Znači smrt ne postoji, već samo promena mesta i promena vremena.

— A zašto su uništili koze?

— Što manje koza, više šuma, kozo jedna!

— Ja ne brstim lišće, meni treba mleko i meso.

Potom su pili vodu. Svako iz svoje testijice, što su ih držali među kolenima. I voda im se videla kroz kožu, videla im se i spolja. Kao da su im prolazile bose noge krtica, kao da su im milele kroz grlo.

Da ode nekud, ne ide se Vratiki Čavkarovskoj. Ne želi da i svoju bolest vodi u šetnju. Jednom je rekla:

— Ovim mojim nogama kao da neko drugi hoda, kao da drugi gazi. Toliko sam iscrpljena da jedva stojim na njima, rekla je.

Čim čuje crkvena zvona, pozove Srmenu i Gajtu. Upita ih:

— Ko je umro danas, za kim zvona zvone?

Majku nikad nije pitala, jer ona uvek ima spreman odgovor:

— Za kim? Ni za kim! Sutra je blagdan!
A Vratika Čavkarovska je znala da za blagdan ne zvone tako zvona. A znala je i to da je za crkvene praznike zvonjava zabranjena.

Smena i Gajta bi joj rekle ko je umro i tad bi se Vratika Čavkarovska zatvorila u kuću. Nije htela da pogleda čak ni kroz prozor. Da li iz straha da ne vidi Siljana Joševskog? Jer je Siljan Joševski podno svake kuće osluškivao bolesne i jedva očekivao da kažu: „Umro je, spasao se!" Znao je da će na sahrani biti jela do mile volje. Za pokoj duše. Da će biti jela, da se preždere. I zato vazda motri, vazda osluškuje gde će biti nove smrti. Motrio je on i na kuću Vratike Čavkarovske. Motrio je čak sa brda. Jednom ga je i Vratika videla, dok je sedeo na dobošu ispred Zadružnog doma i stalno buljio u njen prozor. Oči im se skoro sudarile. A možda se krila u kući zbog nečeg drugog. Možda se tad sećala šarene Kosarine haljine, koju su obesili na jedan šipkov grm iza groblja. Bilo je to krajem zime i jedino je taj grm imao cvetiće u čitavom polju. U stvari, cvetići su bili sa cicane haljine dobijene iz „Undre". Tad je Viktor Govedar upitao:

— Gde se, majku mu, nalazi ta „Undra", gde se nalazi ta tako bogata država?

Ta šarena Kosarina haljina, kasnije je, na kiši, istrulela. Ali njeni cvetići su se pojavili i na trešnjama, i na jabukama, u svim livadama i livadicama.

Leži tako Vratika Čavkarovska i premeće svoje mlade godine. A možda se samo preslišava? Sve joj je u sećanjima znano, samo je budućnost kopka. Ona joj je potpuno neizvesna. I čas zaspi, čas se probudi. Probudi je ono mučno zakašljavanje koje joj dolazi, čak odozdo: iz prstiju na nogama, ispod samih noktiju. „Nisam kriva što krivim, rekla je jednom, posekla sam nokat na palcu. Udarila sam u jedan izbočeni kamen i nokat se sav rascvetao." To se dogodilo kad je cela njena brigada bila u zaostatku s normom, kad se predugo zadržala u polju. A zatim je trčala, trčala je kao pomahnitala po mraku da ne zakasni na seoski korzo oko Zadružnog doma.

U jednom takvom trku, opet je spopade kašalj. Pokupio je sve što ima u njoj i pogurao odozdo, ka ustima. Ali pošto nije mogla sve odjednom da izbaci, počela je da se davi, da se guši. U njenom grlu nastao je pravi krkljanac. I ona je stalno kašljala, počela je da plavi oko zatvorenih i suznih očiju. Okretala je glavu i trzala se, kao kad se pas brani od muva. Čas ovamo, čas onamo. Nadala se da će tako stvoriti prostor za iskašljavanje. Ali čim bi prestao jedan, spopao bi je drugi kašalj. Prosto su se nizali. I ona je otvarala usta, jedva stizala do vazduha, jedva ga uvlačila, mučila se s njim. Kao riba izbačena iz vode, iz reke. „Da li je ovo novi početak jednog prebrođenog kraja?" Sva se ježila i — kav, kav, kav — kašljala, a u grudima joj se sve kidalo. Osećala je da joj se nešto uzduž cepa, da joj se kida u grudima, a ona je bila nemoćna da to cepanje, to kidanje, zaustavi.

Njena majka, Blagorodna Čavkarovska, je otvarala vrata i govorila:

— Vratiko, srce, pokidala si svoje srce. A i moje ćeš uskoro. Tužno li je i mučno to slušanje, govorila je. Tako ćeš i moje srce iskašljati, ispljunuti. Sutra ću ti skuvati čorbu od kopriva, govorila je, možda će ti malo pomoći, rekla je.

A Vratika Čavkarovska kašlje, prosto se zacenjuje. I nakon mnogo naprezanja, nakon mnogo napora, uspeva nekako da se iskašlje; usta joj se ispune pihtijastom pljuvačkom. I ona jedva uspeva da privuče lavor koji joj uvek stoji pored uzglavlja. Hoće što pre da ispljune, boji se da se ne uguši.

Potom posmatra pljuvačku, pomešanu sa sukrvicom. I dolazi joj da krikne, da izleti kroz prozor. Da udari u nešto, da nekog pretuče, da ode. Upravo to poželi. Ali obuzeta lakoćom koja je obuzme posle iskašljavanja, ne čini skoro ništa. Ne može ni da krikne, ni da poleti, ni da nekog istuče.

Svali se ponovo na jastuk i počne da bulji u plafon. Oči su joj zakrvavljene i preplavljene suzama. Od kašlja. Umiri disanje, smiri uzdrhtalo telo i posmatra muve što jure nad njom. Otkačinju se sa plafona i zidova, padaju donekle i ponovo poleću gore. Dakle, ponovo svanjiva, ponovo se razdanjuje. A možda je i odavno svanulo.

Gleda u prozor, ali u njemu nema ni tračka sunca. Kroz njega sunce nikad i ne ulazi. ,,Moje je sunce prisojno sunce, misli u sebi, i sve je u meni prisojno." U stvari, vidi nekakvu svetlost, ali ne zna je li ona od sunca ili od meseca. I šušti joj, kao čovek koji šišti u govoru. ,,Koje je doba, bože, koje se godišnje doba zaputilo prema mojoj postelji?" Potom joj opet hladnjikav znoj oblije lice, vrat, nedra, čitavo telo. ,,Zaista svanjiva, misli, sva rosa iz polja pada na mene." Ne zna šta da napravi, šta da pokvari. Ne zna koliko je tog trena sićušna i krhka pred večnošću, mada je još uvek deo tog jedinstva.

Svoje disanje usklađuje sa žuborom jaza podno puta, podno kuće. Jaz teče, odlazi nekud. Vazda otiče i vazda je tu. ,,Ja sam budna, misli u sebi, a neki možda još uvek spavaju. Da li još spava i Kiril Stojnički?", misli. Iako onemoćala i malaksala, ona još uvek želi da mu bude u snu. I da tamo nema nikog drugog. U njegovom snu. Ili se samo seća njegovih reči:

— Mislio sam, rekao je Kiril Stojnički, da ćeš ozdraviti dok ja spavam i sanjam. Koliko smo udaljeni, mislio sam, i koliko smo zajedno, rekao joj je. Ili, ako spavaš na drugom mestu, mislio sam, da li ti je i san na drugom mestu, rekao joj je. U drugom vremenu i među drugim ljudima, rekao joj je. I da li će te ti drugi ljudi, mislio sam, pustiti i u moj san? I ako se ne nađemo u snu, mislio sam, da li ćemo se naći na javi, budni? Da li se nećemo mimoići, mislio sam, rekao je Kiril Stojnički Vratiki Čavkarovskoj, i stegao joj je pljuvačku u grlu. I pustio joj je suze, niz obraze, dole. Izbrazdao joj je lice tugom i suzama.

Već čuje da je dan. I možda je već odavno svanulo čim se muve odlepljuju sa zidova, svojim žućkastim trbusima, svojim dlakastim nogama, pojačavajući naglo i svoje zujanje. "Gde bih mogla da ih vidim, da nema svetla, da mi niko ne svetli?"

Hoće da se nagne kroz prozor i da posmatra šta se

događa na putu, ko prolazi podno kuće. Gde jaz i put idu uporedo, dole prema polju. Čuje kako ćumurdžije napajaju konje. Konji brboću nosevima, duvaju vodu koja im je ostala u nozdrvama. Ili vodu koja im se vraća kroz nos. I ona čuje njihovo šmrkanje, njihove gutljaje. I čuje kako glasno zevaju pospane ćumurdžije. Potom kako uzjahuju konje i udaljavaju se. Topot kopita kao da prolazi iznad njene postelje. Topot kopita se udaljava, a lupanje srca postaje joj sve bliže. I njeno srce postaje sve glasnije i glasnije. Isto kao i jaz podno kuće, što nastavlja svoje ravnomerno žuborenje, koje je ponekad uspavljuje. Kao da čuje rominjanje kiše ili ključanje ibrika što podiže poklopčić.

Čuje i galamu ljudi koji dolaze da peku rakiju. Lupaju kotlovima: čiste kazane, skreću vodu ka kazanicama. Sve seoske kazanice skupljene su podno njene kuće. Između jaza i Zadružnog doma. Pod istim krovom. Samo vodenice nisu mogli da smeste pod isti krov. Čuje nerazgovetni govor, jer je pomešan s lupnjavom kotlova kojima presipaju kominu od lanjskog grožđa. Oseća i miris, sjedinjava se sa smradom njenih okrvavljenih ispljuvaka.

Znojenje koje je često obuzima, zahvata joj duge trepavice, obara joj očne kapke. I ona ih teško zatvara, ali još teže otvara. A htela bi da posmatra svet, neizmerno čezne za svetom koji se budi, koji odlazi na posao, koji radi.

Pogled joj luta među zidovima sobe. Već joj je dojadilo da stalno posmatra naćve, lopare, slanike, kašikarnik i bućku u kojoj su nekad bućkali kozje mleko. I onu očevu sliku, sliku Bogoja Čavkarovskog, prekrivenu muvoserinama. I onaj vojnički ranac u kome je njena majka držala suvo rajsko cveće, flašu rakije za male boginje i ljutu vodu za sapun. I misli da je sva soba vlažna od njenog znoja, od njene jutarnje rose.

Iz prisoja riču goveda i odjekuju čaktari, ispred Zadružnog doma žagore seoske brigade.

— Mati moja, zašto ni jedna moja drugarica neće više da dođe — htela bi da upita majku — ali zna njen odgovor: „Neće zbog bolesti, Vratiko, svi se boje ove bolesti."

— Onda pozovi Kirila Stojničkog, kazala bi Vratika Čavkarovska, došlo je vreme za rastanak, kazala bi.

— Dobro, de, dobro, rekla bi Blagorodna Čavkarovska, otići ću posle po koprive.

I odmah bi pozvala Kirila Stojničkog. Došao bi još neumiven, neobrijan. I Vratika Čavkarovska bi piljila u njega i plakala. Ništa mu ne govori; samo razmiče kapke, širi zenice i plače. Steže trepavice i otkida suze. A htela bi nešto da mu kaže, da ga zamoli: „Ostani, budi još malo tu, da te se nagledam." Htela bi čitavo njegovo lice da preslika, da ga zapamti i da ga ponese sa sobom na onaj svet. Najviše bi htela da mu kaže da će ga zaista ostaviti. „Lepo si mi jednom rekao da ću te ostaviti, mislila je da mu kaže, i zaista ću te ja ostaviti, a ne ti. Zaista će biti tako."

Na guvnu kukuriču petli i kokodaču kokoške, otimajući crve koje otpretavaju iz zemlje. Kucnu se kljunovima i nastave da čeprkaju, zamahujući nogama unazad. Sunce blešti, prosipa se ponad sela, a pre svega ponad Zadružnog doma. On ima i najveći hlad u selu. Ispred te senke počinje dan, tom senkom počinje noć. Jedino tu ne počinju časovi Kirilu Stojničkom. Škola je podno sela, uz samo seosko groblje.

Iz sobe Vratike Čavkarovske su već sklonili naćve. A zajedno s naćvama i hleb i lopare i slanike i kašikarnik. Sklonili su i asuru, što je, uvijena u trubu, uvek stajala uspravljena iza vrata. Oslonjena o zid, zajedno s metlom i sofrom. Sklonili su i bućku u kojoj više nisu imali šta da bućkaju. Sklonili su skoro sve. Da ništa nema dodir s njenim dahom, s njenom bolesnom dušom. I mirisom. Ona je znala zašto to čine, bila je svesna toga, ali se pravila nevešta: nije htela nikog da prekori, nije htela nikom da zameri. „Takvo je vreme, mislila je, jedni plaču, drugi marširaju. A i kad nije bilo takvo, mislila je. Za neke sreća uvek radi, za neke uvek spava."

Ponekad joj se činilo da su se sve devojke iz sela skupile ispred njene kuće, zajedno sa Siljanom Joševskim. I sve čekaju da se kaže, da se čuje: „Umrla je Vratika, otišla je i Vratika na onaj svet." I da im ostane, da joj preuzmu Kirila Stojničkog. Zna da ima mnogo devojaka, ali „devojke su još samo u ušima", kao što joj je govorila njena majka, Blagorodna Čavkarovska. I sve bi htele učene momke na državnim jaslama. I zato su ostajale usedelice bez sedla. Možda zato i neće da ispusti iz uma Kirila Stojničkog. Hoće uvek da zna šta radi: da li se brije, da li se umiva, da li tera služitelja da zvoni ili proziva decu. „Da li i mene proziva u svojim mislima, pita se. Ali, da me proziva, da misli na mene Kiril Stojnički, govori sebi, sigurno bi mi goreli obrazi ili bi mi sviralo neko uho, igralo bi mi oko ili bi mi domileo neki pauk."

Po Vratiki Čavkarovskoj su milele muve. Dan je bio dobro odmakao i neka svetlost, odbijena od brda, prelamala se i padala u njenu osenčenu sobu. Padala je i stvarala neke nejasne senke: bez korena, bez poruba, prozirne i tanke.

Blagorodna Čavkarovska je otvorila vrata i, pomaljajući glavu, rekla:

— Šta radiš, mamino, kazala je, je l' ti prošao malo kašalj?

— Jeste, rekla je Vratika Čavkarovska, jedan je prošao, drugi se sprema da dođe. Već podiže krila, već lepeće, kazala je. Samo što nije stigao.

— Malo sam okasnila, rekla je Blagorodna Čavkarovska, otišla sam do Žežen-hrasta. Tamo ima mlađih kopriva, rekla je. Pozdravio te je Kiril Stojnički...

— A zašto neće da dođe, upitala je Vratika Čavkarovska, dugo ga nema da dođe. Da se nije nešto naljutio, ili se boji bolesti, kazala je.

— Nemoj tako, rekla je Blagorodna Čavkarovska. Pa jutros je bio ovde. Kad si stigla da zaboraviš, rekla je.

Vratika Čavkarovska već je bila zaboravila na jutro, ili je mislila da je taj tren odavno prošao, da se previše udaljio, da ga se ne bi sećala. Ponekad joj se razdanjivanje dana koji provodi nedeljama, mesecima udaljavalo.

Da li zato što je dane mešala s neizvesnošću svoje bolesti? I sa svojim snovima u kojima je bilo i nepoznatih dana? Ko zna. Ko zna i koji ju je dan u nedelji sasvim oborio u postelju. Je li to bio ponedeljak, sreda ili petak? Nedelja sigurno nije. Nedelja je praznik i tog dana ne rade čak ni bolesti. Ali od tada svi su joj dani prolazili kao preletanje lastavica povrh njene kuće. Ili joj se samo tako činilo? Jer svaki dan, dok se smrkavao ili svanjivao, zaticao ju je na jednom te istom mestu. Ali koji deo dana: kada i kako? Samo ponekad bi se setila nečega. Pevanja petlova ili povlačenja kokošaka iza kuće. Tad bi one krkljale debelim loptastim gušama ispod kljunova. Činilo se da će i one početi da kašlju zajedno s njom. S Vratikom Čavkarovskom. Kokoške bi dugo krkljale i čeprkale, a kao da su čeprkale po duši Vratiki Čavkarovskoj. I noktima i kljunovima. To ju je veoma uznemiravalo i ona se osećala kao poraženi čovek pored kojeg niko ne prolazi. Pa čak ni vreme. Kao da ni jedan dan nije bio s njom. I s učiteljem Kirilom Stojničkim, koji ju je gledao kao uskršnje jaje. Čak je i trudodane zarađivao za nju.

— I samo me je pozdravio, ništa ti drugo nije rekao, upitala je Vratika Čavkarovska.

— Rekao je da će opet doći, rekla joj je majka, Blagorodna Čavkarovska.

— Hoće li zaista doći, kad će doći, obradovala se Vratika Čavkarovska. Nemoj da me lažeš, rekla je.

— Tebe mi, tako je rekao, rekla je Blagorodna Čavkarovska. „Opet ću doći", kazao je.

— Onda me brzo umij, rekla je Vratika Čavkarovska, i očešljaj me, šta čekaš! I odnesi lavor sa pljuvačkom, provetri sobu, da ne smrdi na grobnicu! Ali šta će zateći, šta će videti, rekla je, gomilu kostiju u pohabanoj koži. Bolje da ne dođe, rekla je.

— Nemoj kćeri, nemoj tako da govoriš, rekla je Blagorodna Čavkarovska, pa Kiril Stojnički je toliko dobar da bi ti i svoje oči dao. S njegovim očima, rekla je, s njegovim suzama da se isplačeš. Kad ne bi imala svoje, rekla je.

— E, mati, mati, rekla je Vratika Čavkarovska. Mene suze neće podići iz postelje. Nego, idi traži lek, rekla je, ako možeš da ga nađeš negde. Neka ga traži i Kiril Stojnički, rekla je, jer mi njegove suze ne trebaju, neće mi pomoći. Čitav svet da plače, čitave reke da poteku, rekla je, neće me dići iz postelje. Tako da znaš, rekla je.

— Hoću dušo, hoću, mamino, rekla je majka, Blagorodna Čavkarovska. Tražiću ja, tražiće i Kiril Stojnički, poslaću celo selo da ga traži.

— Zar je celo selo bolesno, rekla je Vratika Čavkarovska, zar nema zdravih ljudi u selu?

POBEGULJA. VRATIKA ČAVKAROVSKA PREPRIČAVA SAN

Da ti pričam ili da ti ne pričam? Kao da je bilo veče, kao da smo večerale. Srmena i Gajta navalile: jede nam se, jede nam se. Ja im dajem hleb i sveže paprike. Ti me udaraš po ruci i kažeš:

— Nemoj još od malena da ih privikavaš na čorbu. Potom one polegaše, a večerasmo samo nas dve. Lampa čkilji, čas utrne, čas popusti. A napolju, ispred Zadružnog doma, pevaju napredne revolucionarne pesme. Čuli ljudi da su skakavci ponovo nagrnuli: nema šta, doći će, gotovo je s nama. I taman da sklonim jelo sa stola, ulazi Najdenko Jordankin. Pravo u kuću, na večeru.

— Vidite, kaže Najdenko Jordankin, vidite da vas ne mrzim. Čim sam vas zatekao pri večeri, da znate da vas ne mrzim, kaže i tetura se. Vidi se da je čovek pijan, ako je uopšte čovek Najdenko Jordankin.

— Pa šta smo ti učinile da nas mrziš, kažeš ti Najdenku Jordankinom, kuća je otvorena. Kao za sve druge, kažeš mu, vrdaš. A meni se spava, glava mi sama pada. Zar je opet zbog zla došao Najdenko Jordankin, pitam se u sebi, zar će opet praviti čuda po selu, pitam se, i stalno zevam. Zevnem ja, zevneš ti, a bogme zevne i Najdenko Jordankin.

— Izvoli, sedni, kažeš ti Najdenku Jordankinom, šta te je dovelo u ovo doba, Najdenko?

— Dovela me Vratika, kaže Najdenko Jordankin, i reči mu zastaju u grlu. Uzeću je za ženu, kaže. Sav se ljulja, ali ne prestaje da govori.

— Zar tako, pobegulja, kažeš mu ti. Biće dana za to. Sačekajmo bar da svane, kažeš mu.
— Ne, kaže Najdenko Jordankin, sad ili nikad. Meni je već vreme za to, kaže, a i majka je sama. Nema kome da kaže, nema ko da je posluša, kaže i glava mu pada, oslanja se o grudi. I vazda žmuri, vazda grize usne. A ja i ti sami: nema ni ko da nam pomogne, ni ko da nas sačeka.

I tad me gura u vatru. Znam koliko volim Najdenka Jordankina, ali znam i koliko ga mrzim. Meni srce kipti za Kirilom Stojničkim. Samo ne znam da li i on to oseća i hoće li održati reč koju mi je rekao, koju mi je dao. Danas je ovde, sutra — ko zna gde. Premestiće ga u neko drugo selo i dok trepneš — gotovo je: sve će zaboraviti. A ja treba da žurim za njim. A i da hoće da se vrati, hoće li moći da se vrati?

Tako razmišljam i ne dajem se. Ti me daješ, ja ne pristajem. Vučeš me u drugu sobu, pričaš mi, savetuješ me „Šta će ti faliti", kažeš i nabrajaš mi sve devojke iz sela koje su zakasnile sa udajom. Sve su birale momke koji će ići sa tašnom u ruci i tako, birajući, nakupiše mnoge godine, prošlo im je vreme. A momaka je bilo sve manje, ko zna gde su sve lutali i nisu se vraćali. Ostadoše samo okasnele devojke, usedelice, kojima su se već i zubi klatili, kao voda. Nestalo je rumenilo sa njihovih obraza, ugasila se svetlost u njihovim očima. I vrzmale su se, tako, zaboravljene, i zaobiđene od svakog muškog pogleda.

Sad, šta da radim, šta da radimo? Nisam ni za tamo, ni za ovamo. Bojim se da neće samo da me obeščasti i da mi pokaže vrata za nazad. Možda je nešto čuo o Kirilu Stojničkom, možda se neko izleteo pa mu rekao o Kirilu Stojničkom. I sad hoće da me iskoristi, da me postidi. A govore mi, savetuju me neke vernije drugarice: „Vratiko, budi obazriva, Vratiko. Nešto je načuo, nešto je saznao Najdenko Jordankin", govore mi. A ja ne znam ni šta krije, ni šta smera, ni šta će od svega ispasti. Kod njega se nikad ništa ne zna. A ti samo navaljuješ...

151

— Što da ne, kažeš, zašto da se odričeš sreće, ako ti je on sreća. Zašto da bežiš od svoje sreće, kažeš.

Najdenko Jordankin me hvata za ruku, prosto da je smrvi.

— Pizda ti materina, kaže Najdenko Jordankin, zar treba još da čekam? Prispavalo mi se od čekanja, kaže.

— Idi, ispavaj se, kažem mu ja, i dođi sutra, po danu.

— Ispavaću se, kaže Najdenko Jordankin, ali na tebi, kaže.

— Idi, čedo, idi Vratiko, kažeš mi ti opet, ponavljaš, nemoj da se inatiš sa svojom srećom.

I Najdenko Jordankin poče da me drpa, da me vuče. I celim me putem drži za ruku. Izvlači me iz kuće, odvodi me u svoju sobu. U sobi nema ni slike, ni plakara, ni stolice; ni gde da sedneš, ni na šta da se osloniš. Sve je prazno. Ne znaš gde da staneš. Samo krevet, sav razbucan, sav razbacan.

Legla sam u krevet, a on je seo malo dalje, onako, na zemlju. I poče da koluta užagrenim očima, poče da pilji u mene. I samo guta knedle, stiska usne. Malo, malo, pa mu poskoči jabučica. Čas gore, čas dole. I stane na svoje mesto.

— Hajde, Najdenko, legni, kažem. Hajde da legnemo, kažem mu.

On me posmatra i ponovo mu se pomera jabučica. Nije onaj što samo gunđa, što ne može usta da zatvori, da zaustavi. I tako, satima, samo me posmatra i ništa ne govori. Ne znam ni šta misli, ni šta za njega uopšte predstavljam. Kao da sam niko i ništa.

Jednog trenutka poče da štuca i da podriguje. I tada, tek tada je ponovo otvorio usta.

— Gde ideš, kaže, gde se to pentraš?

— Nigde ne idem, kažem ja, tu sam, gde si me ostavio, kažem.

— Nisi tu, kaže on, što se praviš na ćoše. Nisam te ja ostavio tu, kaže.

„Šta je ovo, mislim u sebi, šta se dogodilo s čovekom." Traži me gore, traži dole, traži svud gde me nema. Da mu se možda ne okreće soba, da mu se ne prevrće?! I sve vidi naopako, sve mu beži, sve mu izmiče. Kao da beži na onu stranu, kao da mu se tamo priviđa.

Dovlači se nekako do kreveta. Dogega se i leže. Leže i ponovo ustaje. Nešto mu nije po meri, nigde ga mesto ne drži. Upinje se, mrljavi. Badava. Pokriva lice šakama i počinje da prosipa, da izliva svoju dušu. Da riče i rastače svoju dušu, kao da odmotava potku sa motovila. Jedno mu se klupko otkotrljalo čak onamo, na pod.

Ja ne znam šta da radim, da li da se umešam, da li da mu kažem nešto. Stojim nad njim i mislim koga da pozovem. „Da mi nije pisano, mislim u sebi, da mi nije pisano da se udam za mrtvog momka."

Njegova majka, Jordanka, odškrinu malo vrata i dodade mi metlu i vatralj s pepelom. Dodaje mi i ponovo zatvara vrata. Ja prospem pepeo na pod, počnem da metem gomilicu, klupko što se odvojilo od Najdenka Jordankina. Bacam ga kroz prozor i oslanjam metlu i vatralj o zid. Iza vrata. Sednem ponovo na krevet i počnem da buljim kao buljina.

Odjednom čujem nekakvo tkanje. Njegova majka, Jordanka, počela je da tka. U ponoć, u gluvo doba, sela je za razboj i tka li tka. Ne znam šta tka, jer je u drugoj sobi, u kuhinji, ali lepo čujem kako lupa brdilima, kako se oglašavaju čimbari. Ona tamo lupa, udara, a mene ovde počinje da boli. Kao da mene udara. I sabija mi dušu, kao što se sabija potka u osnovi. Tamo, kod nje. I osnova i potka u meni se ukrštaju, stežu, vazda se upliću. Samo kad viknem, njegova majka iziđe iz razboja i odškrine vrata da gvirne šta radimo mi u sobi. I ništa ne kaže. Samo stane u okvir, počne da trepće očima i ponovo zatvori vrata, nestane. Kao da te kuga posmatra, kao da čuma priviruje unutra.

„Gde si me doveo, bože, šta si mi dodelio, o, bože", govorim sebi i sedim u postelji, kao pokisao šišmiš, kao oduvani maslačak. Čas mi se smrkne, čas mi svane pred očima. I samo gledam, samo zveram po golim zidovima sobe. Hoću da vidim gde sam, da se setim odakle sam došla, kako sam se uopšte našla tu. I koji me je vrag doveo ovde, u ovom stanju.

Na prozor sišla mesečina, ali neka nepoznata mesečina. Svetli, a svetlost ne prodire unutra, u sobu. Igra, ovako, kao kad belo jare stresa glavu. „Da mi nije došlo neko jare, mislim u sebi, od onih koje su nam uzeli, od onih koji mi se ponekad pojave u snu; da mu se nije ukazalo u kakvu sam nevolju upala? Ali jare ne mekeće, ne plače. I vidim da nije jare, nego mesečina. Svetli, a svetlost nikako da uđe unutra. Samo stoji, tako, na prozoru, sama. Kao ja.

Najdenko Jordankin je već oklembesio glavu i hrče, krklja, kao da će se ugušiti. Zaboravio je na mladu i ja ne znam na koju stranu da se okrenem, kamo da se denem. Da odem, kako da odem?! Nisam ni za napred, nisam ni za nazad, nisam nizagde. Prepuštena tuđoj brizi, kao kukavičje jaje u tuđem gnezdu. A u drugoj sobi, u kuhinji, njegova majka, Jordanka, tka, stalno lupeta. Lupa brdilima po nitima, gazi podnožnike, škripi čimbarima, povratnicom. Da te skrene s uma, da te otera.

Sedim u postelji i posmatram Najdenka Jordankina, svog nesuđenog muža. On frkće ustima, izbacuje vazduh i pljuvačku, guta i ponovo hrče, krklja. Zviždiće kroz nos, kao cvrčak. Kao da mu je cvrčak uleteo u nos i stalno cvrči. I kao da je on, i kao da nije on. I lampa počinje da dogoreva, a fitilj da pljucka na plamičak koji se jedva održava. I plamičak treperi: čas bukne, čas utrne, bojim se da se sasvim ne otkine, da se ne ugasi. Ko će mi onda praviti društvo između golih zidova sobe. Ali plamičak ponovo oživljava, ponovo se vraća.

I kao što sedim, tako, u snu, kao iznebuha, spopade me neki drugi san. I u snu sanjam drugi san. Kao otišli smo u tor da muzemo koze. Prilazim kozama, povlačim ih za nogu, odvodim u hlad i muzem. One se osvrću nazad, mrdaju ušima, mlate kratkim repićima, poznaju me. I stalno nešto vrušte zubima, žvaću dugo, preživaju kao starice. Vilice im se stalno razmiču: jedna ide u levu, druga u desnu stranu. Beže jedna od druge i ponovo se vraćaju. Kablić šumi, mleko oko žice koju istiskujem, koju cedim prstima da ih pomuzem, stalno se podiže. I kablić se puni do vrha. Prekidam mužu, a mleko nastavlja da curi iz vimena, neće da stane. Stvara virove; noge su mi do gležnjeva u mleku, a ono još teče, nadire. Čitava reka. I udara u lese, razgrađuje tor i odnosi mi kablić iz ruke. Prospe ga i odnosi. Mlečna reka buja, ispunjava dumače, poplavljuje rodne njive i bašte. Ja se pridržavam za jedno drvo i vidim kako kozama još curi mleko. „Jao, čujem neke glasove, jao, isteklo je kozama mleko, isteklo nam je mleko." Mleko ide ka selu. I sve ispred reke se sklanja. I ker i zec zajedno beže. Vrapci i kosovi skakuću uznemireno na drveću, nadleću reku od isteklog kozjeg mleka.

Ja se držim za drvo, grlim ga obema rukama, a reka i njega potkopava. Drvo počinje da se ljulja, da se naginje. I taman da padnem zajedno s njim, taman da me ponese bujica koja hukće, osećam kako me neka nepoznata ruka vuče i ubacuje u jedan kamion, pokriven ciradom. Posmatram i šta vidim: to je bio onaj isti kamion koji skuplja ludake po selima. I krcat ludacima. Oni se smeju, plaču, razgovaraju s bogom, sa mrtvima. Neki kritikuju kolektiv. Kažu: „Ako ne budeš uman, upisaću te u kolektiv." Jedan nepoznati stalno nešto zapitkuje: „Koliko je sati? Dva. Uh, bogamu, već kasnimo, a koliko je kod tebe sati? Dva i petnaest. Uh, uh, al' ćemo zakasniti. Gde smo bre, to zakasnili? Ne znam tačno, kaže, ali ćemo sigurno zakasniti." A Lenka Ječmenovska drži se za stomak i stalno ponavlja: „Kako o, bože, nisam osetila kad sam zatrudnela, kako sam mogla biti guska, da ga uopšte ne vidim, da ga uopšte ne osetim", ponavljala je i stalno zavlačila ruku pod kecelju, da češe trbuh. A trbuh prazan, nema ništa unutra. Neki su bili polegali i stalno hrkali, nadimali trbuhe kao metiljave ovce i stalno šištali nozdrvama.

Kamion odlazi, prelazi nadošlu mlečnu reku i izlazi pred ludnicu, pred „Poljoprivrednu školu". Tamo nas, na putu, na džadi, istovaruju. Tamo su svi koje su pokupili kod nas, u selu. A ima i mnogo nepoznatih. Svi su pod stražom. Jer jednom su bili zdimili i jedva su ih skupili po selima. Danima su jurcali selima i ljudima zaustavljali dah. Lupali su im na vrata, puštali stoku, spavali po stepeništima. I ljudi nisu mogli da iziđu iz kuća, da odu napolje. I jedva su ih skupili da ih vrate u ludnicu. Ali na lep način.

Najpre primećujem Strezu Despotovskog. „Odakle se samo stvorio ovde, mislim u sebi, znam da je umro i da su ga jedva sahranili. Kad je oživeo, čudim se, ko ga je oživeo? A možda i nije on", mislim i pravim se da ga ne primećujem, da ga ne poznajem.

— Što se pretvaraš, Vratiko, kaže Strezo Despotovski, što sklanjaš pogled.

— Gle, čika Strezo, kažem, pa zar ti nisi umro?!

— Jest da me je tvoj otac ubio, kaže Strezo Despotovski, ali, evo, još sam živ.

— Kako te ubio, kažem, gde te našao da te ubije?

— Iz zasede, kaže, sačekao me je i ubio.

— A ko je ubio mog oca, kažem, gde je sad on?

— Tvoj se otac krije, kaže Strezo Despotovski, krije se od ljudi zbog stida. I hvata za srce iz potaje, kaže.

— Pa, evo, ti si živ, kažem, kako možeš biti i živ i mrtav?

— Ja znam kako, kaže Strezo Despotovski i zamiče među ludake koji metu put, koji čiste džadu ispred ludnice. Prolaziće neki veliki čovek i posmatraće prvomajske smotre rada. E, neka, vala. I ludaci metu, dižu oblake prašine na džadi. Jedni metu, drugi čupaju travu i čkalj, šiblje i kupine, i lanjsko lišće iz zavejanih jendeka. Skupljaju ih na gomilu i pale. U vatri pište zmije. Neki ispisuju parole o radu i budućnosti.

Put je sav izgreban, kao da su ga grebli psi. „Ne gazi, čujem, pasje grebotine, da ti ne iziđu pasji nokti." Dobro. Ako padne kišica skupiće prašinu, ali će razmileti puževe. „Proleteri svih zemalja ujedinite se", piše na svečanoj bini.

A ispred bine, na zaprežnim kolima okreće se točak

istorije. Niko ne može da zaustavi točak istorije: održavaju se analfabetski kursevi, prikazuje se borba s tminom. Na ramenima odraslih guču deca. Na školskim tablama, uspravljenim na kolima, piše: „Isidor vozi traktor." Ili: „Šana šije mašinom." Jedni pišu kredom, drugi brišu vlažnim krpama. Sunđera nema.
Novi red, veliko slovo.
Peru krpe, uvrću ih, cede, iznad prepunih kanti vode. I javno, pred svima, prikazuje se borba s vekovnom tminom. I svi aplaudiraju otvaranju očiju nepismenih.
„Lako li se šije, Šano Štrbeska?" Sa svečane bine ori se usklik oduševljenja: „Lako, lako, jako lako, šoferu." U ispucalim radničkim rukama lepršaju maramice pred nepismenim ženama i starcima koji su shvatili zadatak odgovornih. Š, š.
Š, veliko, š, malo. Štampano — gore, rukopisno — dole.
Najbolji stočari muzu zamišljene ovce i krave. Koze već ne mogu ni da zamisle. Muzu stočari, predu rukama.
Izlaze i najbolji žeteoci. Devojke i momci zasukanih rukava skupljaju rukovete prošlogodišnje raženice. I vezuju snopove. Veži — razveži, snop se sav rasturi. I opet veži. Vitao se okreće, slama šušti. I peva glasom prepelice. I ruke, kao prepelice, čeprkaju im po slami. Neki dižu snoplje na glavu i glave im se ne vide od bele raženice. Ljudi sa glavama od praznog žitnog klasja defiliraju pred odgovornim drugovima i drhte od uzbuđenja.
Za njima idu učitelji i recituju pesme u kojima nema „bežanja od stvarnosti". Svi, uspravna čela, idu u susret budućnosti.
Iza njih kosci, zidari, kolari, drvodelje. Ćumurdžije trče kros u kratkim gaćicama. Slave fiskulturu. Pošto ne mogu uživo da prikažu pravljenje ćumura, oni su određeni da trče, da trče. U zdravom telu, zdrav duh. Rekordi i rekorderi. „Petogodišnji plan biće ispunjen sto posto", kažu duvanski radnici. I nižu zamišljeni duvan, kalupe na kolima, na konjskim zapregama. Mati moja, kako lep krasnopis na bini, ispred bine, i na licima ljudi. I na prostranom majskom nebu iz kog kulja bujica svetlosti.

Potom, odjednom, nestaje sve. Ostaju samo ludaci koji čiste put i pale šiblje i zmije. Zmije vrište i pište u vatri. Dadoše i meni jednu zmiju na putu. Gurnuše mi je u ruke i „iznesi je, kažu, baci je u vatru". I ja nosim zmiju, a ona živa. Posmatra me, a ne ujeda. Samo se uvija, samo se trza, kao mosur u rukama, i ponovo me posmatra, neće da me ujede, ali mi ne dâ da je pustim, da je bacim u vatru. Tad se setih reči Kirila Stojničkog. „Kako možeš da se plašiš zmije, rekao mi je tada. Od nečega što nema ni ruke, ni noge", kazao je.

Nosim zmiju i pazim šta će mi uraditi. „Sigurno očekuje svoju slobodu, sigurno čeka trenutak da me ujede", mislim u sebi i nosim je prema vatri, prema vatrama. Gde su zapalili travu i šiblje. Ona podiže polako glavu i nišani me u čelo, između očiju. Merka me i namešta se da bude spremna da ujede. Sprema se za svoju subotu, za dan predviđen za pražnjenje otrova. Palaca jezikom, seva očima, gledamo se oči u oči.

A preko puta, stoji Siljan Joševski. Ko zna odakle se tu stvorio Siljan Joševski. Seo je onako, blizu vrata i samo čeka da me zmija ujede. Pravi čovek računicu, nada se da će za moju sahranu zaklati ovcu ili petla. I da će skuvati dosta pasulja: da se najede, da se naždere. I da ne može s mesta da se makne. Jer on mora nešto da ždere. „Kad nema šta da jede, govore ljudi, on seče nokte i od njih pravi čorbu." Dobro vidim kako očima moli zmiju da me ujede. Ne može da izdrži. Bulji čas u zmiju, čas u mene. Čini mi se kao da mi neki veliki orao kljuje srce, kao da mi kljunom kopa grob. Hvata me jeza; stresam ruke da puštam zmiju, da me zmija pusti. I tako se budim iz sna.

Uz moje ruke zatičem ruku Najdenka Jordankina. Miluje mi glatke prevoje na trbuhu, ide naviše. Uz prepone, uz slabine, prema grudima. I bradavice mi rastu, bubre kao šipak. I tada me Najdenko Jordankin saleće: počinje da se penje na mene, hoće da me zaskoči, da me raščepi.

A napolju, kao da sviće, kao da brigadiri pevaju: u borbu, u borbu, u borbu, mnogo me stežeš, kažem, lakše malo, napravićeš mi modrice, kažem, makedonski narode, narode, pevaju, jao, jao, nešto si mi uganuo, kažem, krsta si mi raskrstio, kažem, svu si mi je iščašio, za svetu narodnu slobodu, pevaju, bojim se, kažem, boj se mečke, kaže, ali ne mogu, kažem, a pod grlom me zapahnjuje njegov ustajali dah, guši me i udara mi u nos, sa pesmom, sa radošću se mre, pevaju, heeej, preostaje mi, otima mi se, čekaj malo, kažem, stani malo da se priberem, kažem, da se opustim, da se oslobodim straha, kažem, u borbu, u borbu, u borbu, pevaju napolju, a Najdenko Jordankin sav se peni oko usta i stalno me zapahnjuje smradom, kao da je svinjac otvorio, sinovi smo naše domovine, pevaju, bem ti te mrtvace, kaže Najdenko Jordankin, bem ti te mrtvace, presekoše me, kaže i zavlači mi ruku ispod bluze, vršlja ispod pupka, potomci smo slavnog Ilindana, pevaju napolju, povlači me tamo-amo, kao popišano dete, kao kad se dete zapire toplom vodom, najpre probaš vodu da nije vruća, probaš je prstima i golim laktom, da možda ne ošuriš dete, a potom počneš da ga pljuskaš, da mu sapunjaš guzicu i da ga trljaš između prepona; tako me i Najdenko Jordankin trlja, tako me steže, dlanom skuplja i puni ruku, šaku, gradimo život, sloboda je draga, pevaju napolju brigadiri, a meni je nezgodno, dolazi mi da u zemlju propadnem, lice mi kaplje, od stida i straha lice mi kaplje u postelju, ali Najdenko Jordankin ponovo navaljuje odozgo, ponovo se bori, rve sa mnom: penje se, hoće ponovo da me zaskoči, da me skroz raščepi; razmiče mi noge i drmusa me kao tezulju, kao pokvarenu tezulju, ušli smo u boj do poslednjeg, pevaju napolju, a ja stiskam noge, ali stiskam i srce, stiskam i zube, zubi mi cvokoću kao da lomim lešnike, u borbu, u borbu, u borbu, pevaju, joooj, čekaj, kažem, stani malo, kažem, makedonski narode, pevaju, ja više neću da čekam, kaže Najdenko Jordankin, za svetu, narodnu slobodu, pevaju, stani, sačekaj još malo, kažem, ima vremena za to, kažem, čitavog života ćemo raditi to, kažem, ma nemoj da me prekidaš u poslu, kaže Najdenko Jordankin, jer ću ti otkinuti šiju, kaže, sa pesmom, sa radošću se mre, eee, pevaju, de duni, gasi lampu, kažem, stid me je ovako na svetlosti, stid me je da te gledam, da se gledamo, kažem, ma ako hoćeš i u najcrnji mrak, kaže Najdenko Jordankin, belu džigericu ću ti pocrniti, crnu pobeleti, kaže, zar ne vidiš da je svanulo, kaže, i udara mi šamar preko lica, u borbu, u borbu, u borbu, čujem napolju, a Najdenko Jordankin me sačekuje i drugom rukom, preko lica, preko očiju, sa pesmom, sa radošću se mre, preda mnom pršte varnice, kao kad glavnju udariš o zemlju, lete varnice uvis, ka tavanu, i ponovo padaju nazad, na lice, na oči.

— Eee, otima se i meni, oči si mi prosuo, plačem i govorim, oči si mi izvadio, kažem.

— Izvadiću ti ih još kako, kaže Najdenko Jordankin, i obesiću ti ih na uši. Napraviću ti minđuše od tvojih očiju, kaže.

Ja se sva skupljam, kao jež se skupljam i smanjujem. „Šta me je ovo snašlo", mislim u sebi i držim se za oči, da me ne upale varnice. Osećam da mi lice gori, da mi je lice zahvatio neki plamen. I peče, da se ne može više. „Mati draga, šta si mi učinila, što si me prevarila", mislim u sebi i ovako, kriomice, gvirim kroz prste. Da vidim šta radi Najdenko Jordankin, da vidim da li još stoji nada mnom, da li još preti. A Najdenko Jordankin opružio se ukraj kreveta i ponovo oklembesio glavu. Kao da se sprema da povraća.

Ali odjednom je ustao i rekao:

— A sad se oblači i put pod noge!

Meni su se noge odsekle.

— Kakav put, kakvi bakrači, kažem.

— Kući! kaže Najdenko Jordankin.

— Pa zar nisam kod kuće, kažem, zar tvoja kuća nije i moja?

— Je l' bi mogla malo da me uhvatiš, kaže Najdenko Jordankin, slušaj šta ti kažem i nemoj da ponavljam, kaže, jer će ti sve bale na mojoj pesnici ostati. Nemoj da ti prospem zube, kaže.

— Znači toliko je bilo naše, kažem, toliko je bila naša ljubav.

Ali kao da ja ne govorim, kao da me neko goni na to. Ja otvaram usta, a Najdenko Jordankin govori. Ja zevam, a njegov glas čujem.

— Ja ću sad u Bitolj, kaže, a ti pravac kući.

— Ja neću nikud, kažem, ja više nisam nizagde.

— Biće još gore ako ostaneš, kaže Najdenko Jordankin i opet počinje da preti čupanjem šije, klanjem, vešanjem. Preti, oblači se i odlazi. Lupa vratima, a mene ostavlja na cedilu. A i njegova majka se ne javlja. Nigde je nema.

Počeo je da lupa po stepenicama, opsovao je nekom nešto, možda je i stepenice opsovao, i otišao.

Već je bilo svanulo, ko zna, možda, kad je svanulo, ali negde iza mene, naopačke. Dan mi je znan, jer je davnašnji, nije nov, nije sadašnji. Sve je isto, a ipak izokrenuto. Nekako drugačije. I ma gde se okrenuo, ma na koju stranu pogledao, sunce ti uvek stoji s leđa. Greje te u potiljak. Pred tobom kao da ništa nema, kao da je sve prošlo i kao da si sve prošla. Tako vidim i Najdenka Jordankina s prozora. Trči nizbrdo, a kao da ide uzbrdo. Sakrije se iza neke kuće, iza nekog drveta pored puta, i ponovo se pojavi natrag. I brzo, kao tane, kao vetar preleće pored bašti, pored voćnjaka. Nizbrdo, pa uzbrdo. I tako, gubim ga iz vida, nestaje bez traga. A napolju ljudi već umivaju lica; ptice pevaju, prosto zanose sobu. Kao da su unutra ušle.

Stojim, stojim tako na prozoru, oblačim se, uzimam oči u ruke i odlazim. Prolazim kroz ćeranu, gde je tkala majka Najdenka Jordankina, ali nje nema. Razboj stoji, a nje nema. A i na razboju ničeg nema. Prazan je kao konjski skelet. Samo razapete kosti. Čudim se šta je ta žena tkala.

Prelazim preko guvna i hoću da pređem reku. Hoću da pređem prečicom, da me niko ne vidi. Znam da je reka plitka, mogu da je lako pregazim. I kod reke nailazim na tebe. Bila si pošla da me obiđeš, da vidiš gde ću kuću kućiti, gde ću boraviti.

— Kuda, majko, tako, kažem tebi, gde si tako pošla?

— Pa kod vas, Vratiko, kažeš ti meni, idem da te obiđem, da vas obiđem. A kuda ti ideš, pitaš.
— Oterao me je, kažem, Najdenko Jordankin me je oterao. Oterao me je i otišao, kažem.
— Kako bre, jadnice?
— Eto, tako, kažem.
— Idem da se posvađam, kažeš.
— S kim da se posvađaš, kažem ja tebi, tamo više nema ni na koga da se ljutiš, ni ko da ti se ljuti. A i nije lepo, kažem, kod kuće je samo njihov pas.
Ti si zagazila u reku, a ja vičem za tobom:
— Nemoj, mati, da ideš, rastrgnuće te pas, svu će te raskomadati, vičem.
— A gde da idem, gde da se utopim, kažeš.
— U redu, kažem ja, da se uhvatimo obe za ruke i da se u nju utopimo. Više nizašta drugo nismo, kažem i plačem, plačem u snu. A san jasan, jasniji od istine.
— Ćuti, kćeri, sve je istina, rekla je njena mati, Blagorodna Čavkarovska, pošto je saslušala san. Istinitije ne može biti. Sve što si rekla istina je, rekla je.
— Kako, bre mati, rekla je Vratika Čavkarovska, kad je to bilo? I zašto da ćutim, rekla je.
— Da ne bi otišlo dalje, rekla je njena mati, Blagorodna Čavkarovska, da bi ostalo samo među nama, ovde. I da ne bi saznao Kiril Stojnički, rekla je.

VELIKI LOV I POJAVA SKAKAVACA. SMRT VRATIKE ČAVKAROVSKE

— Ili onaj orah na međi. Neko loše drvo.
— Čekaj, stani, gde si pošao?
— Vratiću se. Na tom orahu, na tom drvetu, ubiše seoskog kmeta. A trebalo je da ga obese. „Кога ште си отива Б'лгарија и аз ште си отивам", govorio je. Mnogo je bio zaljubljen u Bugarsku. Do guše zacopan, zaglavljen. Ali Bugarska je otišla, a on je nije stigao. Bugarska je bila brža u bežanju i on nije uspeo da je stigne.

Stigao je samo do oraha, do užeta koje su prebacili preko jedne grane, što se nadnosila nad put. Dizali su ga do omče, da ga obese. Oni mu stavljaju omču, hoće da mu je nataknu na vrat, a on se hvata za vrengiju. I rukama, tapa, tupa, popeo se na orah kao veverica. Uzverao se uz vrengiju. Neki jak čovečuljak, a oni zaboraviše da mu vežu ruke.

Popeo se gore, uvukao se u krošnju, prosto se stopio s granama i račvama i posmatra odozgo. Poče da pilji kao veverica. Oni ga mole da siđe, mole ga da bi ga obesili.

— Aman, kažu mu, ne smemo da te ostavimo neobešenog. Naredba je, kažu.

— Ma sići će kao bela lala, kaže Dejan Šmajser, samo da mogu da ga uhvatim između nogu. Sići će tada kao bela lala, kaže.

A kmet misli o nečem drugom. Misli, da kažemo, o užetu — da bude vezano za nebo. Za neki oblak, na primer, ili za neku zvezdu. Tako, uz uže, da se popne čak do oblaka, da im se sakrije na nebu. Ili da im kaže o čoveku koga hoće da obese, a ne uspevaju da ga obese. Ako se kojim slučajem spase: ako se pokida uže, ili ako se slomi grana. To znači da mu još nije došao sudnji dan, da bog još ne želi da ga uzme i da treba da mu oproste. Da im kaže da je tako hteo bog, da je tako hteo neko. Ti zakoni važe od pamtiveka. Ali šta ima od toga što će im reći, kad mu ovi neće verovati. Otkud oni znaju za te zakone. Matica se pokrenula i nosi; ništa ne priznaje.

Sada — kako? Na dobar ili na loš način? Mole ga oni odozdo, odbija on odozgo. Sa oraha. Hoćeš ili nećeš da siđeš? Neću da siđem! Dobro, nemoj onda da kažeš da ti nismo rekli. I — bam, bum, suknuo je dim pod orahovim granama. Otpalo je nekoliko otkinutih listova, a potom se oglasio drugi pucanj, razneo se daleko u brdima. I odande se ponovo vratio. Miris baruta raširio je kmetove nozdrve i iz njih poče da kulja nagaravljena krv. Malo je otvorio usta: i iz njih je potekla krv. Možda je čovek zbog nečeg drugog otvorio usta, možda je hteo da kaže: dobro, sići ću. Kad ste već rekli da siđem, sići ću. Ali iz njegovih usta, umesto reči, izletela je krv. I zatvorila mu je reči, vratila ih nazad. Još su mu se samo ruke skupljale ka pogođenom mestu, a oči su mu i dalje piljile u nebo. I tako, skliznuo je među grane. Najpre je desnim ramenom udario u stablo, a potom, ničice, lupio o najdeblju granu. O granu za koju je bilo vezano uže. Od tog udara, krv poče još jače da mu kulja na usta. I kroz nozdrve. I tako, strmoglavce, kao otkinut snop šaše, stropoštao se na zemlju.

— Tad, dok je on umirao, prvi put sam shvatio život.
— Hoćeš šljive? Šljive rađaju svake druge godine. Jednu uvek preskaču: što zbog neočekivane slane, što zbog guseničavog proleća, što zbog varljivog sunca. Ponekad ih sunce prevari da procvetaju i namah se sakrije. Okrene im leđa. Ali kad rode, mnogo rode. Svaka grančica, u ustima drži po čitav pregršt šljiva. I otežaju grane, savijaju se, čak do zemlje se saginju. I mole za pomoć.

— Pomoć, o kakva je pomoć tada trebala ljudima. Dan se bio zaustavio, a skakavci su hrlili kao bujica, kao provala oblaka. Parali su vazduh, pucketali i svetlucali:

kao riblje okice, kao igle za vezenje. Čudili su se ljudi, čudila se stoka. Podizali su glave i čulili uši. Muvali su se kao da hoće nešto da upitaju, a ne znaju kako se pita. Već se čulo da i vozovi više ne mogu da idu od skakavaca. Zaglavljivali su im se točkovi, sklizali su sa šina i spadali sa pruge. Navodno su čitavi nanosi skakavaca bili pored pruge. I na pruzi, naravno.

Pojavili su se kao sumrak. Najpre se pojavio jedan balon na nebu. I ko zna da li je bio balon, ko može da kaže zasigurno. Išao je polako i svetlucao, kao da je sunce bilo sišlo niže. Neki rekoše da to Dejan Šmajser nadgleda posao zadrugara. Ali Dejan Šmajser je bio dole, s ljudima.

Ljudi su se ježili, dizala im se kosa na glavi. Izlazila im je kosa kroz kapu. „Velike države su se spremale da se popnu na mesec. I mesecu je, dakle, došao kraj. Kako će sijati, ako ga nasele ljudi! Možda se ti ljudi vozikaju balonom i možda su oni pustili skakavce. Možda su ih oni posejali." Ili se zaista bilo otkačilo sunce i padalo polako, padalo povrh njihovih glava, u njihovo polje.

Od tih razmišljanja ljudi počeše još više da se znoje. Tražili su svoje senke, hteli da ih nagaze, da ih ugaze. I pod svojim senkama da se sakriju. Ali senki nije bilo, oni su bili ljudi bez senke. Ili nisu mogli da ih vide, od straha?

Ali kako bi moglo da se sunce otkači? Da ga nije izgrdila njegova majka, da ga nije najurila iz kuće, sa neba? Da je padalo sunce, sve bi ih očas poklopilo. I ljude, kao mrave ispod grudve, svojim teškim stopalom bi smrvilo. Ali ako nije bilo sunce, gde mu je bila senka? Samo sunce nema senku, kao što i ljudi nisu mogli da je vide, da je nađu.

— Eno sunca, onamo, govorio je Dejan Šmajser, vi vidite nešto drugo. Sunce je tamo gde jeste, govorio je, i niko ne može da mu promeni put. Njegov progresivni put.

— A šta može biti, šaputali su ljudi, da nije neko predskazanje suše, neke bolesti... I špartali su putem, zajedno sa zmijama i gušterima. Ređali su stope. Zemlja je poskakivala: pohodila ju je velika pakost, nailazila je grozna nesreća.

Korun Bikovski je plakao za rakijom, kao dete za sisom, za mlekom. I vikao je, prosto se drao:
— Tako nam i treba, vikao je Korun Bikovski, jednom, neki skakavci mora da nam pojedu polje. Ovi ili neki drugi — svejedno, vikao je.
Koruna Bikovskog nije bolela glava za polje. Bar se tako činilo, ili se pretvarao. Šta će pasti stoka, šta će jesti divljač? Nek jede šta hoće. Parola: snađi se, što kaže Joakim Doksimov.
A zečevi što su brstili gradine, divlje svinje i medvedi što su lomili kukuruze, što su otkopavali krompir? Svi će pocrkati. Ili će pobeći u neki drugi atar.
— I šta će loviti drugovi, govorio je Dejan Šmajser, šta će im jesti deca? Zaboraviće nas faktori, ponavljao je, a mislio: ,,Kako smo bili srećni dok su lovili kod nas."
Okupljali su se rano, pre nego što krene dan, pre nego što mu vide čelo. Kao čkiljav pogled ispod spuštenih trepavica. Izlazili su iz sela i kretali u razne pravce. Iskradali su se i penjali tiho, skoro na prstima, do najudaljenijih mesta lovišta. Šunjali su se iza leđa svinjama i srnama, stajali za petama zečevima i pticama. I čekali, čekali da opali Dejan Šmajser, da im da znak da počnu sa gonjenjem.
I Dejan Šmajser bi opalio, a oni bi se sjurili kao pomahnitali. Stuštili bi se kao vihor. Pretraživali su rupe i loge, bacali kamenčiće u svaki grm, grebli su se na vrhovima nagnutih grana. Žmirkali su očima i vikali: ,,U, a, uuuu!"
Skupljali su nogavicama rosu i išli mokri do kolena. Saplitali su se i padali, punili nokte zemljom i spicama. I psovali. Najviše su psovali korenje, upleteno iznad zemlje kao umršena užad, kao zagrljene zmije na suncu. I sunce bi ih opazilo sa brda, kao ošišana glava seljaka koji se rasanjuje, ustaje i zeva. Drugove nisu psovali.
Puzili su po uzbrdicama, tumarali jarugama i doljama. Posrtali su i pridržavali se za sve što taknu, za sve što ih takne. I lajali, dugo zavijali. Dozivali su se s penom na njuškama, s vlagom i rojem mušica oko usta, s trunjem i prašinom u očima.

Čim bi neko stao da uvije cigaretu, da se malo odmori, Dejan Šmajser bi ga ukorio, jako izgrdio. Od njegove grdnje odjekivala su sva brda.

— Divljač oseća vatru i dim, govorio je, čak iza tri brda oseća dim duvana, govorio je, i može da se vrati nazad. Umesto da beži prema drugovima koji čekaju, govorio je, može da krene natrag, govorio je, da pobegne u neku tuđu planinu i da ostanemo kratkih rukava, govorio je.

Govorio im je on svašta, ali ni oni mu nisu ostajali dužni. Gunđali su, onako, u sebi, vazda nešto prizivali. Jednom su jurili ranjenog medveda. Sneg je bio dubok i medved je bežao samo na čistinu, na golet. Čim bi ušao u gustiš, odmah bi stao. Zastajkivao je u svakom čestaru, gde se metak nije mogao probiti. I grudvama snega prao svoju ranu. Čistio se, lečio, kao čovek. Goničima je bilo žao i zato su hlebom zavaravali pse. Bacali su komade hleba lovačkim psima da ne laju na medveda dok se čisti, da ga ne plaše dok stavlja melem na ranu. I stajali su ispred čestara. Vadili su sneg iz opanaka i duvali u šake.

— Šta će im medved, dabogda ih medved pojeo, rekao bi neko, ali oni će njega pojesti, odgovorio bi drugi, ovoga će puta oni pojesti medveda; ne pij vodu iz medveđe stope, jer ćeš se i ti u medveda pretvoriti; tako su mislili i govorili.

I ponovo su trčali, jurili, lajali. I zviždali u prste. I padali na dupe, na vrat, na nos. I išli na kolenima. Kotrljali su se i propadali među leskama i paprati, zatim po kukuruzovini i strnjikama, u brazdama i jarugama.

Drugovi rukovodioci su stajali u zasedi, a oni su dizali divljač, gonili je ka njima, ka njihovim čekama. Lupali su kantama, kloparali čaktarima i klepetušama i stezali obruč. I divljač je jurila pravo ka drugovima. A i gde bi na drugo mesto, drugog mesta nije bilo, jer nije mogla od njih da prođe, da pređe, donde da stigne.

Čim bi se približili, prestajali su sa lupnjavom i ponovo počinjali s lajanjem. „Šteta što ne postoji takmičenje u lajanju, mislili su, proslavili bismo naše selo i opštinu." Lajali su s ushićenjem, sa zanosom, kao da su pevali, kao da su naricali. Av, av, av — kao da su klicali. Jedni tankim, drugi debelim, promuklim glasovima. Toliko su se unosili u te pseće obaveze, da su i nogu dizali pri pišanju. Čim bi neko pogrešio u lajanju, Dejan Šmajser bi ga oštro ukorio.

— Ovo je istorijski lov, govorio je Dejan Šmajser, i lajanje je direktiva. Popravi lajanje, druže Pejko, govorio je, nek bude što reskije, što oštrije. Bar kao u Stojka Vamprira, govorio je.

— Popraviću se, druže Dejane, govorio je Pejko Golavoda, da pretpostavimo da nisam odavno lajao. Nešto me je steglo u grlu, govorio je, da pretpostavimo da mi je neka muva uletela u grlo i ne da mi da pustim glas. Sputava mi glas, govorio je, i stalno prekida. Ali samo još malo da polajem, sigurno će mi se otpustiti, govorio je, da pretpostavimo da će mi se otpustiti. Otvoriće mi se grlo i otpustiće mi se glas, govorio je.

I zaista mu se otpuštao. I glas mu se oslobađao i sila mu se povećavala. Čim bi čuo pušku, srce bi mu poskočilo i odletelo kroz polje. Raznosilo se nad ivicima, nad drenjem i kupinjacima, sa sparušenim lišćem i plodovima od okasnelog jesenjeg sunca. I vrzmalo se svud okolo, pentralo se uz brda, do vrha planine. Iz straha ili od prevelike radosti.

— Lajte kao za sebe, vikao je Dejan Šmajser, nemojte lajati kroz zube. Pustite jezik, vikao je.

— Još kako nam je pušten, govorio je Korun Bikovski, ali samo za tuđe žene.

— Ne budi mnogo otvoren, da ne budeš zatvoren, govorio je Dejan Šmajser i počinjao i on da laje, da skiči. Davao je primer, gonio, podsticao. Predvodio je lavež: vedro, poletno, radosno zbog postavljenog zadatka. I tada je sve njih obuzimala ona radost i želja za nadlajavanjem. Dizali su ruke, poskakivali, jurili s lakoćom. Ništa ih nije moglo zaustaviti, nikakva loza ili kupina ih nije mogla saplesti. Trčali su, preskakali kamenje, jaruge i jendeke i lajali. Slobodno, najslobodnije što se može. I na dobrovoljnoj bazi.

Ispred njihovih glasova izletali su jerebice, fazani, kreje i vrane i jata, izbezumljena jata vrabaca. Dizali su se donekle, pravili krug nad njihovim glavama, želeći opet da se spuste. Ali ljudi su se bili svud rastrčali. I nisu im dozvoljavali, nisu im ostavljali mesto. Nisu imali gde da siđu, ni gde da stanu. Spustili bi se malo i ponovo su se dizali nad ljudima, nad poljem. Okretai su se i cvrkutali. Kričali. Bojali su se ljudskog laveža.

A malo dalje pred čeke, pred čekaonice drugova rukovodilaca, faktora, istrčavale su divlje svinje, srne, zečevi. Gledali su se oči u oči, ukrštali su poglede. Frktali su izbezumljeno, duvali kroz nozdrve, nisu znali kamo da se denu, kako sebi da pomognu. U stvari, drugovi rukovodioci nisu im davali mnogo vremena da smisle šta će sa sobom. Pucali su odozgo, sa čeka i čekaonica, postavljenim na svim putanjama divljači. Pucali su i ubijali. Poneka životinja bi posrnula i tik uz goniča, ispred lajavaca. Ali oni se nisu bojali smrti, nisu se bojali sačme što je prštala svud okolo. Samo su lajali, vikali, klicali.

Potom bi drugovima skupili ubijenu divljač, utovarili i otišli. A rukovodioci bi upalili džip i — otišli. Pod džipom, iza džipa, cedila se krv. I dizao se čitav oblak prašine.

Uveče su se goniči vraćali: izranjavani i razjedeni u preponama, sa nabojima u stopalima i isplaženih jezika. Kao pravi psi. U stvari, oni celog dana i jesu bili psi. Ali i pored toga, posle su se opijali, jer su sa završetkom istorijskog lova i oni ulazili u istoriju.

— Postoji nešto što stalno teče, a ne otiče.
— Vreme ili voda?
— Oni možda stoje, a mi stalno otičemo u njih.
— Nešto mi muti vid, okreće mi ga unazad.
— Nemoj misliti mnogo, jer je sve izmišljeno pre tebe.

Od nebeske svetlosti ljudima su suzile oči. I sve im je postajalo nejasno, uskomešano, razvlašćeno, kao kad se dve vode nenadano uliju jedna u drugu. Saginjali su glave i, vrhovima palaca, trljali oči. Rasterivali su veliku crnu mrlju, jurili crnog čovečuljka, crnog pauka, koji im se zavlačio u oči i zatamnjivao vid, mutio prizor.

— Što nisam tica, da mogu da poletim, govorio je Stojko Vampir, da se popnem, da vidim šta ima u balonu. Da mu raščepim usta, ako ima usta, govorio je, da mu mahnem pred očima, da vidim da li vidi, da vidim kuda ide, gde kani da siđe. Da ga probušim, da mu ispustim vazduh, govorio je.

— Propaganda, govorio je Dejan Šmajser, čista mutljavina. Nečije maslo, govorio je. Nas ne može ni grom da razbije, a vas još vara nebo.

— Da pretpostavimo da mene varaju oči, rekao je Pejko Golavođa, ali ono što vidim ja, vide i svi drugi. Da pretpostavimo da ga svi vide, rekao je.

— Ja ništa ne vidim, rekao je Dejan Šmajser, čak i da ima nešto neću da ga vidim. Trice i kučine, rekao je.

— On nikada ništa ne vidi, rekao je Korun Bikovski, on ne vidi ništa dalje od nosa. Kad ne bi imao nos i uši, možda bi bio lepši, rekao je.

To je rekao više za sebe, tek da ne bude zajedno sa svima.

I onaj nezajažljivi proždrljivko, Siljan Joševski, bio je sišao sa brda. Stajao je oslonjen o doboš kojim je označavao vreme ručka i užine i čudio se ljudima. Njihovom besmislenom strahu, njihovoj želji za proročanstva, za pretpostavke. Držao je ručkonošu u krilu i srkao čorbu od zelenih šljiva. Hleb i kuvana komina. Laka hrana, tek da se zavara želudac, da se stavi nešto u usta. Srkao je i, od silnog uzbuđenja, prosipao je čorbu, sav se ispolivao. Kao da jede mrtvac. U stvari, on je kod mrtvaca najviše ždrao. Čorba mu se lepila na bradu, na nos, slivala mu se niz nedra. I pri svakom zalogaju je žmurio. Činilo se da će zaspati. Oko očiju skupljale su mu se muve i mušice, a on je jedva spuštao trepavice da ih najuri. Mrzelo ga je sve, osim da jede.

Ljudi su još buljili u nebo, u balon. Umalo da se pomere s uma od dugog buljenja u balon. Svađali su se, mirili, raspravljali, nagađali. Ali niko nije znao odakle je

došlo to nebesko strašilo, i zašto je došlo. Da li će stalno ostati gore, iznad njih. A oko njih, oko njih je sve bilo ispunjeno nekakvim bubicama koje su svetlucale kao opran pesak, kao komadići stakla. Jedno sanjaš, drugo ti se predskazuje.
— Što si zinuo kao koka s jajetom u dupetu!
— Dobro, de, dobro, neću više da te gledam.
Krečane iznad manastira već su bile pogašene i zevale svojim krastavim ustima. Kao žabe. Samo što nisu kreketale.
Sunce se bilo zaustavilo na nebu, kao zaboravljeno. Ljudi su zverali, iščuđavali se i znojili. Znoj im se cedio niz svaku dlaku na glavi. Bili su se udronjali od straha.
— Tamo se opet skuplja narod.
— Sigurno je Siljan Joševski nekom ukrao hleb.
— A možda je Najdenko Jordankin nekog pretukao.
Ljudima, od dugog gledanja u sunce, u balon što se bio stropoštao, što im je pogazio polje, oči su suzile. Jer balon je pukao, probušio se i prosuo. To se dogodilo kad je zašao iza brda, kad je zamakao ljudima. Odande je nešto sinulo, neka ogromna svetlost prosula se i grmnula ljudima. I potom odjednom, smračilo se, pocrnela je zemlja i vazduh. Kao da je puklo, kao da se provalilo nebo. I kao da se neka mutna voda sjurila u polje: zaglušila ga i preplavila. Prelivala se, talasala i prštala uvis, dosezala je nebo. I više se polje nije videlo. Nije se video prst pred okom.

Skakavci su hrlili kao vihor; zbijali su se, gurali, preskakali, i sve gazili. Polje im je bilo tesno da prođu svi zajedno, i zato su se gurali. Oni što nisu mogli da se provuku, ponovo su se dizali, poletali. Sustizali su ostale i uz strahovit prasak spuštali su se na zemlju. I grizli sve na šta naiđu. Grizli su čak i blagun i krlj. Bili su gladniji i od Siljana Joševskog. Samo su škljocali velikim ustima, velikim vilicama. Kao da škljocaju makazama. Sekli su lišće, šišali polje. I samo gutali, gutali. Ništa nisu birali, ništa nisu ostavljali u svojoj gladi, u pohlepnosti.

Muškarci su kupili torbe, sakoe, žene su vezivale skutače i, vičući, vrišteči, mahale po vazduhu, branile se. Ali ko se odbranio od takve bure, od takve napasti? Ljudi su netremice mahali oko svojih glava, vrzmali se, ne znajući šta će sa sobom. Skakavci su ih preskakali; ubacivali ih u nepoznate lokve i bezdane. Bio je to oblak koji se valja po zemlji, bila je to neka teška pomahnitala omorina što ključa, što klokoće, što zatamnjuje polje i ljude. I ljudi nisu mogli jedan drugog da vide. Tražili su se, dovikivali, a nisu mogli da se vide. Bili su zavejani u tom oblaku, u toj omorini, u toj vejavici koja se skupljala, pucketala, cvrčala. Konji, volovi i magarci stajali su ukočeno, grčili se i žmurili. Kao da ih je zatekla neka nenadana kiša, bijući ih iskosa. Sve se oko njih poravnjavalo, penilo, pokrivalo: svako udubljenje, svaka brazda, svaka jaruga. Prosipao se taj oblak, tekla je ta bujica, ta omorina, ta vejavica. Dizao se i spuštao kao sapunica. Bože moj, koliko je samo skakavaca gazilo, i pogazilo, njihovo polje. Kidisali su na sve i svašta, pa i na kukuruze; verali su se uz stabljike, vraćali i opet pentrali. I stalno škljocali makazama. Kukuruzi su još manje od ljudi znali kako da se odbrane od njih...

Dilba Smrt je prolazila kroz te iste kukuruze i ređala prdež za prdežom. Prdnula bi i viknula — Ura! Iza svakog prdeža — Ura! Za njom je išao Stojko Vampir i sve slušao. Slušao i nije mogao da izdrži:

— Dilbi treba čep, dugačak i lep!

— Otkud ti, Stojko, otkud si se tu stvorio, upitala je Dilba Smrt. Šta radiš tu?

— Eto, sastavljam pesmicu, rekao je Stojko Vampir. Jednu malu pesmicu za zadružni list.

— Otkad ideš za mnom, baćo?

— Od prvog „ura", rekao je Stojko Vampir.

— Jadna ja, jadna ja, bolje da me nema...

— I da te nema, smrad će ostati, rekao je Stojko Vampir i otišao dalje.

Kukuruzi nisu znali za parolu „Snađi se" Joakima Doksimova. Još su bili mladi. Klipovi su tek dobijali zube i punili svoje krezube vilice. Skakavci su nagrnuli i na tikve, tek zametnute u kukuruzištu. Udarali su o njih kao grad, lupali i grizli im drške. Vezane za vreže kao slepi kučići za dojke svoje tek oštenjene matere, one nisu shvatale ništa od toga. Potom su pobrstili i njihove vreže. Pošto je splasnuo prvi talas, prvi oblak, ljudima je svanulo malo pred očima. Mogli su da se vide, da se pronađu. I svi su se pitali:

— Šta ovo bi, šta ovo prođe!?
— Ništa nije prošlo, rekao je neko, jer ovo što je prošlo, ponovo će doći. A možda je još tu, kazao je.
— Plačite, rekao je neko, ko ne može da plače, neka misli na svoje umrle. I na one koji treba da umru. Pa mi, svakako, samo preko umrlih gazimo, samo preko njih idemo, gacamo. Sve što vidimo potiče od umrlih. I ono što klija i ono što trune. A i skakavci. Možda su skakavci neko njihovo privremeno pojavljivanje iz zemlje. Tek da skupe ono što im dugujemo za pokoj duše. A zamislite da plane neka velika vatra, da nas zahvati odozdo, od peta, da nam se popne do trepavica, do obrva, do kose. Zamislite samo kako plamen ugljeniše kosti, kako topi srce, kao čvarak. Ne, svetu nema spasa; nema nade i utehe!

Ljude je zahvatio strah i sledio im kosti. I već su ličili na ugljevlje, na izgrizene opuške bačene na golu zemlju. Na zemlji koja ih je držala: na kojoj su ručavali, pišali, spavali.

I plakali su. Najpre su se rasplakale žene. Ali čim su to videli muškarci, i njih je spopao plač. Prisećali su se nečeg tužnog i na oči su im navirale suze. Čitave barice slane vode. Voda im se namah slivala niz obraze. Slivala im se do usta i solila ih. Gutali su svoje suze, kiselkasti znoj, i pljuckali. Širili su i skupljali noseve i šmrkali.

Ko zna šta ih je rastuživalo, ali svi su grcali, krivili vilice, skupljali noseve, mrdali ušima. I tresli se kao prut. A treslo se, bogme, i polje, zajedno s travom i žitom. Od skakavaca koji su se ponovo okomili na žito, koji su poskakivali kao grad, kao kapi sleđene kiše, polje je zahvatila neka strašna groznica. Skakavci su poskakivali, oštrili noževe i makaze, otvarali krastave oklope, mešali boju od pepela i gareži, podmazivali kolena, kandže, doticali se krilima: gladili su, izravnavali i sastavljali svoju ravnotežu. I žito, već poleglo, ježilo se, i venulo, i izbacivalo seme. Bilo je nadohvat skakavcima koji su se ponovo vraćali. I škljocali vilicama, brstili i ostavljali pustoš za sobom. Tušta i tma.

Kiril Stojnički je zatvorio vrata i oslonio se o njih. Leđima i rukama oslonio se o vrata i počeo da pilji u Vratiku Čavkarovsku. Kao da se boji da i skakavci ne uđu za njim.

— A, to si ti ušao, kaže Vratika Čavkarovska, a ja sam mislila da je smrt otvorila vrata, da je ušla da me uzme, da me povede. Čekala sam samo da kaže: „Hajde da pođemo, dok se muve nisu razmilele."

— Za muve nema mesta od skakavaca, kaže Kiril Stojnički, sad samo skakavci skaču po polju, idi, Kirile, kaže Vratika Čavkarovska, jer moja bolest skače kao skakavac, kaže, sa čoveka na čoveka, skače i spopada kao buva, kaže; mene bolest neće, kaže Kiril Stojnički, mene ni čovek ne može da obori, a kamoli bolest, kaže, da mogu da je vidim jednom bih je rukom zadavio, ovim malim prstićem, kaže, malim noktićem na malom prstiću dušu bih joj izvadio, kaže; da li je istina da bolesnima smrdi duša, kaže Vratika Čavkarovska, da im negde odozdo, iznutra smrdi duša, kaže; izvadio bih joj dušu, kao slinac iz detinjeg nosa, kaže Kiril Stojnički; da li i meni smrdi, kaže Vratika Čavkarovska; tebi miri kao procvala lipa, kao jorgovan, kaže Kiril Stojnički, ali ne mogu da je vidim, njena je sreća što ne mogu da je vidim, kaže, negde se krije; krije se u meni, kaže Vratika Čavkarovska, evo je, grebe me, kida mi jetru, kaže, ne znaš kakvim me noktima grebe, čime mi kida jetru i pluća, kaže, ne znaš odakle me sve izjeda, kaže, samo kad se prežđere, samo tad me ostavlja, kaže, samo tad mi daje malo vremena da predahnem, da se odmorim, kaže, samo kad se bolest premori i kad sedne da se odmori, samo tad i ja mogu da se odmorim, kaže; da mogu da je vidim lancem bih je izvukao, kaže Kiril Stojnički, izvukao bih tvoju bolest kao mečku iz rupe, kaže, naterao bih je da kleči pred tobom na kolenima, kaže; možda nije mečka, kaže Vratika Čavkarovska, možda je neki crvić ili neka bubica, kaže, mala bubica, sa velikim pipcima, kaže, i svuda stiže i svuda štipa i ujeda, kaže, nezasitna je njena utroba, kaže; kao kod skakavaca, kaže Kiril Stojnički, ali da mogu da je vidim, polomio bih joj sve pipke, kaže, svu bih je raskomadao, kaže, raščašio bih joj kolena, ramena i sve zglobove, kaže, zgazio bih je petom, kaže, kao mahunu, kao bubuljicu, kao mehurić, kaže; ti samo tako kažeš, kaže Vratika Čavkarovska, zato što se nisi borio s takvim crvićem, s takvom bubicom kao što je moja bolest, kaže, jer ne znaš kako podmuklo napada, kaže, i ne osetiš kad ti se uvuče u grudi, u srce, kaže, ne znaš kad te urekne i kad ti saplete noge, kad te sveže, kaže, i tako, čim te ošamuti, počne da grize, kaže, da jede meso i pije krv, kaže; uništićemo bolest, kaže Kiril Stojnički, iskorenićemo je, kaže, svaku ćemo bolest uništiti, kaže, najpre da uništimo skakavce, a potom ćemo uništiti i jeftiku, kaže, ne postoji zlo koje ne možemo uništiti, kaže, a sada na vreće, na tone ubijamo skakavce, kaže, čitava brda skakavaca iznosimo iz polja, kaže; čitava brda i mene pritiskaju ovde, kaže Vratika Čavkarovska, i hvata se za ravne, skoro smežurane grudi, čitava brda mi sede ovde, kaže, na mojim grudima sede čitava brda, kaže, i svud me boli, čak me i postelja boli, kaže; daj mi tvoju bolest, ja ću se boriti s njom, kaže Kiril Stojnički i prilazi Vratiki Čavkarovskoj, da je poljubi; ne idi tako blizu, Kirile, kaže njena majka, Blagorodna Čavkarovska, nemoj od jedno čudo da pravimo dva, veća, kaže; ja se ničega ne bojim, kaže Kiril Stojnički; ako se ne bojiš poljubi me, kaže Vratika Čavkarovska, poljubiću te, kaže Kiril Stojnički i skuplja usta, namešta je, saginje se i hoće da je poljubi; ne, ne, kaže Vratika Čavkarovska i gura ga rukama, okreće glavu, sklanja usta; ja sam htela samo da vidim da se ne bojiš, kaže Vratika Čavkarovska, da ne preziraš moju bolest; de, de, da vidiš da se ne bojim, kaže Kiril Stojnički, duni, pljuni me, kaže, pljuni mi u usta, kaže; ne mogu, kaže Vratika Čavkarovska, ja samo onako, samo da te iskušam, kaže, da vidim da li me još voliš, kaže; gde ti je pljuvaonica, kaže Kiril Stojnički, daj da popijem svu tvoju pljuvačku, kaže, hajde, okreni se, podaj mi usta, kaže Kiril Stojnički i odjednom je privija uz sebe, okreće joj glavu i počinje da je ljubi u usta, u nos, u čelo. Ljubi je, a kao da ljubi neku žabokrečinu, neku plitku, ustajalu vodu što presahnjuje. Ali inat mu je slađi od svega. Samo se mrtvaci ljube u čelo, kaže Vratika Čavkarovska; ne znam, kaže Kiril Stojnički, nisam vodio računa gde te sve ljubim dok te ljubim, kaže, i saginje se nad Vratikom Čavkarovskom. Seda na postelju, uz njene noge. Oseća neki smrad od nečeg što truli pored njega, ispred njega. Dolazi mu da obriše usta, ali neće da se oda, neće da se preda. Zaustavlja ruku na pola puta do lica. U stvari, ne da mu njeno lice, ono nežno lice koje pamti odranije. Neće da se oda, iako misli da mu je nešto ostalo na ustima. Nešto od njenog hladnog znoja, od njene smežurane kože. I od onog smrada na nešto što skapava.

— Je l' vidiš da se ne bojim, kaže Kiril Stojnički; vidim, kaže Vratika Čavkarovska, vratio si me malo u život, kaže, dokazao si da nisam sasvim odbačena i sama, kaže; svako dobija prema zasluzi, kaže Kiril Stojnički, ali ti zaslužuješ život večite zvezde, kaže i počinje ponovo da se priseća njenog lepog lica, koje je znao odranije i koje je još sijalo i ulivalo se u njegovo sećanje.

— Potražiću dozvolu za izlazak iz sela, rakao je Kiril Stojnički, otići ću da tražim lek za tebe. Raspitaću se za tvoj lek, kazao je, raspitivaću se po svim selima, po svim državama, kazao je i izišao.

Nekoliko žena zapališe dve rukoveti suve trave i počeše da kade sobu Vratike Čavkarovske. Lekovitom travom. Naziv trave nisu htele da kažu, jer su se bojale da ne čuje đavo i ne pokvari njenu moć. Da ne oduzme travi dim, dok još gori.

Potom joj dadoše tablete za metiljave ovce.

— Možda joj je metilj ušao u creva, u jetru, rekoše.

I dugo su potom naklapale, pominjale raznorazne lekove. Da se neko, navodno, izlečio pijuči kornjačinu krv. Kornjače najduže žive, jer, navodno, imaju krv što sve leči.

Tako su mislile i nudile Vratiku Čavkarovsku. Otvarale su joj usta i napijali je. Potom joj je njena majka brisala usta maramicom. I maramica se zasićivala obrisanom krvlju.

Neko se, navodno, izlečio, s proštenjem, svojom jutarnjom mokraćom. Trebalo je popiti četrdeset čaša sopstvene mokraće. Svakog jutra po jednu čašu, od prvog pišanja. Tako, četrdeset jutara, četrdeset dana, trebalo je piti i vraćati sopstvenu vodu u sebe, u neprekidnom kruženju. Onoliko dana koliko je potrebno da bolesnik ustane iz postelje, da prođe strah od ustajanja mrtvaca, koliko traje i žalost za njima.

Ali Vratika Čavkarovska već nije mogla da ustaje, da izlazi. Nisu je držale noge. A i nije imala vodu koju bi vraćala u neprekidnom kruženju. Samo ponekad, noću, uspravila bi se malo u postelji i počela da priča s nekim nepoznatim ili zaboravljenim ljudima. Najčešće je pominjala imena zaklanih koza i jarića.

Njena majka bi se probudila, pridigla iz kreveta i popustila lampu.

— S kim to govoriš, čedo, šta to sanjaš, upitala bi i još više odvrnula svetlost.

Vratika Čavkarovska je sedela tako u postelji i nije obraćala pažnju na majku. Nije je uopšte primećivala. Piljila je stalno pred sebe i govorila s ljudima i kozama koje su joj se priviđale u sobi.

— Kćeri, dušo, ko ti je došao u goste, zapitkivala je dalje Blagorodna Čavkarovska, ko ti se priviđa? Ko ti se pojavljuje, pitala je.

Potom bi ustala, prinela bi lampu još bliže, skoro uz njen nos, i pred njenim očima, nad njenim isceđenim licem buljila u ono što nije za gledanje, što se ne da videti. A Vratika, dok bi govorila s nekim ili nečim pred sobom, niti ju je primećivala, niti je treptala očima.

Njena majka je zavirivala u njene širom otvorene oči. Primećivala je obris neke vatre u njima, ali mnogo duboko i jako daleko. Kao da gleda daleku zvezdu koja trne pred osvitom. „Gleda, a ne vidi me, mislila je njena majka, može li tako da sanja, mislila je, može li da spava otvorenih očiju i svašta da govori," mislila je. I od velike tuge, grlo joj se stezalo, a glas gubio. Nije mogla da vikne. A i da je mogla, nije imala koga da pozove, da joj pomogne. Samo bi probudila Srmenu i Gajtu, samo bi uplašila svoje devojčice.

Stajala je tako, nad Vratikom, uplašena majka Blagorodna Čavkarovska i brisala joj je orošeno čelo, vrat. Mislila je da je zavara malo Kirilom Stojničkim, ali nije znala kako. Da li da joj kaže da je ubio kukuviju što je dolazila noću na kuću da joj nagoveštava smrt? Tad je Kiril Stojnički rekao: sujeverje. Blagorodna Čavkarovska je rekla: idi, ubi je, ako voliš Vratiku, ubij kukuviju. A Kiril Stojnički toliko je voleo Vratiku Čavkarovsku, toliko mu je bila prirasla za srce, da se jedne moći prikrao, dovukao do kukuvije, poklopio je sakoom i otkinuo joj vrat.

Blagorodna Čavkarovska nije znala šta da čini: to nije bilo za pričanje, a ništa drugo nije znala da joj kaže. Zgrabila ju je za ramena, počela da je drmusa, počela da drmusa njeno istopljeno telo i da je posipa vodom. Ali se samo njen glas, samo su se njene reči vraćale natrag.

— Povrati se, Vratiko, rekla joj je, povrati se, čedo moje, jer čovek ne umire od bolesti. Često bolestan ustane, a zdrav umre, rekla je, niko ne može ono što može bog, rekla je, i niko ne zna ono što on zna. Hleb će ti opet biti sladak, kazala je, možda već sutra, možda već prekosutra. Videćeš, rekla je, i počela da je teši, da je hrabri rečima. Stajala je pred njom i unosila joj se u lice.

Vratika Čavkarovska se ponovo skljokala na uzglavlje. I stala je da gleda u svoju majku, kao u boga. U stvari, ona je u svakome videla boga. "Otkud znaš ko je bog, mislila je, i bog liči na ljude." Gledala je onim istim, širom otvorenim očima. Ali sada kao da su joj upadale u neku mećavu, kao da su se gubile u nekoj vejavici. Lice joj je bilo bledo, kao knjiga, kao krpa. Ispod njega nije bilo ništa, sve se bilo izgubilo. Video joj se samo florin. Telo joj je već mirisalo na buđ, na blato, na mulj. Kao da je došla sa onog sveta, ispod zemlje. Kao da je njena duša jednom bila izišla iz njenog tela i ponovo se vratila u njega. Nakon mnogo godina ponovo se vratila u njeno telo. „Bože, gde idu ljudske duše, da li se gube u vremenu, ili stalno kruže oko jednog mesta u vremenu. Ili se samo obnavljaju, premeštajući se a da ne znaju gde i u koga. Da li bolest može da joj ukrade godine i ko će živeti godinama što su bile obećane Vratiki?"

Vratika Čavkarovska je umrla ujutru, nakon trećih petlova. Radne brigade već su se postrojavale ispred Zadružnog doma i pevale udarničke pesme o borbi protiv skakavaca. Najpre joj je zašištalo u grlu, zakašljala se: kav, kuv i, odjednom, kašalj joj se otkinuo. Otkinuo joj se kašalj pred otvorenim ustima. A možda je usta otvorila da lakše ispusti dušu. I ostavila ih je, tako, poluotvorena. I s dušom je ispustila i malo krvi, koja joj je ostala po rubovima usana. Kao razvučena petlja crvene čarape. Lice joj je zahvatio jedan nedovršeni osmeh, a oko usana: žutih kao smilje, kao najžuće cveće, izbile su sitne kapi rose. I posle je počela da se hladi.

— Bože, hladi joj se glava, rekla je njena majka, Blagorodna Čavkarovska, zar joj je vatra sišla, zar joj je ušla u srce. De da joj pokrijem glavu, rekla je, ali ovo ne može biti. Stani, Vratiko, vrati se, Vratiko, rekla je sa podignutim jorganom u rukama. I jedno vreme ostala je tako, otvorenih usta i nema. Isto kao i njena ćerka Vratika Čavkarovska. Zatim je kriknula i počela da nariče, koliko je glas drži, koliko joj grlo dopušta. Više i od poletne i borbene pesme brigadira, koji su već izlazili iz sela, koji su se udaljavali. Njen glas je probudio Srmenu i Gajtu i one su uspaničeno utrčale u sobu. Zastale su, pribijene uz Vratikine noge, i počeše i one da plaču, da nariču. Ovoga puta majka ih nije grdila, nije ih jurila: nije se bojala da bolest ne pređe i na njih. Ona je stalno naricala i nameštala Vratiki glavu, sklapala joj je kapke, zatvarala usta i ispravljala noge. Grlila joj je kolena, kao kad bršljan grli led oko drveta, i stalno naricala:

— Ko će te, Vratiko, tamo okrenuti, ko će ti podmetnuti jastuke pod zemljom, naricala je, neću ti staviti ništa na grudi, Vratiko, jer su ti grudi jako bolesne, naricala je, jer su ti grudi prazne, čedo moje, naricala je, bolest ti je iz grudi sve iščupala, naricala je, ustani, uspravi se, grudvo lepote, naricala je, otišla si, grudvo moja, istopila si se, naricala je, oduzela si deo života, Vratiko, ali mnogo malo ti je palo da uzmeš od života, naricala je, i nameštala joj kosu, češljala ju je iza ušiju.

Sva njena sparušena duša bila je sišla u njene prste koji su drhtali. Drhtala joj je duša, drhtali su joj i prsti. Među njenim prstima oživljavali su i opušteni čuperci kose Vratike Čavkarovske. Micali su se između prstiju i češlja. I samo tada je prestajala s naricanjem. Ali čim bi otvorila usta, reči bi joj same navrle. I lelek bi joj se sam otkidao iz grudi. I oči su joj kolutale kao klobuci.

Ubila se, prosto se izgubila od plača Vratikina majka, Blagorodna Čavkarovska.

— Više se neću umivati, rekla je Blagorodna Čavkarovska. Ići ću neočešljana, nesređena, kako se zateknem. I zašto da se umivam, rekla je, kad mi se ni Vratika ne može umiti.

— Nisam mogao da nađem lek za Vratiku, rekao je Kiril Stojnički, nisu hteli da me puste, nisu mi dozvolili da iziđem iz sela. Boje se da ne iznesem bolest, kazao je.

Rekao je to u povratku, kad se vraćao sa sahrane Vratike Čavkarovske.

AKO DETE ČUJE, PROGOVORIĆE.
VELIKA BORBA SA SKAKAVCIMA

— Ali vreme žuri, protiče kao voda kroz prste. Legneš jednom, dvaput sa ženom i — ode godina. Je l' tako?!
— Ne češi se gde te ne svrbi.
— Svrbi me i šišti, kao skakavac.
— Zuji tebi u ušima.

Joakim Doksimov je čitao kratka uputstva o borbi protiv skakavaca:

„Još u toku razmnožavanja, skakavci se javljaju u grupama, a grupe se skupljaju u veća jata, u ognjišta."

— Po koliko jata, majku mu, po koliko ognjišta treba da potamanimo?

„Nakon petog presvlačenja, skakavci postaju jaki i otporni.

Čim počnu da se oplođavaju, počinje i njihova povećana aktivnost, tad napadaju i jedu sve na šta naiđu na putu i njihovo cvrčanje se čuje nadaleko."

A mi kvarimo slobodu i javnu ljubav.

„Uveče, između 6 i 8 sati, penju se na rastinje, gde ostaju tokom noći, a ujutro, između 5 i 7 sati, ponovo silaze dole, na zemlju. Kad pada kiša, penju se na rastinje i tokom dana, a čim stane kiša i malo otopli, ponovo silaze na zemlju.

Kad im ponestane hrane na mestu gde su se ispilili, počnu da se kreću čas u jednom, čas u drugom pravcu, koji ne menjaju ni kad im se na putu ispreči najveća prepreka kao što je reka."

Joakim Doksimov je zatvorio malo knjigu i, pamteći

stranu prstom, pogledao u ljude. Nakon kratkog razmišljanja, rekao je:

— Promenićemo tok reke, okrenućemo je svud okolo i nećemo ih pustiti. U naše polje neće ući, rekao je.

— Ne bih da te ometam, druže Doksimov, da pretpostavimo, izvinjavam se, razumeš, da pretpostavimo, ne znam kako da kažem...

— Reci kako hoćeš, čika Pejko...

— Da pretpostavimo da će ih vetar preneti, da će ih doneti, rekao je Pejko Golavoda, kako da zaustavimo vetar, druže Doksimov, razumeš...

— Ne razumem, rekao je Joakim Doksimov, sve je tu pretpostavljeno.

— E, onda, ti znaš, rekao je Pejko Golavoda, vi više znate, razumeš...

Joakim Doksimov je znao sve o rekama i planinama i trebalo je da mu se veruje. Kad je pravio seoski park, posekao je tri voćnjaka pored reke. Ali kad je došao red na voćnjak Streze Despotovskog, poče da pada kiša. Došle su brigade da seku i nebo se spojilo sa zemljom. A oblaci, kroz selo, kroz polje, puzali su na kolenima. I samo je daždilo, samo je rominjalo. Kiša se valjala u prašini, otpretavala njen otkriveni miris i spajao ga s mirisom iz voćnjaka. Kiša je padala dole, a miris se penjao gore. I štipao za nozdrve. Štipao je svojom umivenom, prečišćenom dušom. Najteže je bilo maslačku. Svaka kap koja ga je udarala u glavu, otkidala mu je po jedan pramen kose, šišala ga do gole kože. Ponekad bi dunuo vetar i presekao kišu. Vidiš, i bog nema rešeto za sve. A zemlja široka...

Brigadiri su se sklanjali pod okapnice, pod strehe i stalno žmirkali svojim vlažnim očima. Otresali su rukave, naramenice, kao kad ptica otresa svoje nabreklo perje. Otresali su odeću, ali nisu ispuštali sekire iz ruku. I nisu odlazili. Nisu im dozvoljavali Joakim Doksimov i Dejan Šmajser.

Dukadinka Despotovska bi provirila malo kroz prozor i počela da šapuće:

— Daždi, bože, daždi spasi nam voćnjak! Ako imaš srca, spasi nam ga, govorila je.

Voćke nisu mogle ništa drugo, osim da plaču tuđim suzama. Suzama kiše što je dobovala po lišću, kao da ih povlači za uši. I lišće se okretalo, uvijalo, belasalo opačinom. I kišne kapi su se izvrtale, lomile, kidale, prepolovljivale. Po zemlji su se razletele mutne bujice; rovale su zemlju, prosto čupale. Suve jaruge su se punile vodom koja im je i dalje dubila korita. U grebotinama na zemlji razaznavala se njena velika prošlost, prošlost čovečanstva, sve je uz tebe, sve je s tobom. Kao što su konj i konjanik sjedinjenje jednog istog pokreta.

Reka je bila zbacila am, pokidala uzde i kiskun. Hučala je, valjala kamenje, penila se, stvarala velike mehurove. I samu sebe ganjala, šibala, prestizala. Sama je sebe branila, preticala, i samu sebe pritiskala...

Brigadirima su se kvasili opanci, a nogavice im je kaljala kiša što se slivala sa strehe. Nogavice su im bile mokre skroz, do kolena. Hteli su da odu, ali im nije dao Joakim Doksimov. Nije im dao Dejan Šmajser.

— U komunizmu, rekao je Joakim Doksimov, ova naša planina biće polje.

— A gde ćemo seći drva?

— Ti, začepi gubicu...

— Začepi je, rekao je i Dejan Šmajser.

— Bi, da nije tako debeo...

— A ona naša pomahnitala reka, u komunizmu biće plovna. Tom rekom ploviće brodovi, rekao je.

— Gde ćemo naći brodove, rekao je Viktor Govedar, i gde će ići ti brodovi?

— U Skoplje, u Beograd, rekao je Dejan Šmajser.

— Čim je reka onako mutna, rekao je Viktor Govedar, mora da se neko utopio. Ili je neka kopilača, rekao je, zakopala svoje kopile. I sve dok ga voda ne otkopa, daždiće sve ovako, kazao je.

Dukadinka Despotovska je ponovo virila kroz prozor.

— Još nisu otišli, još su pod strehom, rekla je!

— Idi, potraži im rešenje, rekao je stari Done Despotovski, rešenje o seči. Da bi sekli tuđe drveće moraju da imaju rešenje države, rekao je.

— Kako ću po ovoj kiši napolje, rekla je Dukadinka Despotovska, pada kao iz kabla...
— E, vala, nebo ne mogu da začepim, rekao je Strezo Despotovski, da je moglo, Joakim Doksimov već bi ga začepio. Već bi ga zatvorio, rekao je.
— Ti nemoj da izlaziš napolje, rekao je stari Done Despotovski, jer mogu i tebe da uhapse. Da te odvedu kod braće, kazao je.
Dukadinka Despotovska je dugo razmišljala i rekla:
— Dobro, dobro, ja ću otići.
Ogrnula je jedan sako i izišla: potražila je rešenje za seču voćaka. Potražila je od Joakima Doksimova.
— Daćemo ti, rekao je Joakim Doksimov, daće ti ga lično Bogoja Čavkarovski, dodao je i rasturio brigade.
— Kad mi ga date, tad ćete i seći, rekla je Dukadinka Despotovska.
— Bem joj sve mrtvo, ko ju je naučio da traži rešenje, rekao je navodno Joakim Doksimov. Tako se izrazio na odlasku. Tako se pričalo kasnije.
Posle se vreme razvedrilo, predalo, i postalo čisto — kao suza. Kao danas. Povukla se kiša, digle se magluštine i oblaci, umirila se reka. I stigla je nova zapovest:
— Svako oko polja mora da iskopa po pet metara dužine, dva metra širine i metar dubine. I svakoga dana tako. I po toliko. I sve badava — budzašto: kad su nagrnuli skakavci, ništa ih nije moglo zaustaviti, čak ni reka. Preskakali su je. Zaista mnogi su se podavili, ali većina je prešla. Leteli su nad njom kao pomahnitao roj pčela.
Joakim Doksimov je čitao:
„Skakavci se mogu uništavati raznim otrovima i mehaničkim putem. Jedan od otrova je i karbolineum. On može da posluži za uništavanje skakavaca dok su oni u prvom i drugom stadijumu, s mladom i mekanom opnom. Kasnije, kad im ojača košuljica, karbolineum ima slabo uništavajuće dejstvo na skakavce. Prilikom upotrebe karbolineuma treba voditi računa da se jato ne prska dok se pili, nego da se sačeka 7 do 8 dana, da se sva jajašca ispile u mlade larve. Upotreba karbolineuma zahteva evidenci-

ju, to jest upisivanje datuma kad je jedno jato počelo da se pili, a da se istim prska posle 7 do 8 dana. Osim toga, karbolineum kvari prskalice, naročito gumena creva, a, s druge strane, on nama treba i za zimsko prskanje protiv neprijatelja..."

— Smrt neprijateljima, rekao je Viktor Govedar.

„Postoje i druga stomačna sredstva za suzbijanje skakavaca. Ali ni naftom, ni bacačima plamena ne mogu sto posto da se unište. Na stranu to što su ove metode najskuplje...

Neki primenjuju prskanje sapunicom od domaćeg sapuna. Prskanje se vrši samo ujutro i uveče, dok skakavci još spavaju ili su presiti i premoreni. Prska se i rastvorom sapunice, petroleja i vode..."

— Petrolej uništava i ljudske vaši, gnjide i buve, rekao je Stojko Vampir.

„Usitni se 130 grama sapuna u pola litre vode, zagreje se, izmeša i sipa u dve litre petroleja. I ponovo se meša. I kad smeša postane gusta, doda se još jedan litar ključale vode i, uz stalno mešanje, sipa se u 100 litara vode. Posle se zaražena mesta prskaju prskalicom..."

— A čime ćemo se prati i čime ćemo svetliti, rekla je Dilba Smrt, ako potrošimo sapun i petrolej?

Joakim Doksimov nije odgovorio, nego je nastavio da čita:

„Najsigurniji su otrovni mamci od belog arsenika i trica. Otrovno dejstvo mamaka je ogromno, ako su dobro pripremljeni i blagovremeno razbacani po terenu za uništavanje jata. Stopostotna smrtnost jednog jata je nemoguća, jer se uvek jedan njegov deo nalazi u fazi presvlačenja, kad oni ne jedu mamke, e da bi se i taj bedni ostatak uništio."

— Šta li će to biti, reče Dilba Smrt, otkud ova napast?!

„Za pripremanje mamaka potreban je sledeći inventar:

1. Korito (jedno veliko ili više malih).
2. Bure za vodu od 100 litara, potrebno za polivanje mamaka.

3. Gvozdena grabulja za mešanje mamaka.
4. Vrtna kanta sa rešetkom za prskanje.
5. Jedna kutija — mera za merenje otrova. (Najpre se merenjem na vagi izmeri jedan kg i sipa u kutiju, a potom se na njoj napravi recka ili neka druga oznaka za dalje merenje otrova..."

Stojko Vampir je stao iza leđa Korunu Bikovskom i zadihano upitao:

— Šta je ovo, šta se to ovde radi?

— Ispravljamo krive Drine, rekao je Korun Bikovski, mi ih ispravljamo, a one se krive. I nikad da ih ispravimo, rekao je.

— Vidi da ne duva vetar odnekle, rekao je Štojko Vampir, možda vam ih on krivi... Gde je Damjan Mraveski, upitao je.

— Eno ga, tamo, rekao je Korun Bikovski.

— Da mu kažem za dete, rekao je Stojko Vampir, da ga obradujem.

— Šta su ti rekli, upitao je Korun Bikovski.

— Progovoriće, rekao je Stojko Vampir, rekli su mi da će početi da govori. Čim čuje, progovoriće. Tako su mi rekli.

Kad su mu rekli, predsednik Sereze „Uspravan pogled", drug Damjan Mraveski, dugo se smejao na desnoj strani. Na desnoj strani usta su mu bila uvek malo otvorenija. I malo udesno pobegla. Kao da je hteo toj strani usta da dâ veći značaj, veću slobodu.

— Čitaj glasnije, Joakime, viknuo je Damjan Mraveski, čitaj, da svi čuju!

„...Prilikom raznošenja mamaka na terenu treba nam sledeće:

a) Vreće za prenos mamaka do zaražene površine;

b) Kofe ili druge posude za razbacivanje mamaka na jata;

v) Oznake — daščice s natpisom ‚Otrovno' ili ‚Zatrovano'.

S gotovim mamcima jata treba zatrovati ujutro od 4 do 7 sati i tokom večeri od 6 do 8 sati. Ujutru ona su grupisana na manjoj površini i ne mogu da se kreću brzo, da se rasturaju, jer su ukočena od hladnoće tokom noći.

Prilikom razbacivanja mamaka treba voditi računa da se jata nikako ne plaše i ne jure, nego da im se pristupi polako i pažljivo i da im se mamak ubaci veoma vešto. Ako se radi o manjem ognjištu skakavaca, onda se ni u kom slučaju ne sme proći kroz njega, a ako imamo jata na većoj površini, treba napraviti dva-tri prstena od razbacanih mamaka skroz okolo i oko svakog jata posebno, kako bi se okružila i okupirala.

Mamci se pripremaju tokom celog dana i do ugroženih mesta doturaju se špediterom ili kamionom, ako se ima.

Posle dan-dva od bacanja mamaka vidi se rezultat. I najnevernije Tome zaneme kad vide pustoš koju su napravili mamci. Tamo gde je do juče vrvelo od skakavaca, vlada grobna tišina, a oni, leš do leša, pokrivaju zemlju. Samo se poneki od njih valja u agoniji, dok se i on zauvek ne smiri."

— Da kažem nešto, rekla je Dilba Smrt, mogu li nešto da kažem?

— Kaži, rekao je Joakim Doksimov, ako je u interesu borbe, kaži.

— Jeste u interesu, rekla je Dilba Smrt, moja unuka je zapela da se uda. Hoće da joj napišete karakteristiku, kazala je.

— Nemoj da me vučeš za jezik, rekao je Joakim Doksimov.

— Došli su neki rudari, rekla je Dilba Smrt, i zavolela se s nekim, i to izistinski.

— Nek se uda bez karakteristike, rekao je Joakim Doksimov, čim se našao neko da je uzme.

— A što, rekla je Dilba Smrt, da je ona htela, udala bi se i za našeg učitelja. Kiril Stojnički ju je molio da je uzme, rekla je, i celog dana je pio kod nje, u mehani.

— Otkud baš sad, rekao je predsednik Damjan Mraveski, u najvećem poslu, u najljućoj borbi?!

— Šta da se radi, rekla je Dilba Smrt, mora da se živi. Eto, deca više ne mogu da izdrže, rekla je.

— Čitaj dalje, rekao je predsednik Sereze, drug Damjan Mraveski.

„...Mehanički način borbe sa skakavcima ili borba — prsa u prsa. Za ovaj način borbe potrebno je imati 25 do 30 ljudi u svakoj ekipi.

Zaoravanje mesta gde su položena jaja. Na taj način se zapretavaju duboko u zemlji. Ali to se u Makedoniji teško postiže, jer ima mnogo utrina, nepošumljenih brda i kamenjara."

— Kako teško, rekao je Joakim Doksimov, prekidajući čitanje, ništa nije teško za našeg radnog čoveka. Sve što se hoće, može se, rekao je.

— A za moju unuku se ne može, rekla je Dilba Smrt, ona ne može da se voli, rekla je, i otišla namrgođena.

Joakim Doksimov je predvodio brigadire za zaoravanje goleti. Otkrivali su tajna mesta, tajna legla. Gde se nije moglo orati, terao je decu da kopaju. I deca su čeprkala zemlju: nožicama, kočićima, motičicama. Otpretavala su zemlju i skupljala fišečiće pune jaja. Kao da su skupljala svoje dečje trbuščiće, pune glista. I punila su torbe i torbe tim trbuščićima, mehurićima, i bacala su ih u reku. Neka su ih odnosila kući, da njima hrane kokoške. I kokoške su ludele od radosti i zadovoljstva. Suze su im tekle dok su ih kljucale. Toliko su im bile slatke čahure s jajima skakavaca što su ih skupljala deca. Najagilnija deca su bila proglašena i za udarnike. To su bila i prva deca — udarnici, prva deca — heroji rada.

Kasnije su skakavce skupljala u čaršave, u raznorazna platna, u vreće. Crpila su kofama, kotlovima, riljala su lopatama. Sipala su ih u duboke jendeke koje su kopali brigadiri. Ali pošto je skakavaca bilo mnogo, najčešće su ih prutovima terala prema jendecima. Poređala bi se jedno uz drugo, kao za sitno kolo, i jurila su ih polako, bez reči, bez šuma, bez galame. Gonila su ih neotesanim prutovima, parozima, kao da su gonila stada na pašu. Čim bi se nekom omaklo da progovori, odmah bi ga izgrdili:

— Pst, ućuti ti, tamo!

Skakavci su išli lagano, jedni preko drugih, sve tako pred ljudima. Razdvajali su se, vraćali se i gazili. I upadali u rupe, u jendeke, punili su ih kao proključale rane. I ljudi su ih posipali krečom i sapunicom, zasipali ih zemljom. Ili slamom, koju su potom palili. Krilašca su im se prljila i oni su pucketali; vrvili su kao crvi i pucketali. Zatim su ih zatrpavali iskopanom zemljom i zemlju su gazili, nabijali.

Žene su se bojale i verovale da će to doneti rat ili neku drugu veliku nesreću. Starci su samo gunđali:

— Izgubili smo seno, ali izgubićemo i prekos. Izgubićemo i drugu kosidbu, govorahu.

A deca su svakog dana još zarana išla u njive i hvatala skakavce na spavanju. Punila su kape skakavcima i nosila ih kući kokoškama. Činila su to s velikom radošću.

A nisu ih volele, nisu ih jele samo kokoške, nego i gavrani, kosovi, rode i vrapci.

Jednom je jedno jato gavrana opkolilo jedno jato skakavaca i začas ga je pokljucalo, istrebilo. Ljudi su posmatrali i radovali se. Dolazilo im je da poljube gavrane. Da ih poljube od radosti. Pa oni su se borili na njihovoj strani. Neko je tada rekao da su oni najlepše ptice. Ko zna kako su bili lepi u očima ljudi koji su ih posmatrali.

Dejan Šmajser je rekao da oni i najlepše pevaju.

— Sasvim su pogrešne klevete o ovim hrabrim pticama, rekao je, veoma pogrešne. Jesu, zaista, crne, rekao je, ali i crne oči su lepe. I one mogu da te dočekaju, da te spreče, i one mogu preko mora da te prebace. Mi ne možemo da razumemo njihovo graktanje, rekao je, ne možemo da razumemo njihovu bodru i poletnu pesmu, rekao je, mi smo nagluvi za tu pesmu. Vidite tu strategiju, rekao je, vidite u kakvom nezadrživom jurišu kidišu i savladavaju naše neprijatelje i neprijatelje naših prijatelja, rekao je. Vidite kakav su im obruč napravili, rekao je, kako su ih opkolili, kako su im zatvorili put, rekao je. I mi smo tako jurili, rekao je, ništa nas nije moglo zaustaviti...

— Kad ste bežali, rekao je Korun Bikovski, ali Dejan Šmajser nije ga čuo, nego je nastavio:

— I mi smo tako napadali, rekao je, jeste li videli kako su ih uništili, rekao je.

— Usta ti se pozlatila, rekao je drug Damjan Mraveski, pa ti si, bre, čitav pisac: ko može toliko da kaže i toliko da iskaže, rekao je, nisam znao da si ti pravi pisac. Da sam umro, ne bih znao, rekao je.

A gavrani su se samo nazobali i izgubili prema reci. Bili su presiti i sporo su sklapali krila u letu. Kao da su kalupili duvan, tako su ih sklapali. Jedva su uspeli da polete, da se dignu sa zemlje.

— Gle, i vrapci ih vrebaju, rekao je Stojko Vampir, a roda drži izvidnicu.

— Daje znakove vrapcima, rekao je Dejan Šmajser, tim divnim ptičicama: vidite da nismo znali ko nam je sve prijatelj, kazao je. Čak i bubice ih napadaju, kazao je, i one su nam prijatelji u ovom odsudnom času...

Ljudi i ptice su iz dana u dan uništavali skakavce, a oni su se ponovo pojavljivali. U još većim jatima. Vraćali su se i ponovo napadali. I brstili čak i drveće.

ORGANIZACIJA:

„Glavni teret borbe protiv skakavaca pada na čoveka, kao na svesno biće koje treba najpre dobro da prouči život skakavaca pa da onda povede organizovanu borbu protiv istih..."

— Nije on kriv. Kriva je Pauna Despotovska Žar. Ta krava-muzara stalno riče za mužu.

— Ma, mani nerasta, pusti tog skakavca, dok svi tuku skakavce, Dejan Šmajser tuca.

Pauna Žar skuplja dojke, ubacuje ih u grudnjak, a one joj same ispadaju, beže. Od silnog disanja beže joj napolje. Pred njenim ustima i trava uzmiče, povija se.

— Moram da odem tamo, kaže Dejan Šmajser, zakopčavajući pantalone, moram da budem u prvim redovima borbe, direktiva, kaže i žurno odlazi dole, u dumaču, hvata put pod noge. Ostavlja Paunu Žar da prevrće vlažni jezik i da guta knedle. Obrazi su joj crveni i uši su joj crvene. Žile joj se ritaju, do nje još dopire neka grmljavina; još se čuje, odzvanja. Oči su joj širom otvorene i pune raspretanog žara, kao u pijanca. Vatra što ju je bila obuzela, sad se gasi, polako je napušta.

Ustaje, zabacuje zadnjicu i rukovetom trave briše se među nogama. Potom ispravlja haljinu, gladi je obema rukama i otresa slamčice. I sputava disanje, muči se da ga smiri.

Polazi, ide i osvrće se: traži nekog da vidi, a želi nikog da ne vidi. Podiže pogled ka suncu, i u oči joj uleće neki leptirić. Šareni, više crni leptirić, uleće joj u oči i u njima ostaje. Jedan isti leptirić u oba oka. Telo je zanosi, a u glavi joj ključa. Kao da je neko gura u neželjenom pravcu, ko zna gde i ko zna dokle.

— Eh, da može malo da se pridigne njen muž, Miladin Despotovski, da može samo malo da vidi šta radi, kako se ponaša...

— Ništa. Život je kurva kao i ona. A kurva, čim se samo pedalj udalji od muža, prevari ga. I u flašu da je zatvoriš može da ga prevari. Bog i duša, može.

Joakim Doksimov je čitao:

„Pored njihove pojave u velikom broju skakavci imaju još jedan specijalan karakter, da čim im ponestane hrana gde su se ispilili, oni počnu da putuju, a i da preleću pakosno. Ovih nekoliko razloga potvrđuju fakat da protiv skakavaca treba da se sprovodi jedino masovno organizovana akcija, u kojoj će uzeti kolektivno učešće sve stanovništvo u zaraženim selima, to jest srezovima...

...Zaražena mesta ćemo znati ako pratimo tok preletanja krilatih vragova tokom leta i mesta gde su polagali jaja (na kom brdu, u kojoj utrini ili prelogu). Znači ta su mesta sumnjiva..."

— Kao što je bila sumnjiva i smrt Miladina Despotovskog.

— Zaista, šta je bilo s njim? Prošlo je godinu dana od smrti, a nije se saznalo da li se utopio ili je ubijen.

Ostala je još Pauna Žar koja je vadila oči s Dejanom Šmajserom: gde god stigne — šeni kao kučka. I stara Dukadinka Despotovska. Zaista je ona bila zrela za ludnicu, ali zbog tuberkuloze niko nije mogao da uđe u selo, da je uzme. Selo je bilo pod stražom i već odavno nije bio prošao kamion što je skupljao ludake. Kamion koji je šetao iz sela u selo, a bolničari, pomaljajući glave, stalno zapitkivali: „Gde ima ludaka, gde ima ludaka." Ali sad celo selo kao da je bilo odsečeno od sveta, oterano, odvojeno, zatvoreno.

— Hvala bogu, govorili su neki, ovako bar svako može slobodno da poludi. I svako kao takav da se dokaže, da se iskaže, da se istakne.

Slobodno se iskazivala i Dukadinka Despotovska.

— A dečak, a stari Done Despotovski?

Done Despotovski je crvljao sve više i više. Jednog dana došao je dečak i pružio mu pljosku s rakijom. Pružio mu je, ali mu je nije dao. Ostavio ju je pred njega, tek da ne može da je dohvati, da je uzme. Samo tako da je gleda izdaleka, da mu se kida srce, da mu se vuče za njom. A hteo je, ah, koliko je samo hteo da je dohvati, da je ispije naiskap i da pukne, tu, na mestu. Da ne gleda šta se radi. I da ne sluša više ono: „Nemoj da kašlješ, deda", a on da ne može da kaže: „Ako ne kašljem, ko zna da li bi znali da sam tu, da sam još živ."

— Hajde, deda, kaže dečak, dođi, uzmi pljosku. Puzi, deda, kaže i smeje se, igra, sprda se s njim.

Done Despotovski pogleda čas u pljosku, čas u dečaka. I tad je u njemu otkrio nešto tuđe. Da li je pomislio da ne nosi njegovu krv? Ko zna, kad nije mogao da kaže. Samo je preklapao vilice, a oči su mu belele. I odjednom počeo je da se vuče, da grebe zemlju ispred sebe. I stalno je nešto mumlao, krkljao, mukao i maukao. I taman da stigne, da dohvati pljosku, dečak bi je ponovo udaljio. Done Despotovski je gledao i nije mogao da poveruje. Zar da mu i otrov beži iz ruke? Skupio je snagu i ponovo počeo da puzi, da se vuče na laktovima i kolenima, kao puž, da se valja kao žutokljunac i da se približava pljoski. A pljoska mu se stalno udaljavala. Dečak se smejao, a starom Donetu Despotovskom su se kotrljale suze niz obraze. So mu se topila u očima. I neki tamni oblaci navlačili su mu se na lice, prelazili preko lica. Da si ga zaklao, ne bi potekla kap krvi. Potekli bi samo jed, čemer, ljudska rđa i pomija. Možda je upravo tad prepoznao tuđu krv u dečakovim žilama i došlo mu je da ga ščepa i, neka mu bog oprosti, lupi o kolena: da ga polomi, kao iver, kao suvu grančicu za potpalu vatre da polomi dečaka. I s njim da založi vatru. Ali kako da ga uhvati kad je on bio uhvaćen, lancem vezan: bio se potpuno šlogirao.

Done Despotovski je skupljao prašinu sa poda, kidao laktove i kolena, a dečak mu je stalno povlačio pljosku. Već su bili izišli i na čardak, približili se gnjilim daskama i pootkivanim parmacima. I taman da dečak padne, Done Despotovski ga je ščepao za nogu. I tad je nešto puklo u vazduhu, na čardaku. I čardak je ostao prazan. Samo se čuo krik neuspešnog poletanja i lepet otkovanih dasaka...

Našli su ga na kamenju, ispod strehe. Još uvek je stezao dečakovu nogu. Prsti su mu bili duboko zariveni u list, u meso. Nisu mogli nikako da mu ih otvore, da ih otpetljaju. I niko nije saznao da li je stari Done Despotovski hteo da zadrži dečaka ili da ga gurne i padne zajedno s njim.

— Kako se zvalo dete?
— I ono — Done. Zvalo se po dedi.
— Dve duše s jednim imenom, bog da ih prosti.
Ljudi rekoše:
— Korun Bikovski pije, a drugi umiru od rakije.
— I za rakiju, rekoše.
— Ženo, jadna, unuk ti je poginuo!
Ali Dukadinka Despotovska nije znala ništa. Ni gde je ni s kim je. Vest da joj se sin utopio vezala je u krpicu i od tada svakog dana je tukla reku. U stvari, čim bi videla vodu, počela bi da je udara. Kamenjem, štapovima, prutovima, svim što joj dođe do ruke. Ljudi ubijaju skakavce, a ona ubija reku. Čas plače, čas peva i udara li udara. Čim se umori, sedne da predahne. Pređe na nešto drugo.

— Hajde, kaže, dođite na vruću rakiju. Đugum vri,

kaže, ja čekam goste. Dođite mi u goste, kaže, da popijete rakiju. Na ovoj hladnoći samo se vruća rakija pije, kaže.

Ljudi je gledaju: neki se podsmevaju, neki je žale, jer pominje hladnoću i vruću rakiju. A vreme je letnje, sunce peče kao sač. Velika vrućina na uši im izlazi...

Ponekad istuče reku i počne da peva.

— Zašto pevaš, bre, Dukadinke, kaže joj neko, zar si zaboravila mrtve, zar si zaboravila sina?

Dukadinka Despotovska obriše suze i počne samu sebe da zapitkuje, samoj sebi da odgovara.

— Ko je pevao, kaže, ja sam pevala? Kad sam pevala i gde sam pevala, kaže, kad ste me videli da pevam? Jao, jadna ja, zaboravila sam, bolje da me nema. A kad su mi umrli sin, muž i unuk, kaže, zašto mi niko nije rekao? Kad mi je umro sin, kaže, kad je umro Miladin? Pa ja drugog sina nemam, kaže, i opet počne da plače. Plači danas, plači — sutra, samo u plakanju mi prolazi vreme, samo blato za sobom ostavljam, u lokvu suza stavila sam grob svog Miladina, svog čoveka Doneta i... Zar ja da pevam, kaže, pa ja nisam prestala s plačem. Tako me mrak hvata, tako me jutro zatiče. Ja i sad plačem, kaže, lepo čujem da plačem. Ja nikad nisam prestala s plačem, kaže.

Kad su doneli sanduk Miladina Despotovskog, vojnici rekoše da se utopio u nekoj pomahnitaloj reci. I nisu dozvolili da se sanduk otvori. Rekoše da ga neće poznati, jer su ga ribe izgrizle. Mnogo je dugo stajao u reci. Ali kasnije je dopro glas da je ubijen na granici. Čak i da je ubistvo usnio: Miladin beži, a neko ga juri. S puškom:... Beži, ali noge su mu teške, svezane. Stenje, zanosi se, trza se čitavim telom, napreže se da pokrene noge, ali one ni da se maknu. Kao da su od olova. Kao ukopane. I tad ga pogađa puška. A puška kao da nije od onog koji ga juri, nego od onog drugog koji ga sačekuje. Poče da mu curi krv u snu i kad se probudio, zaista, našao je krv na nosu. Da li je to bilo predskazanje, ili ga je neko zaista udario, lupio u snu? Ko će to znati. Čulo se i da je Miladin Despotovski rekao „Solun je naš"; zašto, upitali su ga, tako mi je došlo u nozi, rekao je; u nozi ili u ustima, upitali su ga, ali je on umesto da im odgovori pobegao preko granice. I dok su jedni tvrdili da je ubijen u bekstvu, drugi su govorili da je živ i zdrav i da će se uskoro javiti pismom. Poslednja tvrdnja ukazivala se i vračarama.

— Čitaj, Joakime Doksimove!

„... Zaraženo mesto se obeležava znakom i od njega se ide desno, levo, napred i nazad, to jest na sve četiri strane. Rukovodilac upisuje nađeni broj i kao naslov upisuje ime mesta gde je započelo ispitivanje.

Na kraju posla sav prostor treba da bude skroz-naskroz ispisan i sa četiri ili više oznaka ograničen. Rukovodilac od oka ocenjuje ispisanu površinu.

Registracija je veoma važna stvar za sprovođenje planske borbe protiv ovih skakutavih stada, jerbo na bazi pravilno izvršene registracije tačno se zna veličina zaražene površine.

Najveći uspeh u uništavanju skakavaca može se postići u vremenu kad su oni u prvom, drugom i trećem larvenom stadijumu. Tad se oni nalaze ili na samom mestu gde su se ispilili ili nedaleko od njega. To su mesta sa retkom travom i opasena od njih samih.

Tokom četvrtog i petog stadijuma, a naročito s krilatim skakavcima, borba je mnogo teža, jer se oni tada razlete na sve strane i na velikoj površini..."

— Stani Joakime, ovo kao da si nam jednom rekao, Joakime.

— Ovo je druga knjiga, rekao je Joakim Doksimov, i ovde se rešava i sadašnjost i budućnost. Neka niko ne misli da će se, kad dođe jesen i opadne lišće, nešto okrenuti. Tad će sve biti gotovo, rekao je.

— Ah, ta ustašca njegova, ah, bem mu ta ustašca njegova!...

— Ako treba i bez gaća ćemo ući u komunizam, ali ćemo ući, rekao je Joakim Doksimov, jer sad znamo kako se ulazi. Neki jaje nazivaju još i „koko", rekao je, i ti drugovi treba još mnogo vremena da žderu muve da bi shvatili našu borbu i našu pobedu.

— Muda u čibuku.

Joakim Doksimov je uvek imao zimogrožljivo lice, ali ovoga puta, zapahnut toplinom i plamenim govorom, izgledao je silom podmlađen. Kao podgrejano jelo.

— Napred u nove pobede, rekao je Joakim Doksimov i otisnuo se u najveću jaru. Za njim krenuše i radne brigade. Kordoni poletnih ljudi opkoljavali su njive i, granama, jurili skakavce. Jurili su ih na gole strnjike, koje su već obrstili skakavci. Neki su ih jurili na džadu. I sačekivali ih: jedni odonud, drugi odovud. Opkoljavali su ih i sužavali im krug, vidno polje. Radili su to tiho, bez vike. Čim bi ih skupili na sredini džade, Joakim Doksimov bi im dao znak i oni, svi, počeli bi da ih tuku. Tukli su ih drvenim lopatama, granama, teškim i pokvašenim suknenim krpama, vezanim na duge štapove. Udarali su po gomilama skakavaca. I teklo je gusto zelenilo koje im je ulazilo u opanke, razlivalo se do njihovih gležnjeva. Gnječili su skakavce, kao da tucaju gomile nedozrelog grožđa, zagnojene bubuljice, živu detelinu. Kako je samo bila gusta ta izgažena komina, zgrušana i pomešana s kožnim krilašcima i izlomljenim nožicama s crnim kolenima. Tu i tamo sinulo bi nešto crveno, sitnije i od sitnog prosa.

— Deder, vabite gavrane, rode i vrapce, rekao bi neko, zovite ih da nam pomognu.

— Jesi ti malo ćaknut, rekao bi Joakim Doksimov, meni ne treba ničija pomoć.

Potom je Joakim Doksimov brigadirima naređivao da donose slamu i da je rasturaju na ogoljenim mestima. Noću su skakavci ulazili u slamu, a ujutru su je oni palili. Palili su je sa svih strana i skakavci su pucketali kao kokice.

Borba je svakog dana trajala do uveče. Ali jedne večeri Joakim Doksimov se nije vratio. Jedne tužne večeri kad su se senke u polju pomešale i kad je povrh svih senki pala i senka planine. Tad su se skakavci umirivali. Silazili su sa viših mesta u niža, sakrivali se. Kao zmije: samo sunce, samo vatra je mogla da ih pokrene i da ih potera. Da napadaju. Da gaze sve pred sobom i sve pred sobom da brste, da melju, da pustoše.

Te večeri svi su se vratili, a Joakima Doksimova nije bilo. U prvi mah niko nije primetio da ga nema, jer je on bio posvuda i, svud je stizao, pre svih. A možda je nešto novo preduzeo. Pa on je bio najveći mislilac u Zadruzi „Uspravan pogled". Uvek je umeo nešto novo da zamišlja i da izmišlja. Da pravi čuda.

— Gde je da je, doći će, rekla je njegova žena, Joakimica Doksimova. Moj Joakim Doksimov ne može da pogreši put, rekla je.

I ljudi su čekali: tu je, tamo je, nigde ga nije bilo. Gde je, šta je učinio, šta mu se dogodilo? Mnogo je zakasnio, odužio vreme, oteglio.

— Budući da je Joakim Doksimov znao sve da napravi, rekao je Kiril Stojnički, sigurno je napravio i ono nemoguće. Za dobro sela, rekao je, za spas „Uspravnog pogleda". Sigurno se pretvorio u skakavca, rekao je, da otkrije njihove slabe tačke. Da se raspita čega se boje, rekao je, od čega umiru i zbog čega. Da sazna koliko vremena spavaju, rekao je, i da li sanjaju samo naše polje. Da vidi gde skrivaju mržnju prema nama, rekao je. A može biti da otkrije vođu skakavaca? I oni mora da imaju nešto kao komandu, rekao je, i nekog kao komandira komande. Nekog ko ih vodi, rekao je, kojeg slušaju i kome veruju. Koliko se samo žrtvuje neustrašivi brigadir, Joakim Doksimov, rekao je. Ostavio je ženu, ljude, drugove, rekao je, i uvukao se u neprijateljske redove, da ih špijunira. Uvukao se u zmijsko gnezdo, rekao je. Da im otkrije slaba mesta, rekao je, da im otkrije rezerve hrane i njihove buduće planove: kamo kane da krenu, rekao je, s koje strane će napasti i u koje vreme.

Drugovi i drugarice, nastavio je Kiril Stojnički, Narodni fronte i Afeže, omladino i pioniri, naš neustrašivi brigadir Joakim Doksimov ostao je na bojnom polju, usred neprijatelja. On se ne boji da će biti otkriven, rekao je, da će biti ubijen. Ostao je na velikom stražarskom mestu, rekao je, sam na mrtvoj straži u našem napadnutom polju. Ja mislim da će uspeti, rekao je, i da će se ponovo pretvoriti u čoveka, da će nam se ponovo vratiti, rekao je, da će se vratiti podignute glave, rekao je, kao junak koji korača u prvim redovima našeg juče, ka našem sutra, ka našem nezaustavljivom „napred".

— A ako ostane s njima, rekao je Korun Bikovski, ako mu se svidi da bude skakavac? Ne znam, ali možda se upravo sada popeo na neku šljivu ili jabuku, rekao je, možda nas odande prisluškuje. Možda upravo sada žvaće lišće i prisluškuje nas, rekao je.

— U pravu je drug Korun Bikovski, rekao je Stojko Vampir, možda su ga skakavci već otkrili. Možda im sada otkriva naše planove, rekao je.

— Na kom jeziku govori, rekao je Dejan Šmajser, da govori sigurno bismo ga čuli, rekao je.

— Možda im govori znacima, rekao je Stojko Vampir, a možda govori, a da ne udaljava glas od usta. Možda ga zato ne čujemo, rekao je.

— Ne dozvoljavam nikakvu sumnju u, da kažemo, ispravan stav moga muža, rekla je Joakimica Doksimova, ne dozvoljavam takvu klevetu. Deder, da vidim, nek uradi neko od vas to, rekla je, de, da vidim. Ono što je on uradio, rekla je.

— Tako je, rekao je Dejan Šmajser, zamislite se i vi malo kao skakavci. Jeste se zamislili, upitao je.

— Jesmo se zamislili, rekoše.

— Da živiš na goloj zemlji, rekao je Kiril Stojnički, i da druguješ sa zmijama, crvima i puževima. I da se čuvaš od gavrana, vrabaca, bumbara i ljudi, rekao je.

Kiril Stojnički je pričao, a ljudi su uzdisali.

— Da jedeš živo lišće duvana, suncokreta, grahora i deteline, ječam i pšenicu, raž i ovas, pasulj i kukuruz, divizmu i koprive...

— Jao, jao, rekoše ljudi.

— Nemoj više da pričaš, Kirile, rekoše ljudi, nemoj da nam zabadaš nož u srce!

— Da živiš u jatu pljačkaša polja i da žvaćeš otrove i pelin zbog našeg srećnijeg sutra.

— Rasplakaćeš nas, Kirile, sve ćeš nas oslinaviti!

— Da podnosiš svakojako vreme i nevreme: na hladnoći da se zavlačiš u zemlju, na vrućini da nemaš čime da utoliš glad...
— Šta je ovo ljudi, kakvo je ovo pisanije, rekoše ljudi.
— Da tražiš sušna leta da bi proletao i blage zime da bi prezimio...
— Ko je verovao, rekoše ljudi, i ko da veruje ubuduće.
— Da prevaljuješ gola brda, preloge i utrine, međe i ledine, gde pas ne zalaje, gde niko ni za kog ne zna.
— Pokidao si nam srce, rekoše ljudi, ježeći se od tuge i uzbuđenja.
— I kako je sada njemu, pitam vas ja, rekao je Kiril Stojnički, kako je sad drugu Joakimu Doksimovu? Da budeš smanjen u žutosivu, neuglednu bubicu, s tamnim mrljama i sa iskrivljenim krstom na leđima? Pa on, iako je odavno raskrstio s bogom, sad se muči isto kao Hristos, noseći svoj krst na leđima...
— Majčice draga, već su plakali ljudi, ne mogavši da zadrže suze.
— Da se uspravljaš na zadnjim nogama s crnim pegama i crnim kolenima i da vučeš po zemlji dva para krila s tamnim pegama i žutobraon žilicama. Koliko samo strada, noseći toliko tamnih pega, i tamu, noseći toliko crnih ožiljaka na svom smanjenom telu...
— Dosta, Kirile, ne može se više izdržati, povikaše ljudi; plakali su, držali su se za grudi. Jednom rukom su se držali za grudi, a drugom su trljali oči. Kao da su začepljivali krtičnjak iz kog je počela da kulja neočekivana voda.
— I u toku jednog popišanog leta, triput da umireš i triput da se rađaš i pet puta da menjaš kožu, kao da staru košulju presvlačiš...
— Bože, koliko su mu crno prorekle suđenice, rekoše ljudi, jao, muko velika! Dosta je priče, rekoše, pokidaše nam se srca od plača. I plakali su, neprestano grcali. Oplakivali su sudbinu Joakima Doksimova. Jako žalostiv,

nešto mnogo žalostiv pogodio nam se narod. Neki jako žalostiv narod!

Borba se nastavljala. Ali što više su ubijali skakavce, toliko više su se povećavali njihovi napadi. Počeše da saleću i drveće. Dolazili su kao na zemlju pali oblaci, kao senka što ne znaš ko je stvara, ko je drži, s kim ide, odakle počinje. Zatamnjivali su sunce. Ljudi su do kolena gazili po skakavcima. Ti napadi su izazvali još veću sumnju u Joakima Doksimova. On je bio među skakavcima, a nije dolazio ništa da kaže. Sad je čitanje „Uputstava" preuzeo lično predsednik Sereze „Uspravan pogled", drug Damjan Mraveski.

RUKOVODSTVO:

„Sreski narodni odbor rukovodi akcijom protiv skakavaca na svojoj teritoriji.

Stručno i tehnički akcijom rukovodi sreski štab za borbu protiv skakavaca koji se sastoji od tri člana: sreski rukovodilac akcije i dva pomoćnika. Jedan pomoćnik vodi administraciju i evidenciju, a drugi vrši raspodelu i smeštaj sredstava. Sreski rukovodilac je stručno odgovoran za neuspeh akcije. On treba da bude dobro pismen i upoznat s terenom. Treba, znači, da se održavaju kursevi i da se pripremi kadar za rukovodioce, brigadire sektora i vođe ekipa.

Sreski rukovodilac je dužan da stalno obilazi srez i da izviđa teren, da daje stručna uputstva i da kontroliše brigadire i vođe ekipa. Rukovodilac nosi sa sobom olovku i beležnicu, a ostali motike.

Sreski rukovodilac treba za brigadire i vođe ekipa da izabere i postavi ona lica koja su najagilnija ili, pak, imaju iskustva za vođenje borbe protiv skakavaca.

Da bi ekipe pronalazile sumnjiva mesta, kao rukovodeći znaci mogu da im posluže jata vrana, svraka i gavrana. I svinje mogu da nam posluže kao indikator. Rukovodilac treba da ima na raspolaganju konja ili drugo prevozno sredstvo da ne bi gubio mnogo vremena pri prebacivanju od mesta do mesta."

Posle nekoliko dana, na konferenciji, održanoj između dve borbe sa skakavcima, bilo je zaključeno da se Joakim Doksimov zaista predao skakavcima, da je prešao na njihovu stranu i da je time skrenuo s kursa. Odnosno: da je polomio žegru na jarmu i pobegao iz brazde.

— Pa on nikom ništa nije rekao, kazao je Stojko Vampir, samo je odjednom nestao. Išao je tako i nestao, kao da ga je zemlja progutala. I zatim na tom mestu nije bilo ni trave, ni mrava, rekao je, ništa niotkud da prođe. Kao da je spržio zemlju, kao da ju je izgazio, rekao je.

Sad su već svi bili uvereni da se Joakim Doksimov pretvorio u skakavca koji ne misli da se ponovo vrati ljudima.

— Ne valja čovek mnogo da zna, rekao je Stojko Vampir. Vidi šta mu se dogodilo od mnogo znanja. I zbog toga što je mnogo hteo da zna, rekao je.

— A možda mu je tako bolje, rekao je Korun Bikovski, možda mu je tamo bolje. Ako ga još nisu pojeli kao špijuna, rekao je, sigurno su ga podmitili.

— Njegova stvar, razumeš, razumete, rekao je Pejko Golavoda, važno da ga nema. Da pretpostavimo, nek mu je alal znanje tamo, rekao je.

— Valjda nije od mnogo znanja postao naš neprijatelj, upitao je Dejan Šmajser.

— Možda ga je stigla kletva Streze Despotovskog, rekla je Dilba Smrt, možda je stigla kletva i njega i Bogoju Čavkarovskog. Možda i obojicu njegova kletva proganja, rekla je.

I kasnije, u borbi sa skakavcima, svi ljudi su se čuvali Joakima Doksimova. Čim bi izišli iz kuće, odmah bi pomislili na Joakima Doksimova. U svakom skakavcu videli su i prepoznavali njega. Svi skakavci su imali oči kao Joakim Doksimov. A krila, o bože, krila skakavaca podsećala su ih na njegovu vazda raskopčanu i razvejanu košulju dok je išao napred, čitajući uputstva. Na krilima je bio vidljiv svaki porub, svaki štep i svaka zakrpa sa njegove košulje. A ispod nje: izbočen i zašiljen trbuh, uvučen vrat, rebra, noge. Ali noge, jedino su noge skakavaca bile veće od onih Joakima Doksimova. On je imao kratke noge. Samo malo uspravljene nad zemljom. Tek da mu se trbuh ne vuče po zemlji.

Ubijajući skakavce, ljudi su se zagledali u svakog skakavca. Nastojali su da prepoznaju Joakima Doksimova. Možda se pritajio ispod neke grudve, ispod nekog lista duvana, u nekoj vreži duleka, u paprici; cvrči, a, u stvari psuje, podsmeva se. Poigrava se sa svojim ljudima. Posle tih dugih zagledanja, neki su već pričali da su videli nekog čudnog skakavca. Odvojenog od drugih i drugačijeg od drugih. Čudno je gledao i još čudnije se ponašao. Bio je povučen u sebe, bio je zamišljen nad svojom željom za uništavanjem. Oči su mu bile stalno razrogačene, kao fildžani, kao da želi da se spase od svog dela i od svoje nesavladive potrebe samo da jede i razmnožava se. Kao da je hteo da iskoči iz svoje kožurice, iz svog oklopa. Da iskoči i pobegne. Da ode u svet.

Priče o Joakimu Doksimovu još više su se raširile, pošto je Dejan Šmajser našao svoju torbu svu izgrizenu, skoro do pola sažvakanu i progutanu. Dejan Šmajser je podigao torbu i iz nje je iskočio čitav oblačić skakavaca. Kao da je podigao pčelinju košnicu. Ostao je samo jedan skakavac, zagledan u Dejana Šmajsera. Žmirio je skakavac očima, kao da čovek žmiri. Čučao je na zadnjim nogama, savijenim u kolenima. Uvlačio je trbuh, zašiljen kao metak i crveneo je od stida. Crvenilo mu se razlivalo i po žilicama na krilima. Stajao je, tako, ispred Dejana Šmajsera, gledali su se oči u oči. Blizu, evo ovako: kao da hoće da se rukuje, da se pozdravi. I da upita: „Kako si, šta radiš, šta ima novoga." „Novo si ti", umalo da kaže Dejan Šmajser, ali setio se da je ljut i podigao je ruku da udari skakavca, da ga smrvi. Ali samo što je podigao ruku, skakavac je nestao. Skočio je visoko povrh njegove pesnice i izgubio se iza njega u travi.

Kasnije su tog istog skakavca (a možda nekog drugog, sličnog) videli u jednom od jendeka za uništavanje skakavaca. Cvrčao je, svirao, sve je treštalo. A videli su ga i u započetom seoskom parku, na krovu nedovršene hidrocentrale, pa i pred ulazom Zadružnog doma. To je ljude još više ubedilo da je skakavac Joakim Doksimov. Ide: priseća se svojih dalekih uspomena, hoće da prikupi svoju prošlost. A možda hoće nekog ćutke da napadne, da mu pukne žuč.

I jedne večeri, u jednom oznojenom i nepotkovanom sumraku, pozvaše Joakimicu Doksimovu. Na saslušanje. Da kaže sve što ima da ispriča. Sve što je tačno i sve što treba da se dopuni. Optužili su je da se noću sreće s Joakimom Doksimovim. Pa i da je spavala s njim. U stvari, Dilba Smrt, prolazeći jednog ranog jutra podno njene kuće, čula je cvrčanje skakavca. Cvrčanje je dolazilo iznutra, iz kuće Joakima Doksimova.

— Čula sam svojim ušima, rekla je Dilba Smrt, cvrčanje je dopiralo iznutra. Kao da je dolazilo iz njene postelje, rekla je.

— Možda sam unela nekog skakavca, rekla je Joakimica Doksimova, možda mi se neki uvukao u opanak ili u torbu. Ali, zaboga, rekla je, kako mogu da spavam sa skakavcem? Nisam toliko sišla s uma.

— Možda Joakim Doksimov nije uvek skakavac, rekao je predsednik „Uspravnog pogleda", drug Damjan Mraveski, možda se u postelji ponovo pretvara u čoveka.

— Kamo sreće da se pretvori, rekla je Joakimica Doksimova, ali njega nema. Ja čoveka nemam, rekla je, a vi od mene tražite čoveka. Učinite i vi nešto za njega, rekla je, bar onoliko koliko je uradio i on za vas, za selo. Potražite ga, rekla je, možda ćete ga naći. Da ste ga potražili, možda biste ga našli, rekla je. Ja ne tražim više: samo da ga potražite, rekla je.

Tražili su ga i nisu ga našli.

U spisku za trudodane Sereze „Uspravan pogled" iz sela Ištice, predsednik Damjan Mraveski, pored imena Joakima Doksimova, zapisao je: „Izdajica". Ali, čitajući spisak, brigadir Dejan Šmajser je ovu reč u karakteristici Joakima Doksimova okarakterisao kao nedovoljno jasnu, pa je mastiljavom olovkom, koju je prethodno obalavio, dodao: „Prodana duša". Time kao da je bio okončan istražni postupak oko nestanka najvećeg samostalnog mislioca u seoskoj radnoj zadruzi „Uspravan pogled", druga Joakima Doksimova.

— Ko je rekao — drug?
— Ma kakav drug!
— Jezik pregrizao onaj koji je rekao drug, rekao je Damjan Mraveski i nastavio da čita:

„Brigadir ima zadatak da organizuje i kontroliše rad na svom terenu, da pronađe i predloži za vođe borbenih ekipa energična i savesna lica i da daje instrukcije na svom sektoru. Jedan sektor može da obuhvati tri do pet sela prema veličini zaražene površine i jačini zaraze.

Članovi ekipe mogu da budu stalni ili, pak, njih raspoređuje M. N. odbor po spisku. Ekipa, na čelu s vođom, direktno vodi borbu protiv skakavaca na terenu i od njene borbenosti, istrajnosti i doslednosti, zavisi i uspeh akcije.

Da bi se pravilno i pravovremeno uništavali skakavci na terenu, teba da se ima dobro organizovana obaveštajna mreža: gde i na kom mestu su se pojavili skakavci u tom rejonu... Obaveštajci o svim nalazima obaveštavaju brigadire po sektorima ili vođe borbenih ekipa, a ovi brigadire.

Za to vreme rukovodioci borbenih ekipa skupljaju i pripremaju sav potreban materijal za rad i u sporazumu sa rukovodiocem sektora pristupaju uništavanju skakavaca, uništavajući redom sve bande skakavaca, da ne ostane ni jedan."

Tih dana i deca su se odvajala u brigade i brigadire. Na jake i slabe države. Ubijala su skakavce i u kratkim pauzama igrala jednu novu igru koja se zvala: „Neka bije, neka bije." A tukla su se lopticom napravljenom od stočne dlake. Te je dlake najviše bilo kad su se timarili konji, magarci i goveda, u proleće, kad su ih zadrugari, pošto bi očistili štalu, timarili velikim gvozdenim češljevima. Čitave kudelje dlake ostajale su na češljevima. Deca su ih skupljala i valjala u reci. Valjala su dlaku u rečnim virovima, mesila je i od nje pravila lopte.

Potom su se deca delila na države. Ti ćeš biti — Jugoslavija, ti ćeš biti — Rusija, ti — Amerika, ti — Turska, ti — Bugarska, ti — Engleska, ti — Nemačka, ti — Grčka... Koliko dece — toliko država. Iako su sva deca htela da budu Makedonija, Jugoslavija ili Rusija. Jer te su države morale da pobede. Niko nije hteo da bude Nemačka. Nemačka je obavezno gubila. Ali i tu državu neko je morao da igra jer je neko morao da izgubi. I tu je državu igralo neko od najslabije dece. Neka bije, neka bije Nemačka. Nemačka ništa ne pogađa. Dete se sa suzama u očima isključuje iz igre. Najjača deca nosila su imena Makedonije, Jugoslavije i Rusije. I ona su pobeđivala. Neka bije, neka bije, Rusija. Rusiju ne igramo. U najžešćoj borbi sa skakavcima i Rusija je već počela da gubi. Pored Nemačke, Rusija je bila najviše pogađana loptom, napravljenom od dlake olinjale stoke. Neka bije, neka bije, Grčka. Deder, oteraj Grčku!

— Iz naših južnih krajeva, govorilo se, s one strane granice, dolaze žene i deca sa uplašenim očima i ne znaju gde dalje da idu.

Igra se ponekad nastavljala i dok su ubijali skakavce. Neka bije, neka bije Makedonija, vikala su deca i vukla čerge, ćebad, vojničke mušeme i šinjele. Nosila su i pohabane skutače, vreće i prekrivače i bacala ih na gomile skakavaca. Neka bije, neka bije, govorila su i penjala se odozgo, gazila su skakavce, kao da gaze blato za crepulje i ćerpiče, kao da gaze seno u plevnji. Bilo je prosto milina gledati ih u tim trenucima. S koliko hrabrosti, poleta i zanosa su skakala na skakavce, pokrivene da ne mogu da pobegnu. Neka bije, neka bije — Jugoslavija! Uzvikivala su i skakala skupljenim nožicama da bi bila što teža u padu odozgo. Deca su bila veći skakači od skakavaca koje su gazila i uzvikivala: ah, mah, pah! Nisu nikako smela da ispuste prekrivače ispod svojih stopala. Ispod prekrivača je bilo toliko skakavaca da su mogli da ih podignu uvis i da polete zajedno s njima. Čim ih baciš, oni se razmile. I vidiš: čerge, ćebad, mušeme, šinjeli, skutače, vreće i prekrivači, idu tamo-amo po polju, nose ih skakavci na leđima. Podigli ih sa zemlje i nose ih. I deca su trčala, sustizala ih i skakala po njima. Neka bije, neka bije... Obraščići su im crveneli, usne su im se sušile od skakanja i stalnog uzvikivanja: ah, mah, pah! A ispod prekrivača su pucketali zgnječeni skakavci, kao usitnjen šljunak, kao izmrvljeni pužići. I ta škripa je još više hrabrila decu, ulivala im još veću silu. Kolutala su očima; činilo se da će im svakog časa iskočiti i da će se otkotrljati u polje, u njive. Samo s vremena na vreme, s mukom, pogledala bi jedno u drugo i osmotrila da li ih posmatraju i stariji. Brinula su šta oni misle, šta će reći. Oko njih su skakutali odbegli skakavci, takmičili su se s decom. I brstili sve na šta naiđu. Mleli su mlinovima i punili vreće iza sebe, između nogu, ispod krila... Punili su ih, punili, i nikad da ih napune. Bile su im pocepane i svud su propuštale.

Brigadiri su ih bili lopatama i skakavci su se lepili za njih i ispuštali neko guseničavo zelenilo. I od njega su lopate postajale teže. Posle svakog udarca lopate su postajale teže. A i ljudi su sve teže koračali. Noge su im propadale u gomile skakavaca kao u živo blato, u živi pesak. Propadale su im do gležnjeva, do kolena, ali oni nisu prestajali da ih tuku. Ponekad su i decu hrabrili. Neki su im aplaudirali: udarili bi nekoliko puta dlanom o dlan i rekli: bravo!

Deca su tad dobijala krila. Počela bi da skaču još više i da mrve skakavce svom silinom. Neka bije, neka bije — Bugarska! Ne igra više Bugarska. Neka bije, neka bije — Grčka! Vala ni Grčka više ne igra. A i zašto bi...

— Iz naših južnih krajeva, govorilo se, s one strane granice, dolaze žene i deca sa uplašenim očima i ne znaju kuda dalje da idu.

Već su počinjale nove pobede u borbi sa skakavcima. Polje je odjekivalo od škripe i galame, prosto se prolamalo. Neka bije, neka bije Makedonija, vikala su deca, a polje je samo zvonilo i škripalo: škrip, škrip, škrip, škrip. Škripalo je dok su ga brstili skakavci, napadajući u velikim talasima, škripalo je pod dečjim stopalima.

Stizali su glasovi: na granicama ubijaju naše vojnike. Na bugarskoj granici, na albanskoj granici, na rumunskoj... Samo godinu dana od sahrane Miladina Despotovskog, pod stražom donešė i drugog mrtvog vojničića. Škrip, škrip, škrip, škrip, kako su mogli da ga ubiju Bugari, rekao je njegov otac, kad ja imam rođake u Bugarskoj, škrip, škrip, škrip, škrip. Ja imam i u Albaniji, govorio mi je jedan prijatelj, škrip, škrip, škrip, škrip... Neka bije, neka bije Jugoslavija, vikala su deca i nisu prestajala da skaču, da gaze. S kakvim su samo zanosom prihvatala borbu sa skakavcima! Kao da su preskakala dugu, kao da su prestizala vetar, kao da su dosezala sunce. Škrip, škrip, škrip, škrip. Gore, dole. Slatki, preslatki žmarci podilazili su njihove raskriljene ruke i noge, njihova nejaka tela. I ona su skakala, skakala su kao pojureni jarići, a od zgnječenih skakavaca štrcalo je i prštalo zelenilo, prosto se razlivalo. Bujica zelenila oticala je ispod prekrivača, ispod njihovih stopala. I punila je brazde, jendeke, škrip, škrip, škrip, škrip... Neka bije, neka bije...

— Najviše bije u našim južnim krajevima, govorilo se, tamo svakog dana gruvaju topovi i beže žene i deca sa uplašenim očima i ne znaju gde treba i dokle treba da beže...

Neka bije, neka bije...

Bilo je i sunce odozgo, s visine. I, i ono se razlivalo, teklo kroz polje. Punilo je jendeke, gacalo po rekama i glibovima, mutilo je izvore.

— Otkad su uništili koze, rekao je Viktor Govedar, otkad su uništili koze, nisam dotakao žensku sisu. Bog mi je svedok, rekao je.

— Baš me boli...

„Brigadiri sektora su stalno u pokretu, obilaze ekipe, kontrolišu njihov rad, pomažu im svojim savetima, svakog dana izveštavaju sreskog rukovodioca akcije o njenom toku itd.

Za vreme trajanja akcije, strategija i taktika moraju biti samo ofanzivne. Svaki skakavac — heroj mora da se pronađe i da bude uništen od strane borbene ekipe. Glavna parola mora da bude: „Smrt skakavcima svuda i na svakom mestu!"

Kad su stigli do reke koja je pregrađivala donji kraj polja, Korun Bikovski je rekao:

— Tamo je grob Bogoje Čavkarovskog. Eno, tamo, iza pruća, rekao je.

— Otkud znaš, rekoše ljudi.

— Rekli su mi, rekao je Korun Bikovski.

Tad se neko setio reči Streze Despotovskog da mu se Bogoja Čavkarovski tamo negde, prema reci, izgubio. Ali kako može da ti se čovek pred očima izgubi? Da li ga je neko ubio, ili ga je ubio Strezo Despotovski? Ali Strezo Despotovski nije o tome ni reč rekao. A možda nije ni znao da ga je ubio. Možda je u njega pucao u strahu. Ubio ga je, a potom sahranio.

I zaista, iza pruća, u pesku, pronađoše nešto kao grobić.

— Kopajte, zapovedio je Dejan Šmajser, tu kopajte!

— Ali ovo je samo rečni nanos, rekao je Kiril Stojnički.

— Da pretpostavimo da nije nanos, razumeš, rekao je Pejko Golavoda.

— Kopajte, ponovio je Dejan Šmajser.

Reka se iza njih mreškala i udarala u obalu, prema njihovim nogama. Napinjala se da dosegne ljude, da ih uštine za pete. I stalno je razbacivala male ribice i punoglavce. Zanela bi ih prema ljudima, prema pesku i ponovo bi ih povukla nazad, u dubinu. Tamo gde su se prevrtale mrene i klenovi, svetlucajući kao odblesak munje na nebu.

— Da se nije pokvario, majku mu, da nije istrunuo?

— Možda nije, a možda smrdi.

— Koliko vremena treba zemlji da ga uzme, da mu pokupi meso?

— Gle, gle, kao da nema ništa.

— Rekao sam vam, rekao je Kiril Stojnički.

— Ima, ima, rekao je Korun Bikovski.

— Kopajte dalje, rekao je Dejan Šmajser.

— Dokle, rekao je Stojko Vampir, počela je voda da izlazi.

— Ako, rekao je Dejan Šmajser, voda je iz reke.
— Nisam rekao da je moja, rekao je Stojko Vampir i odjednom stao kao ukopan.
— Šta je, upitao je Dejan Šmajser.
— Zapela mi je lopata, rekao je Stojko Vampir. Dejan Šmajser je prišao. U rupu je nadošla mutna voda i pokrila, prosto povukla lopatu.
— Znači tu je, rekao je Dejan Šmajser.
I ljudi su kopali, kopali i na kraju iskopali gomilu psećih kostiju.
— Da pretpostavimo, rekao je Pejko Golavoda, da ove kosti ne pripadaju Bogoji Čavkarovskom.
— Zar ne vidiš da su pseće, rekao je Dejan Šmajser. Zar ne vidiš da su od kučeta.
— Kako može, upitao je Pejko Golavoda, kako može, da pretpostavimo da čovek ima kosti kučeta.
— Takvo je vreme, rekao je Korun Bikovski.
— Ma ove kosti su pseće kosti, rekao je Kiril Stojnički.
— Eto, rekao je Stojko Vampir, danas niko ne zna kakve kosti ima.
— U, majku mu. A gde mu je Rakida Želčeva?
— Možda ga je ostavila, rekao je Korun Bikovski, možda joj nije bio ravan. A možda nije znao da igra pipirevku, rekao je.
Dejan Šmajser je pljunuo u kosti i okrenuo se prema reci. A sa brda, preko reke, dopirao je, prosto treštao, poj vrapca. Vrabac se napinjao svom silinom, oslanjao se na rep i umalo da se iskilavi, da se popiša od pevanja.
„Teren se povremeno obilazi da se ne bi negde ponovo pojavio neki skakavac.
I da se ne dopusti da skakavac razvije krila. Ako skakavac razvije krila, pobeda je njegova. Zato je glavno da se kod svih učesnika i tokom čitavog vremena akcije održava borben duh, istrajnost, disciplina i savesnost u radu."
Svi u zadnji odlučujući boj!...
— Kud je pobegao Kiril Stojnički?

— Nije pobegao Kiril Stojnički, pobegao je Najdenko Jordankin.

To se dogodilo onog dana kad je na zadružnoj konferenciji Dejan Šmajser bio jako izgrđen, to jest kritikovan zbog kurvanja s Paunom Žar, što je moglo da se shvati i kao saradnja s klasnim neprijateljem, jer je njena familija bila protiv zadružnog socijalističkog života. A to je došlo nakon kavge između druga Damjana Mraveskog i Paune Žar.

— Rekao si da sam ja kurva, rekla je Pauna Žar, ali ja za tebe nisam kurva, jer ti nemaš k.... Lako je moglo da se pretpostavi na šta cilja dotična ličnost.

— Bar je to jasno, rekao je Pejko Golavoda, da pretpostavimo, kao što se Golemača i Levača mešaju na jednom mestu, rekao je.

I to je zatrovalo odnose. Prestali su da prde u istu tikvu: posvađali su se. Ubrzo potom i vinograde, zasađene otelom, proglasiše za štetne po zdravlje naroda, a čoveka, njihovog negovatelja, za najveće bogatstvo na zemlji.

DETE POČINJE DA GOVORI. SELO SE OTVARA. UBISTVO KIRILA STOJNIČKOG

— Pronašli su konja. Pojeo ga je vuk, a da ga uopšte nije takao. Da ti stoji tako među bukvama, sav upleten u vrengije. Vezan. Da ti stoji uspravljen i miran, kao da čeka da ga natovare: ni glavu da okrene, ni repom da mahne, da se odbrani od muva. Da mu ostavi netaknut i jajoliki trbuh. I samo dlaka malo raštrkana, razbarušena, kao usitnjen duvan. A on samo malo pododškrinut na jednoj žili, između prednjih nogu, ispod vrata. Da mu tu zarije zube i da mu odande popije krv. Kao vino na sisak, tako da mu popije krv iz vene, iz žile. Da mu je posisa, da mu je iscedi. Da ne ostavi ništa da kane na zemlju, da se prospe na stranu.

— Kao pijavica. Ala je to bila borba!

Poslednjeg dana velike borbe sa skakavcima stigao je glas da je već progovorilo dete predsednika „Uspravnog pogleda", druga Damjana Mraveskog. Bilo je reklo nešto kao: ibe, jebe itd., odnosno i tako dalje, što bi rekao Joakim Doksimov.

— Znam šta je „jebe", rekao je Korun Bikovski, ali ne znam šta je „ibe". Da me ubiješ ne znam, rekao je.

— Sigurno neka nova bolest, čulo se u polju, počelo je da se razglaba po polju.

A predsednik „Uspravnog pogleda", drug Damjan Mraveski, ponovo se smejao udesno, kao pokidana čarapa. Razvlačio je usta prema desnoj strani lica i skakao od radosti. Za njim su skakale i sve brigade. Skakale su i gazile poslednje skakavce.

I Kiril Stojnički je gazio skakavce. Išao je napred i, dašćući, gazio ih, mrvio. I vazda je imao osećaj da gazi u neku močvarnu livadu koja mu zahvata stopala. Nije ni osetio kad je izišao na kraj polja. Tek kad se osvrnuo nazad, video je da je polje prazno, skoro pusto. Nije bilo ni jednog čoveka. Da li su ljudi otišli i ostavili ga, zaboravili, ili se on mnogo udaljio od njih? Njive su bile očerupane, ogoljene, suve. Svaki struk, svaka vlat, svaki klas bio je izgažen, izgrizen, obršćen.

„Mi uništavamo skakavce, pomislio je Kiril Stojnički, tek pošto su nam skakavci uništili polje." I tog trena osetio je oštar bol u stomaku. I osetio je kako mu topao vazduh ulazi u još topliju utrobu, među creva. I odjednom mu se zaljuljaše i polje i planina. Sve mu se izmaklo pod nogama. Za loše nema zakašnjenja, samo sreća može da se zadrži, da okasni.

Udarac je došao nekako s leđa, iznenadan, neočekivan. Kad se okrenuo, video je ošišanu glavu Najdenka Jordankina. Najdenko Jordankin je bežao prema reci, dižući oblak prašine. Bila mu je proključala zla krv, bežao je. Kiril Stojnički je pokušavao da sebi objasni odakle se stvorio, otkad ga je vrebao, kako mu se približio. „Sigurno me je nedeljama čekao sakriven kod reke", pomislio je, ali bol je počela ponovo da mu cepa trbuh i da mu dotiče dubinu utrobe. A hteo je da rikne i da skoči, da sustigne Najdenka Jordankina. Da ga raščereči. Ali on je već bio zamakao iza jova, iza vrbaka.

„Ah, kopile, rekao je u sebi Kiril Stojnički, samo da ti se malo približim, samo jedna moja ruka da padne na tebe, rekao je, samo da te jednim noktom taknem i sve bih ti meso s kostiju zgulio. I tako, bez mesa, prošetao bih te kroz selo, rekao je. I posle bih ti zubima otkinuo grkljan, kao što je Vratika kidala konac, pošto bi mi ušila dugme na košulji, rekao je. Tako bih ti i dušu izvadio, rekao je, i ne bih ti je vadio kroz usta, nego kroz dupe. I obesio bih te o nju glavačke, o tvoju dušu bih te obesio. Negde gde pišaju ježevi i žabe", rekao je.

I kao što je govorio, dovukao se do jedne mlade topole. Sčepao ju je rukom i iščupao. Iščupao ju je iz korena. Jednom rukom se držao za trbuh, a drugom ju je iščupao. I hteo je da je baci ka reci, tamo gde je pobegao Najdenko Jordankin. Ali pri čupanju bol mu se ponovio, pojačao. Kao da je topola bila posađena u njegovoj utrobi. I kao da ju je odande iščupao. I Kiril Stojnički je samo oborio topolu i ona je lupila o zemlju, koprcajući se još dugo granama, kao zaklan petao.

Kiril Stojnički je s mukom uzdahnuo i počeo da čeprka po rani. Pokušao je da povuče košulju i to ga je jako zabolelo. Jedan kraj prednjice bio se uvukao u trbuh. Tad se sagnuo i primetio dršku noža. Tek tada je shvatio da je nož još unutra. Vršak sečiva bio se zaglavio u donjem delu rebara. U rskavici. U stvari, nož se zario i prošetao kroz njega onog trena kad se okrenuo da vidi ko ga je udario, ko ga je nenadano ubo. Zgrabio je dršku, izvukao nož i bacio ga ispred sebe. Potom je podigao košulju i kad je ponovo dotakao ranu, creva su mu ispunila obe ruke. To ga je prvi put u životu uplašilo. Seo je kao popišan u rupu iz koje je iščupao topolu. „Ala su lažni vek i slika o njemu", pomislio je, držeći trbuh, kao pocepanu torbu. Teško njemu...

Krv mu je šikljala kao da klokoće krtičnjak i slivala mu se niz prepone i još niže, niz nogavice. Kad je seo, video je da su mu i opanci puni krvi. Tad je osetio silnu potrebu da krikne, ali još pri prvom pokušaju da krikne osetio je da krv još jače šiklja. Neko ju je prosipao iznutra, iz utrobe. Prdnuo je u čabar...

Počeo je da gura creva unutra, da ih vraća natrag. Ali na jednom kraju bi ih uvukao, a na drugom kraju rane ponovo bi poispadala. Klizila su, bežala, upadala među prste. Posekotina je bila velika. Ko zna da li ga je bio toliko zasekao nož ili njegov krik. A možda se rana proširila kad se napnuo da iščupa topolu.

Bio se skljokao u rupu; držao je creva i buljio u svoju krv. Osećao se kao onaj konj koji je pokušao da preskoči visoku ogradu oko voćnjaka. Konj je, u stvari, preskočio ogradu, ali samo prednjim nogama i prednjim delom tela. Zadnje noge su mu zapele o šiljate kočeve — šipove i šipovi su mu se zabili u donji deo trbuha. Natakli su ga kao viljuška. Kad se ponovo propeo, iščupao je ogradu trbuhom, ali rasporio je trbuh. Rasporio ga je čak do pišala. I tad mu je ispalo škembe i odmotala su mu se creva. A konj je i dalje trčao, bežao od bola. Bežao je i zadnjim nogama gazio creva. Sva creva su mu se uplitala, uvijala oko nogu, a on ih je gazio. Kidao ih je, potkusurivao sebe. Ljudi su išli za njim i skupljali mu creva. Svi su oni verovali da će konj ostati živ ako mu creva ponovo vrate u trbuh. Ako mu ih sastave, ušiju. Verovali su. Možda još u to veruju...

Kiril Stojnički je držao creva, a ona su se pušila. Ispuštala su neku paru, kao iz konjskih nozdrva. Gledao je dole, u ruke, a onda okretao pogled gore, u polje. Ali polja kao da nije bilo. Ili on nije mogao ništa da vidi. Ni živu dušu, ni travčicu. Ni klicu, ni štir, ni lanilist, ni rovca. Zemlja je bila očišćena. Samo ponegde, zatitrale bi mu pred očima hrpe zemlje iz jendeka koje su kopali za uništavanje skakavaca. Ali i to nekako nejasno, jedva primetno. I sva ta pustoš iz polja poče polako da mu obuzima srce, da mu se uvlači u dušu. Kamo, jado, sada?

Držao se za trbuh i posmatrao iščupanu topolu. I odjednom, otkrio je veliku sličnost između sebe i stabla. I ono i on su bili svaljeni na zemlju, iščupani, bačeni, nemoćni. I ono i on su bili bez želje za pomoću, jer u toj želji nisu videli i nadu. Jednog trenutka Kiril Stojnički je prislonio glavu uz koren i počeo njom da udara. Držao je creva, a glavom udarao u koren, u stablo. Zemlja mu je zasipala vrat, kosu, usta. Koža mu se nabijala, pucala, grebla se kao kora na stablu, ali ni kap krvi nije potekla, nije izišla. Izgrebao je i obraze i čelo, a još više je izgrebao teme, kroz kosu. Ali krv nikako da se pojavi, da kane sa glave. Kao da mu je sva krv bila istekla niz nogavice ili se bila izlila ispod njega.

U utrobu mu je uleteo neki preplašeni skakavac i počeo da ga golica. I to tačno na mestu gde ga je najviše bolelo. Možda je to bio Joakim Doksimov. „Ja sam ga branio; pomislio je Kiril Stojnički, a on me napada. Ta izdajica, prodana duša, što je postala skakavac i ostala među skakavcima!..." Razume se, ukoliko i on nije bio ubijen. Među tolikim ubijenim skakavcima, moglo je da se pretpostavi da je i Joakim Doksimov ubijen, ali to niko nije mogao da zna i da dokaže. On se bio savršeno pretvorio u skakavca i niko nije mogao da ga prepozna. A možda je bio i neki drugi skakavac koji se, bežeći kao bez glave, zavukao u otvorenu ranu Kirila Stojničkog. I počeo da ga golica. I Kiril Stojnički poče da se smeje. Vikao je i smejao se istovremeno. I od bola i od nezadrživog smeha, izazvanog golicanjem skakavca koji mu se vrzmao po utrobi. U rani, među crevima. Mogao je da umre od smeha. Ili je možda hteo da umre nasmejan... Kad bi se lagali!

Ali kao što je vreme prolazilo, ta vika i taj smeh pretvarali su se u jecaj sa nasmejanim ustima. Počeli su da se udaljavaju, kao stišavanje žabljeg kreketa u reci.

U očima mu je škripao neki peščani mrak. Da li su mu se suze mrvile dok je stezao kapke, da ih ne ispusti? Kiril Stojnički nije želeo da mu iko vidi suze. Nije želeo da ga bilo šta oda tako nemoćnog, bespomoćnog i samog. A želeo je, jako je želeo da se smrkava, da se smrkne. Mislio je da će noć izmeniti mnoge stvari iz njegove podmukle nesreće. Više nije ništa očekivao od dnevne svetlosti i od živih ljudi. Nada mu je bila okrenuta samo ka mrtvima. U stvari, prema Vratiki Čavkarovskoj. Možda ona već zna šta mu se dogodilo i jedva čeka da se smrkne. Jer samo noć pripada mrtvima. I ona će još sa prvim mrakom podići grob i izići. Doći će kod njega. Doći će sa iglom i svilenim koncem da mu zašije trbuh, da mu razmrsi creva. I da ga previje. I tad će Kiril Stojnički ponovo moći da povrati snagu i po čitavu noć da kopa zemlju, da je prevrće. Čupaće drveće i kamenje i razbacivaće ga svud okolo, potkopavaće, razgrađivaće, rušiće, gaziće gde mu je volja. Raznosiće brda, premeštaće njive, polje... Curik malo!

Sedeo je nagnut, sa raširenim šakama oko rane. Dodirivao je creva i doticao je prste. Odjednom je osetio kao da mu rastu nokti. I zajedno s noktima poče da mu raste i brada. Milela je i svrbela ga na bledom licu, kao žito koje klija i podiže se ispod snega što se tanji, što kopni. Ali on je mislio da mu rastu kao kod mrtvaca. I lice ga je grizlo i svrbelo, ali ruke su mu bile zauzete i nije mogao da se počeše.

Ispravio je jednu nogu, a savijenim kolenom se odupro i ustao. Ali noge su mu klecale, nisu mogle da ga drže. Zaneo se i pao na dupe, kao razvezan snop. Jedino je uspeo da ne padne potrbuške. Ponovo se pridigao s bolom u trbuhu, u praznoj šupljini koju je zatvarao širokim dlanovima. I kao nagažena žaba dovukao se po šljunku do reke, gde su kreketale žabe — prosto da te zagluše. Ali svest još je mogla da mu kaže da ne sme da pije vodu. Iako su mu usta gorela, iako su mu bila sva zapečena. „Ako budem pio vodu, pomislio je, ko zna hoću li moći da je zadržim. Možda će mi voda iscuriti iz rane na trbuhu. Biće potrebno i nju da sprečavam, pomislio je, i vodu da zadržavam dlanovima i prstima." Pa zašto se onda mučio, zašto je bauljao da se dovuče do reke? Možda se nadao da će tamo zateći Dukadinku Despotovsku. Bar da nekome kaže nešto, bar da mu neko vidi smrt. I nadao se takvom priviđenju. Očekivao je da će se ona ipak pojaviti odnekud, s dugim prutom u ruci. Plakaće, pevaće i udaraće talasiće u reci. Tući će reku, svetiće joj se zbog davljenja njenog sina, Miladina Despotovskog.

Zaustavio se u šljunku, u pesku i samo jednim malim delićem svesti dodirivao je vodu, reku. To njeno stalno grgoljenje i naprezanje da ide, da ide, da nikada ne stane. Reka je tekla, a kao da je tekla kroz njega, kao da je izvirala iz njegove rane. Teče tako, malo, presahne i ponovo počne da teče iz njega. Negde, u reci, opet su zakreketale žabe, ispunile prostor. Ništa se drugo nije događalo, ništa se drugo nije pojavljivalo. Bio je sam s rekom. I u taj mah setio se da su tu negde pronašli grob Bogoje Čavkarovskog. Ako je bio njegov. „Zar je Bogoja Čavkarovski zaista imao pseće kosti. Zar je zaista bio pseto?"

Jednog trenutka pomislio je da sam pokida creva. Kao što ih je konj pokidao. Ali tu pomisao odmah je oda-

gnao. Da li je shvatio da nema snage za takav podvig? Jedino što je mogao da učini bilo je to da drži creva rukama, bojeći se da mu ne ispadnu. A možda je sve to činio bez volje svesti koja mu se stalno zamagljivala. Ili samo nije znao šta drugo da radi rukama. „Gle, kako je smrt vazda uz nas! Samo je život tako daleko..."
 Povratila mu se malo snaga i okrenuo se na bok. Osetio je da mu se pesak zalepio za ranu i počeo, nasumce, da je čisti, da je bište. Da otresa creva. I od toga ponovo ga je zabolelo. "Dobro je što me boli, pomislio je, dobro je što uopšte osećam da me boli. Dok znam da me boli, znaću da još uvek mogu da se branim, i da se nadam. Šta će biti kad prestane da me boli, pomislio je, od čega ću se tad braniti", uplašio se. Kučine...
 Odnekud je doprlo udaranje sekira. Kao da su kresale neku oborenu kladu. Osećao je da to nije daleko, da je tu negde, da možda krešu topolu koju je iščupao. Kuc, kuc, tik, tak, udarali su sekirama, a kao da su udarali po slepoočnicama Kirila Stojničkog. „Lopuže, pomislio je, ali možda će me oni naći i odneti odavde. Možda će doći do reke da napoje konja, možda će me naći." Ali lopuže nikad nemaju vremena za drugo, osim za ono što kradu. I udarali su, kresali sekirama. Čuo ih je Kiril Stojnički čas jasnije, čas mutnije, čas bliže, čas dalje. „Možda će me videti, ponadao se, možda će me naći."
 Oči su mu bile već otežale. Otvarao je silom kapke, a oni su mu ponovo padali. Bila ih je skolila neka opaka težina. Omorina je prelistavala vazduh ponad reke, kao da je otvarala njegove dnevnike, prenete iznad njega gore, u veliku nebesku učionicu. Prelistavala ih je, okretala, prozivala njegove učenike. A odozdo, ispod njegovih prstiju, miris njegove slankaste krvi pretvarao se u nešto njemu sasvim poznato. Da li je to bio miris upaljenog tamjana ili možda bosioka iz bašte Vratike Čavkarovske. Nije znao... Sanjao je kao da je uzeo svoju glavu u ruke i kao da gleda lice, onako, pred sobom, na kolenima. Vidi ga jasno, kao u ogledalu, a ogledala nema. I sve mu je prljavo: neobrijano i ružno. Takvo mu je i telo. Ali odjed-

nom kod njega dolazi Vratika Čavkarovska, s testijom vode u rukama. Sipa vodu jednom rukom, a drugom ga pere, umiva. Pere ga, a nikako da ga opere. Kirila Stojničkog.

— Nasapunaj me, obrij me, kaže Kiril Stojnički.

— Tvoja koža treba da se opere, kaže mu Vratika Čavkarovska u snu i poče da mu skida odeću. Potom mu je skinula i kožu i počela da je pere u reci. Prala ju je i stalno lupala prakljačom. Pri svakom udarcu po koži, Kiril Stojnički je skakao od bola. Buljio je u kožu i stalno skakao. Vratika Čavkarovska nije primećivala da ga boli. Okrenuta prema reci, bila se zanela poslom. Ispirala je kožu, iscedila i prebacila preko jednog grma, da se suši. „Otkud je mogla da dođe Vratika Čavkarovska, kad je umrla", mislio je Kiril Stojnički, a drugo rekao:

— Brže, vrati mi kožu, kazao je, jer će mi miševi ući u trbuh. Eno ih, vrebaju me, ostrvljenih očiju, kazao je, podižu njuškice, škrguću šiljatim zubićima, kazao je i počeo da zaklanja trbuh rukama.

Vratika Čavkarovska je jurila oko Kirila Stojničkog i ganjala miševe. „A možda i nije umrla", mislio je u sebi Kiril Stojnički i počeo ponovo da veruje u boga. Zarad nje. Ali Vratika Čavkarovska je krenula nazad, počela je da se udaljava, ostavljajući njega odranog, ogoljenog i samog, s miševima koji su ponovo nagrnuli ka njegovoj, otvorenoj, utrobi.

— Stani, Vratiko, dozivao je Kiril Stojnički. Zbog tebe sam učenicima i ja uveo veronauku, vikao je, stani, sačekaj me.

— Sačekaću te gore, rekla je Vratika Čavkarovska.

— Inspektor mi je našao pravoslavni kalendar, kazao je Kiril Stojnički; ovde se svi učitelji vraćaju bogu, rekla je Vratika Čavkarovska; inspektor me je uzeo na zub, kazao je Kiril Stojnički; kad-tad mora da se poveruje u boga, rekla je Vratika Čavkarovska; majka mi je poslala pismo da se vratim, kazao je Kiril Stojnički, a ja sam joj napisao: neću da se vratim; a gde bi se vratio bez kože, bez glave i bez lica, rekla je Vratika Čavkarovska i nestala, zajedno s glasom, s rečima: „Nema od toga ništa!"

Skakavac je počeo ponovo da čeprka po crevima i ponovo ga je razbudio, povratio. U stvari, on više nije znao šta je istina, a šta laž u njegovom životu od ovog dana, kao što nije znao šta da radi sa rukama. Sa svojim širokim dlanovima, sa svojim pregrštima. Još uvek je pridržavao creva, a ona su se micala, ispadala, upadala među prste. Treperila su, ljuljala se i prelivala, kao topla voda iz prepune pregršti. Tad se setio kelneričinih reči da u Ištici učitelji ne traju dugo.

Već su počele i ruke da mu se hlade. Do njih više nije doticala krv, nije dopiralo kucanje srca. Kako je samo bila savršena smrt s kojom je hteo da se bori zbog Vratike Čavkarovske. Sad nije mogao ni za svoj račun. Bar da je mogao negde da sretne Najdenka Jordankina. Samo da ga upita je li sam iza noža koji mu je zabio. Zrr, pope!

Počeo je da propada u neki mrak, u neki živi pesak. Kao da je propadao u neki duboki nanos od skakavaca. Skakavci su se penjali gore: zahvatali su mu gležnjeve, listove, kolena, bedra, prebacivali su se preko bokova, zauzimali sve do ramena. Još samo glava mu je bila izvan mraka, izvan živog peska, izvan nanosa od skakavaca. Samo mu je ona virila. Ali i glavu je osećao kao bačeni krčag kojim se, još malo, niko više neće služiti, nikome više neće služiti. Počeo je da sumnja i da je živeo, da je ikada imao život. „Bože, kako je slabašna čovekova sila i kako lako može da ga napusti, da mu pobegne!" Da li je još mogao da se seti sve svoje sile i snage? I da od svakog jakog postoji jači? Njegovo telo je već skapavalo, smrdelo. Smrad je osetio onim malim delom svesti koji mu je radio s prekidima. Bi i prođe!

Tako, uhvaćen za svoj razbucani trbuh, mogao je još samo da podnamesti malo glavu. Naslonio ju je na jedan suvi busen i zagledao se gore, u nebo. Nebo je bilo čisto, skoro prazno, kao i njegova duša. Utihnuli su i udari sekira koje su kresale topolu. Oni su možda već izneli trupac na kolima, kao što se iznosi mrtvac. Kiril Stojnički kao da je čuo kloparanje točkova i počelo je i njemu nešto bajato da klopara i krklja u grudima, u grlu. I to krkljanje je čuo negde daleko, izdaleka. Kao da je dolazilo od bubnja Siljana Joševskog; kao cvrčanje skakavaca koji su leteli prema suncu, kao žablji kreket. Čuo ga je i kao glas deteta druga Damjana Mraveskog; deteta koje je, uplašeno od dobijene moći da govori, ponavljalo samo jedno te isto: ibe, jebe, ibe, jebe... I onda je plakalo, zamiralo od plača.

Dete je zamiralo, ali sunce nije zalazilo. I za veliko čudo, toga dana i nekoliko narednih, sunce nikako nije htelo da zađe, da ugasi lampu, da ode na počinak. Sve dok nisu našli Kirila Stojničkog, dok ga nisu sahranili. To je bila jedina smrt koja nije obradovala proždrljivog Siljana Joševskog: on se prvi put na jednom pogrebu nije prejeo i nije povratio. U stvari, nije bilo nikog da dâ, nikog da udeli za pokoj duše.

— A posle?
— Posle se rasformirao Kolektiv i pustio put, otvorilo se selo.
— A posle, posle?
— Ah, da, posle... Posle više nismo vikali „Solun je naš!" Posle smo vikali: „Trst je naš!"

OD BIBLIJSKOG DO STVARNOG

I peti anđeo zatrubi, i vidjeh zvijezdu gdje pade s neba na zemlju, i dade joj se ključ studenca bezdana; I otvori studenac bezdana, i iziđe dim iz studenca kao dim velike peći i pocrnje sunce i nebo od dima studenčeva; I iz dima iziđoše skakavci na zemlju...

NOVI ZAVJET, OTKRIVANJE, IX Pogl.

Gabrijel Garsija Markes u čuvenom romanu *Sto godina samoće*, pišući u vremenu kad je „svet bio nov", kad „mnoge stvari još nisu imale ime i da bi se pomenule trebalo ih je najpre pokazati prstom", dakle, onda kada se stvarao novi svet, u Makondo je doveo na scenu Ciganina Malkijadesa, da bi priredio „javnu mađioničarsku predstavu" koju je nazvao „osmim čudom mudraca alhemičara iz Makedonije".

Pesničko i prozno delo Petreta M. Andreevskog,[1] posebno romani *Pirej (Pirika, Hit,* Zagreb, 1982) i *Skakulci (Skakavci, Naša knjiga,* Skopje, 1984), označeni su kao *međaš* i *mera* u makedonskoj literaturi.

---

[1] PETRE M. ANDREEVSKI rođen je u selu Sloeštica, Demir-Hisar, 1934. godine. Obrazovanje je stekao u gimnaziji u Bitolju i na Filozofskom fakultetu u Skoplju. Objavio je pesničke knjige *Jazli (Čvorišta,* 1960). *I na nebo i na zemlja (I na nebu i na zemlji,* 1962), *Dalni nakovalni (Daleki nakovnji,* 1971) i *Pofalbi i poplaki (Pohvale i pokude,* 1977), zatim knjige pripovedaka *Sedmiot den (Sedmi dan,* 1964) i *Neverni godini (Neverne godine,* 1974), drame *Bogunemili* (1971) i *Vreme za poeenje (Vreme za pevanje,* 1975) i romane *Pirej (Pirika,* 1980) i *Skakulci (Skakavci,* 1984). Autor je pesničke knjige za decu *Šarambaram (Mrljamvrljam,* 1982) i scenarija za film *Najdolgiot pat (Najduži put,* 1976).

Izrastao na tlu gde se mitsko i religijsko (priče, legende, folklorni motivi, verovanja i običaji) i danas nalaze u sudaru sa novim svetom i vremenom, Andreevski se prirodno našao u stvaralačkom raskoraku: *uhom* i *duhom* u tradiciji, a *okom* i *svešću* u vremenu u kome živi. Otud, verovatno, potiče njegova potreba da meša planove i postupke, da menja slike realnog i irealnog, svesnog i nesvesnog, da ponire kroz istorijske nanose i razgrće pepeo paganskog duha i ritualnog iskustva, da traga po duhovnoj i mitskoj tradiciji i doseže do samih korena ljudske egzistencije. Preispitujući svoja iskustva iz te i takve tradicije, Andreevski stvara izvanredan spoj između drevnog i savremenog, lokalnog i kosmičkog, folklornog i modernog, ličnog i univerzalnog.

Dok je roman *Pirej* predstavljao fresku o istorijskom iskustvu na makedonskom tlu, o događajima za vreme prvog svetskog rata, roman *Skakavci*, po mnogim svojim osobenostima, predstavlja polifonijsku sliku jednog drugog, ne manje složenog i burnog vremena. On se bavi pedesetim godinama ovog veka, dakle, vremenom kada se kod nas opet stvarao novi svet i kada je, opet, mnoge stvari i postupke valjalo najpre pokazati prstom da bi tek potom dobile svoje ime i pravi smisao. Gledano s te strane, *Skakavci* se mogu smatrati romanom istorijske tematsko-motivske inspiracije. Vremenski okvir romana počinje euforičnim poratnim doživljavanjem slobode, slepim verovanjem u komunizam i glorifikacijom Staljina.

Tema romana, što se dâ videti i iz samog naslova, jeste najezda skakavaca. Ona se najpre najavljuje kao moguća i daleka opasnost, potom se postupno intenzivira, da bi na kraju kulminirala sa svim posledicama i surovo se poigrala sa mnogim ljudskim sudbinama. Po svojoj suštini to je motiv koji, kao pošast, kao zlo upereno protiv ljudi, ima biblijski i mitološki karakter. Međutim, dok se u mitologiji ova najezda javlja kao nevolja demonskog porekla, dok u *Starom zavjetu* predstavlja nevolju fizičke prirode, a u *Novom zavjetu* postaje nevolja moralnog i duhovnog karaktera, kod Andreevskog ova pojava dobija i savremenu literarnu dimenziju: kao pošast sa ideološkim i političkim posledicama, pri čemu i mnogi drugi mitološki simboli dobijaju nova i savremena značenja.

Slika pojave skakavaca identična je sa onom biblijskom: skakavci se i ovde pojavljuju kao „balon na nebu" koji je „išao polako i svetlucao... kao sunce" (dakle kao zvezda), i ovde se pretvaraju u „bujicu" i „provalu oblaka", (u „dim velike peći"), ali odmah postaju ne samo fizička napast i nevolja demonskog, moralnog i duhovnog karaktera, nego i slika jedne druge, daleko suštastvenije i opasnije najezde — najezde ideoloških klišea, uticaja i informbirovštine sa svim njenim obeležjima. U stvari, borba protiv skakavaca postaje komplementarna borbi protiv informbirovske napasti.

Ovakvim postupkom Andreevski mitološku ravan pomera na nivo savremenosti, a čitavo religijsko i mitsko značenje *neba* pripisuje *zemlji*, na kojoj žive ljudi, ali i svi njihovi bogovi.

Ono što je stvarno, događa se u selu Ištica, u zapadnoj Makedoniji. U tu stvarnost uvode nas dvojica anonimnih naratora — što je karakteristično za prozu Petreta M. Andreevskog. I odmah se pred nama ironično otvara idiličan seoski pejzaž u kome glavno mesto zauzimaju zadružne brigade (kosaca, valjara, bunardžija). U selu je izvršena kolektivizacija, ljude je zahvatio talas oduševljenja, kolektivnog rada i entuzijazma. Ruše se kuće i mehane; krče se voćnjaci; na njihovom mestu podižu se zadružni dom, škola, parkovi; menjaju se navike: ,,Ljudi počeše da prepokrivaju i svoje kuće. Bacali su ražanu slamu i postavljaju crep. Sa prozora su poskidali gvozdene rešetke; više nije bilo lopova, svuda je vladala sloboda... I nisu hteli više da jedu, da srču iz jedne zdele. ,Jelo iz iste zdele je svinjsko jelo', ,balavljenje u istu kopanju...' govorili su napredni omladinci. Seoske devojke seku pletenice i krišom ih prodaju trgovcima iz grada (za četke ili bogate ćelave žene), nekadašnja starinska kola zamenjuju nove ,,raskalašne" igre, u svakodnevni govor se uvlače dotle nepoznate reči *(klasni neprijatelj, kontrarevolucionar, kulak, kočničar)*, muževi svojim ženama počinju da se obraćaju sa drugarice i ,,AFEŽE", a čine se i drugi napori da se život unapredi i dinamizuje: organizuju se smotre i seoske parade (na kojima se simbolički prikazuju dostignuća naprednih zadrugara) i mnoge druge aktivnosti. Na taj način ,,svakog dana su raščišćavali sa teškom prošlošću i dugim koracima išli ka svetlijoj budućnosti".

I upravo to vreme ,,raščišćavanja sa teškom prošlošću" otkriće jedan čudan, uzburkan svet: delom idiličan, još vezan za prošlost i tradiciju (oličen u Strezi Despotovskom, Stojku Vampiru, Pejku Golavodi, Dukadinki Despotovskoj), a delom izmenjen, napredan, sklon da prihvati sve promene koje donosi novo vreme (Damjan Mraveski, Bogoja Čavkarovski, Joakim Doksimov, Dejan Šmajser, Kiril Stojnički). U tom vremenu svet će se polarizovati i podeliti na dve jasno suprotstavljene strane: na jednoj će se naći oni sa tradicionalnim nazorima, na drugoj agitatori, parolaši, površni tumači novog vremena, ali i istinski pokretači progresa. Između njih, kao uvek, naći će se svet sklon da vegetira i egzistira između jedne i druge krajnosti i da vešto koristi njihove nesporazume (Siljan Joševski, Dilba Smrt, Najdenko Jordankin).

Ali vreme o kome je reč nije samo vreme zanosa i raščišćavanja sa starim, nazadnim. Ono je istovremeno i vreme stvaranja novih kultova i ideoloških uticaja. Pošto je brigadir Dejan Šmajser „još u partizanima ubio boga", prirodno je bilo da se narodu koji *veruje* ponudi neki novi simbol verovanja. I on je tada nađen u Staljinu. Tadašnji značaj ovog simbola najbolje je izražen u rečima Blagorodne Čavkarovske upućene mužu Bogoji: „Ti se i u snu šetaš sa Staljinom. Kad bi mogao, srkao bi s njim i iz istog tanjira", i u njegovoj replici: „Staljin sve zna i može sve da sazna." Međutim, upravo njemu, Bogoji Čavkarovskom, onda kad mu ni svemogući Staljin nije pomogao da posle tri kćeri dobije sina, neće smetati da prvi posumnja u njegovu natčovečansku moć i, zajedno s babicom Rakidom Želčevom, zauvek ode iz sela. On će se samo još jednom pojaviti i to kao sen, kao priviđenje, samo da se poigra sa sudbinom Streze Despotovskog. Ali na ideološkoj ravni ne ostaje se samo na tome: na školskom zidu pokretni bioskop prikazuje borbu Crvene armije, a seljaci polegli u travu, u prašinu, iznenađeno gledaju „kako njihovi šareni leptiri sleću na mrtve vojnike". Dok seoske devojke za Đurđevdan pevaju đurđevdansku pesmu „Leljo, Đurđo le", Joakim Doksimov ih prekida i tera ih da pevaju pesmu „Budi se istok i zapad". To je povod za nove sukobe, sada izazvane ideološkim razlikama.

Dolazak u selo učitelja Kirila Stojničkog, čoveka nemirne prirode, ali i izvanredne fizičke i duhovne snage označava jednu drugu veliku temu u ovom romanu. To je ljubav između njega i seoske lepotice Vratike Čavkarovske; puna emotivnog i erotskog naboja. Ona budi njihove strasti, ali otkriva i njihovu pravu prirodu. Kiril Stojnički, koji je nekad „preturao polje", „mešao slogove" i nije mogao da nađe sebi ravnog, pretvara se u pravo pravcato zaljubljeno jagnje, u najnežnijeg i najodanijeg ljubavnika, spremnog da za svoju ljubljenu sve učini. Na žalost, njihova ljubav se događa uoči same najezde skakavaca, i to je razlog što se završava veoma tragično. Tom tragikom u trenutku kad je borba protiv najezde skakavaca bila skoro završena, kao kakvim znakom, zatvara se krug života i sudbina, čitav jedan krug ljudskog postojanja.

Risto VASILEVSKI

SADRŽAJ

Kosidba. Vreme velikih promena	5
Centrala. Samostalni mislilac Joakim Doksimov	16
Porođaj. Nestanak Rakide Želčeve i Bogoja Čavkarovskog	32
Prve bolesti. Tuča između Streza Despotovskog i Bogoja Čavkarovskog	50
I od jakog ima jači. Dolazak Kirila Stojničkog	75
Zemlja je okrugla. Zaljubljivanje Vratike Čavkarovske i Kirila Stojničkog	93
Najdenko Jordankin. Mešanje slogova	113
Veliki kašalj. Bolest Vratike Čavkarovske	127
Pobegulja. Vratika Čavkarovska prepričava san	150
Veliki lov i pojava skakavaca. Smrt Vratike Čavkarovske	163
Ako dete čuje, progovoriće. Velika borba sa skakavcima	181
Dete počinje da govori. Selo se otvara. Ubistvo Kirila Stojničkog	211
Risto Vasilevski: *Od biblijskog do stvarnog*, pogovor	221

RAD
Beograd
Moše Pijade 12

*

Lektor
Jelka Milišić

*

Korektor
Jovanka Simić

*

Nacrt za korice
Janko·Krajšek

*

Štampano u
5.000 primeraka

*

Štampa
GRO „Kultura"
OOUR „Slobodan Jović"
Beograd
Stojana Protića 52

КАТАЛОГИЗАЦИЈА У ПУБЛИКАЦИЈИ (CIP)

886.6-31

АНДРЕЕВСКИ, Петре М.

Skakavci/Petre M. Andreevski ; preveo s makedonskog Risto Vasilevski. — Beograd : Rad, 1986 (Beograd : „Slobodan Jović"). — 224 стр. ; 18 см. — (Reč i misao ; 400—401. Nova serija)
Превод дела: Skakulci. — Od biblijskog do stvarnog/Risto Vasilevski:
YU ISBN 86-09-00038-9
I Andreevski, Petre M.
1. Василевски, Ристо, п. пог. и прев.
886.6.09-31
ПК:а. Андреевски, Петре (1934—   )

Обрађено у Народној библиотеци Србије, Београд

ISBN 86-09-00038-9

www.ingramcontent.com/pod-product-compliance
Lightning Source LLC
Chambersburg PA
CBHW071700090426
42738CB00009B/1608